——《无线电》编辑部 编

智能机器人制作完全手册（第2版）

20个精彩案例等着你

人民邮电出版社
北京

图书在版编目（CIP）数据

智能机器人制作完全手册 / 《无线电》编辑部编
. -- 2版. -- 北京 : 人民邮电出版社, 2017.7
（i创客）
ISBN 978-7-115-46072-1

Ⅰ. ①智… Ⅱ. ①无… Ⅲ. ①智能机器人—制作—技术手册 Ⅳ. ①TP242.6-62

中国版本图书馆CIP数据核字(2017)第131725号

内 容 提 要

“i 创客”谐音为“爱创客”，也可以解读为“我是创客”。创客的奇思妙想和丰富成果，充分展示了大众创业、万众创新的活力。这种活力和创造，将会成为中国经济未来增长的不熄引擎。本系列图书将为读者介绍创意作品、弘扬创客文化，帮助读者把心中的各种创意转变为现实。

本书汇集了多位创客在智能机器人方面的丰硕成果，不仅为刚接触机器人制作的初学者提供了从单片机、传感器选择到零件设计、组装过程的详尽入门教程，还为有一定基础和经验的制作者提供了从基础到高级，覆盖机器人小车、多足机器人、人形机器人、异形机器人等不同类型，实现遥控、自平衡、语音控制、智能交互、水下探索、家庭服务等不同功能的丰富实例。通过阅读这本书，你会全面了解智能机器人的构成，在设计与制作智能机器人方面获得思路和灵感。

◆ 编　　　《无线电》编辑部
责任编辑　周　明
责任印制　周昇亮

◆ 人民邮电出版社出版发行　　北京市丰台区成寿寺路 11 号
邮编　100164　　电子邮件　315@ptpress.com.cn
网址　http://www.ptpress.com.cn

◆ 开本：690×970　1/16
印张：14.5　　2017 年 7 月第 2 版
字数：316 千字　　2017 年 7 月北京第 1 次印刷

定价：69.00 元

读者服务热线：(010)81055339　印装质量热线：(010)81055316
反盗版热线：(010)81055315
广告经营许可证：京东工商广登字 20170147 号

前言 我与机器人爱好

◇胡泊

每一个人心中或许都有过一个机器人梦想。

对于我们 80 后这一代人来说，我们心中的机器人梦想就是多啦 A 梦、擎天柱、霹雳五号、阿拉蕾……随着年龄的增长，生活、学习压力的逐渐增大，我们的很多梦想都被慢慢压到了心底。

很庆幸，我考上了一所机器人项目开展得比较好的大学，很幸运地获得了参加全国机器人大赛的机会，组织学校的机器人活动，大学的几年忽然又和机器人分不开了。

毕业后来到南京，做着一份和机器人不相干的工作，这时我才发现，自己似乎离不开机器人制作这个爱好了。怀念那种自己编写代码，让一个无生命的东西变得有生气的感觉。由于条件有限，刚毕业时，我多是在网上为一些参加机器人比赛的朋友出出主意，关注网络上机器人制作的资源，后来，由此认识了同在南京的几个机器人爱好者，大家都想为国内的机器人爱好者做点什么，于是在 2006 年便有了机器人天空网站（www.robotsky.com）。

一转眼，机器人天空网站已经运行维护了好几年，在这几年中，我们认识了全国各地众多热爱机器人技术的朋友，有我叫得上名字的，也有许许多多我叫不上名字的。虽然有人离开，却总是有更多的人进来，这一切给了我莫大的信心，使我一直坚信个人机器人事业必定大有可为。

但同时也有一个问题一直在困扰着我：每天来浏览机器人网页、学习知识的人很多，真正动起手来做一个哪怕最简单的机器人小车的朋友却少之又少，这是为什么？

和网友们交流的时候我发现，很多人都表示机器人技术非常有趣，看到别人制作的机器人能跑能跳，自己也欢欣鼓舞，可等到自己真正动起手来的时候，却发现问题总比办法多。

有的人看着别人的电路原理图如坠雾中，完全摸不着头脑；有的人做到一半，发现遇到了自己解决不了的问题，时间一长便不了了之；有的人受身边条件所限，想动手却什么都买不到；时间、金钱……障碍一层又一层。特别是一些非理工科出身的爱好者，满怀着儿时的机器人梦想，梦想却被一堆专业名词击得支离破碎。

我也曾浏览过很多的机器人制作的相关资料和书籍，发现很多资料和论文还带有很浓厚的大学教材气息，满篇都是理论概念和抽象的原理图，许多东西啃了半天弄明白了它的原理和功能，却连它长什么样子、可以到哪里购买都不清楚。这让很多知识结构不够健全的朋友完全不知该如何下手，最后的感觉就是：画张图纸简单，做个实际的东西却是难于登天。

意识到这个问题后，在维护机器人天空网站的过程中，我便有意识地去搜集、翻译、原创了一些适合初学者的图文并茂的文章，在文章中多以实物图为主，以抽象图为辅，力图可以将更多徘徊在门外的爱好者拉进门。

这次我们把在《无线电》杂志上发表过的比较优秀的机器人制作文章整理成一本书，以飨读者。希望可以有更多的人投入到哪怕最简单的机器人制作活动中来，那么也不枉本书中收录的那些文章作者们的辛勤劳动了。

我曾在一篇文章的结尾处这样写到：“我们的作品基本上不会有什么科研价值，也不会填补什么技术空白，有些自娱自乐。不过我想，当更多的人——尤其是学生，以制作机器人作为一种娱乐项目的时候，应该也是一件令人高兴的事吧。”与大家共勉！

CONTENTS

目录

第 1 章　机器人来了

01 从小车开始你的机器人爱好之旅...2

1.1 小车的整体控制系统 2

1.2 传感器部分 3

1.3 控制器部分 4

1.4 执行器部分 6

1.5 后记 7

02 制作机器人该用什么单片机 9

2.1 入门首选 AT89S51 系列单片机 9

2.2 爱好者制作机器人首选 AVR 系列单片机 9

2.3 高级机器人控制器 ARM..........10

2.4 音频 / 视频处理首选 DSP........10

2.5 新兴控制器 FPGA 11

2.6 更多可供选择的单片机 11

2.6.1 AVR 单片机过时了吗？ 11

2.6.2 MSP430 系列单片机如何？ ... 12

2.6.3 PIC 单片机如何？ 12

2.6.4 凌阳单片机如何？ 12

03 制作机器人常用的传感器 14

3.1 用于避障的传感器...................14

3.2 用于测距的传感器 15

3.3 用于亮度判断的传感器 16

3.4 用于测量速度的传感器 16

3.5 用于检测地面灰度的传感器 17

3.6 其他...18

04 谈谈机器人的安装 19

4.1 制作忠告 19

4.2 框架结构 20

4.3 零部件 20

4.4 固定方式 20

4.5 车轮 20

4.6 电机...21

4.7 安装机器人电池......................21

4.8 电子电路 21

4.9 布置传感器 22

05 我的机器人制作体验.............23

06 机器人爱好者如是说.............27

第 2 章 SolidWorks 帮你完成机器人设计

07 零件的三维建模 32
08 零件的虚拟装配 37
09 模拟并分析你的机器人零件 41

第 3 章 多足机器人

10 我的第一个机器人——6 足甲虫 46
10.1 制作原理 46
10.2 元器件的选择 46
10.3 制作过程 47
10.3.1 图纸设计与 3D 验证 47
10.3.2 机械配件的数控加工 48
10.3.3 整体装配 49
10.3.4 软件调试 50
10.4 小结 51
11 基于 AVR 单片机的 6 足机器昆虫 52
11.1 基本机械结构的制作 52
11.2 控制电路的制作 53
11.3 结构完善 56
11.3.1 加强关节 56
11.3.2 安装加固底盘 56
11.3.3 加大锂电池容量 57
11.3.4 增加指示灯 57
11.3.5 缩短腿部长度 57
11.4 初步行走 58
12 进击的多足巨兽 59
13 6 足坦克诞生记 63
13.1 拼装版蜘蛛机器人 63
13.2 加装炮台 65
13.3 铁质 6 足移动平台 65
13.4 再次加装炮台 67

第 4 章 相扑机器人

14 一起来认识相扑机器人 70
14.1 机器人相扑比赛简介 70
14.2 形形色色的相扑机器人 72
15 相扑机器人制作指南 76
15.1 控制器的选择 76
15.1.1 LEGO EV3 76
15.1.2 Arduino 77
15.2 电机、车轮及电机驱动模块的选择 78
15.2.1 电机 78
15.2.2 车轮 79
15.2.3 电机驱动模块 80
15.3 传感器的选择 81
16 一起来制作自主式相扑机器人 83
16.1 相扑机器人车身的制作 83
16.2 编程要点 86

第 5 章 低成本开源互动机器人 BOXZ

17 “盒仔”家里造 92
17.1 工具和材料 92
17.2 BOXZ 板块的制作 93
17.3 盒仔的组装 94
17.4 Arduino 程序和调试 99
17.5 盒仔的更多故事 99

18 通过 Android 手机控制 BOXZ......101
18.1 BOXZ 的控制原理......101
18.2 Arduino 硬件部分......102
18.3 Arduino 软件部分......104
18.4 BOXZ Android 客户端......105
18.5 Android 开发环境搭建及 BOXZ 源代码介绍......108
18.6 扩展应用......112
19 BOXZ Mini 制作全过程......114
19.1 什么是 BOXZ Mini？......114
19.2 组装过程......115
19.3 互动......121
19.4 调试......124
19.5 通信......126
19.6 结束语......126
20 通过网页无线遥控盒仔......128
20.1 配置 Zigbee 模块......128
20.1.1 配置路由器......128
20.1.2 配置协调器......128
20.2 Intel Edison 网关搭建......129
20.2.1 设备准备......129
20.2.2 硬件组装......129
20.3 BOXZ Mini 搭建......129
20.4 整体调试......130
20.5 控制命令说明......131
21 DIY 项目从原型到量产的成长历程......133
2011 年 懵懂的 ROBOT 之梦......133
2012 年 兴起的 Arduino 之热......134
2013 年 创新的 BOXZ 之路......142
2014 年 腾飞的 BOXZ 之翼......145
2015 年 执着的 BOXZ 之心......150
结束语......151

第 6 章 人形机器人

22 一起来玩双足机器人吧！......154
22.1 装配过程......155
22.2 如何让双足机器人行走起来......157
22.3 控制程序......157
22.4 思路扩展——双足机器人还能做什么......157
23 现实版铁甲钢拳来了！......159
23.1 人形机器人的制作......160
23.2 动作序列的制作......162
23.3 遥控端的设计......164
24 铁甲钢拳威力加强版......167
24.1 程序设计......168
24.2 制作过程......169
25 让铁甲钢拳随你而动......172
25.1 制作步骤......172
25.2 Numchuck 的用法......174
26 用语音控制铁甲钢拳......176

第 7 章 精彩制作实例

27 用 8×8 LED 点阵屏做的 3D 打印小机器人......182
27.1 再现原设计的制作过程......182
27.2 设计优化......184
28 DIY 自平衡机器人......186
28.1 原理简介......186

28.2 制作过程 187

29 用 Arduino 自制无线遥控机器人 192

29.1 总体设计 192
29.2 Arduino 下位机设计 192
29.2.1 机械部分 192
29.2.2 电路部分 194
29.2.3 下位机软件设计 196
29.3 机器人上位机设计 197
29.3.1 遥控器设计 197
29.3.2 上位机软件设计 198
29.4 整体调试 199
29.5 结束语 201

30 开源群体机器人 X-Bot 202

30.1 功能特性 202
30.2 规格说明 202
30.3 硬件结构 203
30.4 电路原理 203
30.5 软件架构 203
30.6 关键技术 204
30.6.1 红外收发硬件设计 204
30.6.2 红外多功能复用设计 204
30.6.3 电机固定方式 204
30.7 后记 206

31 300 元打造属于自己的水下机器人 207

31.1 硬件构成 207
31.1.1 Arduino Pro mini 及 CP2102 下载线 207
31.1.2 MPU6050 模块 208
31.1.3 L298N 电机驱动板模块 208
31.1.4 LED 照明模块 209
31.1.5 摄像模块 209
31.1.6 电源模块 209
31.2 系统构架与设计 209
31.2.1 硬件设计 209
31.2.2 软件系统 210
31.3 密封及浮态调整 212

32 低成本打造 Booby 家庭服务机器人 214

32.1 履带底盘的设计 215
32.2 机械臂的设计 215
32.3 机械臂测试程序 216
32.4 视频传输功能的设计 218
32.5 语音交流及眼睛动作的设计 219
32.6 眼睛控制程序 219
32.7 短信报警功能的设计 221
32.8 总结 222

第 1 章 机器人来了

01　从小车开始你的机器人爱好之旅

02　制作机器人该用什么单片机

03　制作机器人常用的传感器

04　谈谈机器人的安装

05　我的机器人制作体验

06　机器人爱好者如是说

01 从小车开始你的机器人爱好之旅

◇胡泊

很多初学者可能都看过一些机器人的视频或现场比赛，无论是“奥特曼”“大黄蜂”，还是近年的“WALL-E”（见图1.1），往往都会勾起我们儿时的美好回忆，也会激起自己动手制作机器人的念头。但很多人并不是嵌入式开发的业内人士，甚至没有听说过单片机、步进电机这些名词，看着别人制作的满地乱跑的各种机器人，颇有无处下手的感觉。有的人一开始就准备做一个双足人形机器人，可以稳步行走，可以靠摄像头来读取环境信息，可以语音识别，当然，最好还可以变形……

图1.1　电影《机器人总动员》中的机器人小车WALL-E

作为一名机器人爱好者，我中肯地提出建议：从小车开始你的机器人爱好之旅吧！

人形机器人可以说是一个系统的大工程，不是一个人玩得起来的，而且资金上的投入也是不可计量的。一个人形机器人的成型产品最少需要几千元才能买到——这还不包括机器人产品在开发过程中可能出现的种种错误导致的额外成本投入。而机器人小车就不同了，在技术上门槛较低，资金投入也少，市场上的各种产品和零配件的支持也较多，虽然简单，但可以实现的功能可一点也不少，是我们进入机器人天地非常合适的入门工具。

本文中，我们以机器人小车为载体，来解读机器人的一些基础知识。如果你是曾经自己动手做过机器人的高手，那么可以绕行。

1.1　小车的整体控制系统

小车是如何控制的？为什么小车判断出障碍物后可以自动绕开？为什么小车可以“听话”地按照路线行进？要解答这些问题，我们先来了解两个概念。

闭环控制：指由信号正向通路和反馈通路构成闭合回路的自动控制系统，又称反馈控制系统。反馈控制系统可以使系统的精确度提高，响应时间缩短，适合于对系统的响应时间和稳定要求高的系统。

开环控制：这是最简单的一种控制方式，是指受控客体不对控制主体产生反作用的控制过程。开环控制没有反馈环节，系统的稳定度不高，响应时间相对来说很长，精确度也不高，通常适用于对系统稳定性、精确度要求不高的简单系统。

一般稍微复杂一点的机器人小车都采用闭环控制，也就是说有一个反馈机制，会根据自己配备的各种传感器来读取环境信息，并且根据这些环境信息来决定自己下一步的行动，再将行动指令发给执行系统，使机器人小车做出合适的动作。当然也有的机器人小车采用开环控制方式，我就见过一个机器人小车，配了一支笔，将小车放在纸上，小车一转，“唰”地一下在纸上画出一个圈来。当然，由于摩擦力和机械误差等原因，画出来的圆圈可能不闭合，也可能不圆，不过人家阿 Q 都说了：“孙子才画得圆呢……”

有点迷糊？没关系，其实简单一点说：机器人可以分为 3 部分——传感器部分、控制器部分、执行器部分。

在传感器部分，有机器人用来读取各种外部信号的传感器，以及控制机器人行动的各种开关。好比人的眼睛、耳朵等感觉器官。

控制器部分用于接收传感器部分传递过来的信号，并根据事前写入的决策系统（软件程序），来决定机器人对外部信号的反应，将控制信号发给执行器部分。好比人的大脑。

执行器部分让机器人可以完成各种动作，包括前进、后退、左转、右转、点亮发光二极管、发出声音等，并且可以根据控制器输出的信号调整自己的状态。对机器人小车来说，最基本的执行器就是轮子。这部分就好比人的四肢一样。

好的，现在我们来分析一下机器人小车的避障行为控制。机器人小车正在行走过程中（人在路上走），忽然接收到装在小车前部的传感器发来的一个“左前方有障碍物”的信号（人眼发现左前方有一根电线杆），我们事先写在机器人控制芯片中的程序算法要求机器人发现左前方有障碍物就往右边转（人发现左前方有电线杆就应该往右躲——什么，你还要继续往前走？你牛！那我就等着听响了，哦，原来你只是想去看上面的小广告……），控制芯片对小车的驱动器——轮子——发出向右转的指令（人大脑发出向右转的指令，通俗点说就是“拐了、拐了”），此时机器人的执行器部分应该立即响应控制器的指令，改变自己的状态，使机器人的前进方向改变，以避开障碍物（恭喜你，躲开了电线杆）。

怎么样，是不是有了点机器“人”的意思？

那么这 3 部分是怎么联系起来的呢？很简单——电！机器人小车就是一个机电结合的作品，传感器将外部的光信号、声音信号、温度信号等全部转换为控制部分可以接收的电信号，控制系统发出的指令也是各种电信号，通过执行部分转变为电机输出的扭矩、声音、光信号等。

下面我来分别介绍一下这 3 个部分。

1.2 传感器部分

传感器是机器人的眼睛，想要小车完成不同的任务就要配备各种不同的传感器。

电子市场上林林总总的传感器数不胜数，通常机器人爱好者最经常使用的传感器有碰撞检测传感器（碰撞开关）、红外测障传感器、红外测距传感器、光敏电阻、电子温度计、电子指南针等。

机器人用的传感器返回的信号分两种：一种返回值很简单，只有两个状态："有"或者"没有""是"或者"不是""0"或者"1"。我们一般习惯把这种量称为"状态量"。它所反映的是一种状态，比如"机器人左边有没有障碍物""有没有声音信号"等。还有一种返回值，返回的是一个已知范围内任意值，比如，1 个光敏电阻返回的信号就可能是 0 ~ 5V 范围内的任意电压信号。我们一般把这种量称为"强度量"。它所反映的是一个有效范围内的强度，比如"机器人左边的障碍物有多远""现在的声音信号有多强"等。

"状态量"反映的信息较简单，相应的传感器也较简单，成本较低。而"强度量"反映的信息较丰富，相应的传感器的成本就会比较高，同时给控制上也带来了更大的灵活性和复杂性。

对于传感器，很多人觉得只要看看相关技术文档，知道怎么用了就行。但我的建议是：不但要知道怎么用，还要知道其检测原理。只有深刻地理解了传感器的检测原理，才能具有更好的发散思维。

举一个例子：当初笔者在学校参加机器人灭火比赛，我们用了厂家提供的地面灰度传感器，依靠可见光反射来检测地面白线，效果一直不是很理想。后来有同学仔细研究了当时电机上配备的光电编码器，发现其原理就是利用红外线在不同颜色表面上的反射率不同，检测高速旋转的电机上黑白相间的码盘，来测出电机的旋转速度的，于是就动手将光电编码器上的红外检测模块拆下来，装在机器人底部，用来检测地面白线，检测效果一下子好了很多。

再说说传感器的购买途径。各地的电子市场或是网上商店都可以买到一些常用的传感器（现在很多机器人商家都提供各种各样的传感器，其实原理和适用范围都差不多，很多都可以互换通用）。购买时需要注意的是传感器的电压范围和有效范围。

说到机器人传感器的"终极开发"，图像识别算一个，依靠一只摄像头，根据摄像头返回的视频信号，计算出各个不同物体距自己的距离，并调整相应的运动速度和方向等。如果你可以跨过这一步，那么，有一门叫作"机器视觉"的学科大门也就向你敞开了。

1.3 控制器部分

适合机器人的控制芯片有很多，单片机、DSP，甚至我们计算机上所用的 CPU，都可以。不过我们这里主要介绍的是针对机器人小车的技术，所以其他的先放一放，让我们把注意力放到物美价廉的单片机上来，小芯片有大智慧。

首先还是理论课，不要抱怨，我的信条是：不懂理论的开发者永远只能是一个拼装师。

单片机又称微控制器，它不是完成某一个逻辑功能的芯片，而是把一个计算机系统集成到一颗芯片上（见图 1.2）。概括地讲，一颗芯片就成了一台计算机。它的体积小、质量轻、价格便宜，为机器人学习、开发和应用提供了便利条件。

图 1.2 单片机可以作为机器人的控制芯片

单片机是自动控制系统中应用非常广泛的控制芯片，在我们身边的许多的电器中都有单片机的身影。想自己动手制作机器人的话，相应的单片机知识是必不可少的。

系统的单片机知识我这里不想多说，单片机不同于其他电器，拿过插头直接插在电源上就可以使用。一块空白的单片机想要使用，还需要一些其他的电路来支持。一般来说，最基本的电路就是单片机最小系统，它是可以让单片机工作起来的最基本的电路。在所有的单片机系统中，你都可以找到类似的电路。至于它的原理，这里就不赘述了。

单片机最终需要程序来控制，一般都是在 PC 上编写好程序，通过下载线来下载到单片机中执行。下载需要一个电路来支持，以前的通常做法是连接到 PC 的串口，不过现在有很多通过 USB 下载程序的电路。

机器人开发除了需要最基本的单片机电路，其他还需要一些电机驱动、A/D 转换、开关选择等电路。

也许你感到有一点棘手了，这些电路对于一个从未接触过单片机的新手来说可能有些头大，没关系，现在市场上有很多成熟的单片机开发系统出售，价格极为低廉。如果不想在底层电路上多花精力的话，到网上搜索一下“单片机开发板”，一百多元就可以买到功能十分齐全，还赠送软件 + 教程及技术支持服务的适用开发板了（当然，你如果自己动手的话，成本会更低）。

至于软件，说白了就是你自己给单片机设计的指令程序，让机器人可以具有最简单的智能。不要看到“智能”这两个字就觉得多么高深，看到前面有电线杆知道要拐，这，就是智能。

不同的单片机需要不同的开发环境，这个要在购买的时候就弄清楚，很多单片机公司都有自己配套的开发软件，不少都是可以在公司网站上免费下载的。一般来说，国外的很多芯片公司在自己的网站上都有非常丰富和适用的资料，抱本英汉词典，将网站上的资料浏览一下，你会发现，一切都将变得十分简单。

以前一说起单片机开发，我们就会想到汇编语言，那时候的芯片成本很高，芯片的运算开销和存储开销都要精打细算，高效率的汇编语言是单片机的最佳选择。而现在，随着芯片成本的降低，开销问题已经不再是制约单片机程序开发的瓶颈，所以很多类 C 或 Basic 语言的开发环境都已经出现。只要有一定的程序开发基础，对单片机的各种引脚足够熟悉，那么写出一个简单的智能程序就不是难事。

现在单片机的价格已经十分低廉，价格上无需考虑太多，关键是要选择一款合适的、资料较多、容易上手的。就机器人开发来说，要满足以下几个条件：有程序下载线，可以方便地将程序从 PC 上下载到单片机上；集成了 A/D 转换；有 PWM 输出（便于控制电机）。

当然，单片机终究能力有限，想要做一些运算量较大的应用（如音频、视频的处理）时，就需要一些更高端的芯片，比如DSP等，或者干脆把你的电脑机箱加上几个轮子，让你的电脑跑起来吧！

相关名词：C51、PIC、AVR、PWM……啥意思？自己搜去！

1.4 执行器部分

对于机器人小车来说，最基本的执行器部分就是轮子。要有轮子，小车才能被称为小车。这部分可能也是各位爱好者最发愁的部分，传感器和控制器到处都有卖，而一般适合机器人小车上用的轮子、机械结构、车体等部分却很难寻觅。找人订做成本极高，现在很多朋友都用玩具小车来进行改装。其实现在已经开始有机器人小车底盘（见图1.3）出售，不过在电子市场很难见到，在一些教育机器人公司的网店里可以购买到。

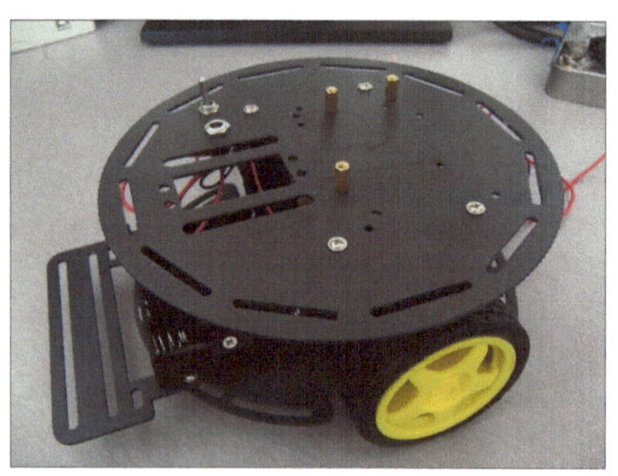

图1.3 机器人小车的车体

说到轮子，就不得不提到电机，那是机器人的“发动机”。机器人常用的电机分为三种：普通的直流电机、步进电机、伺服电机。

步进电机是将电脉冲信号转变为角位移或线位移的开环控制元件（见图1.4）。在非超载的情况下，电机的转速、停止的位置只取决于脉冲信号的频率和脉冲数，而不受负载变化的影响。给电机加一个脉冲信号，电机就转过一个步进角。这一线性关系的存在，加上步进电机只有周期的误差而无累积误差等特点，使得在速度、位置等机器人控制领域，用步进电机来实现相应控制，变得非常简单。

图1.4 步进电机

伺服电机又称执行电机，在自动控制系统中，用作执行件，把所收到的电信号转换成电动机轴上的角位移或角速度输出（见图1.5）。分为直流和交流伺服电机两大类，其主要特点是，当信号电压为零时无自转现象，转速随着转矩的增加而匀速下降。

图1.5 伺服电机

一般来说，这三种电机的成本排序是：直流 < 步进 < 伺服，控制精度排序是：直流 < 步进 < 伺服（当然也有不一般的时候，有时伺服电机不一定比步进电机便宜）。

初学者对单片机控制电机不太熟悉，起步可以先用单片机输出的 PWM 信号来控制直流电机，更进一步可以试着控制步进电机，以求更高的控制精度。对于小车的运动驱动来说，一般可以选用直流电机或步进电机，而伺服电机一般用在机械臂上，用来得到精确的旋转角度。

通常单片机要通过驱动电路来控制步进电机、伺服电机。有专门的模块来负责驱动电机，单片机只需要为这样的模块提供一定频率的脉冲和控制信号就可以了。网上相关的资料很多，大家需要的话可以自己去找一下。

各种电机可通过电子市场、五金商店、网购等途径买到，也可拆解旧家电得到。

当你可以自如地控制机器臂的时候，你就会发现，制作一个类人机器人将不再遥远。

其他的常用驱动装置还有机械臂、机械手等，装在小车上去抓取东西。可以自己利用伺服电机开发（初学者最好绕行），也可以选择市面上的成型产品，这些产品一般都有完整的文档，仔细阅读，使用起来都是很方便的。

1.5 后记

最后再介绍一点电子电路开发的东西吧。提起电路，可能很多朋友首先想起来的就是墨绿色的印制电路板，现在很多电子市场都可以根据你的电路图为你加工印制电路板。不过在设计阶段，很多东西都会改来改去，每次都去重新制作电路板，效率和成本都是大问题，一般在电路开发中，有一种专门的实验板（也叫面包板，见图 1.6 ~ 图 1.8），适合在开发阶段使用。

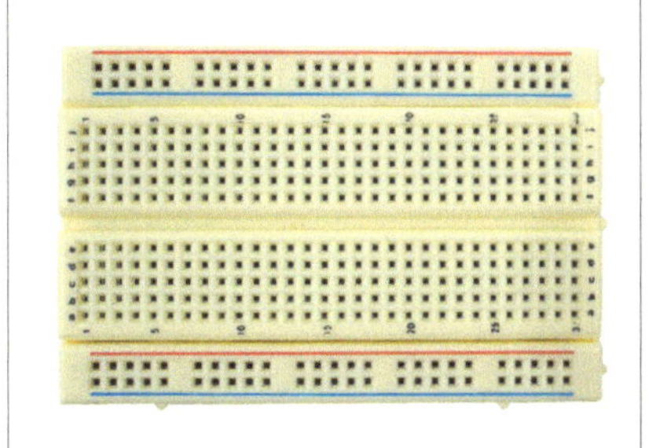

图 1.6 面包板

图 1.7 面包板可以方便地修改电路

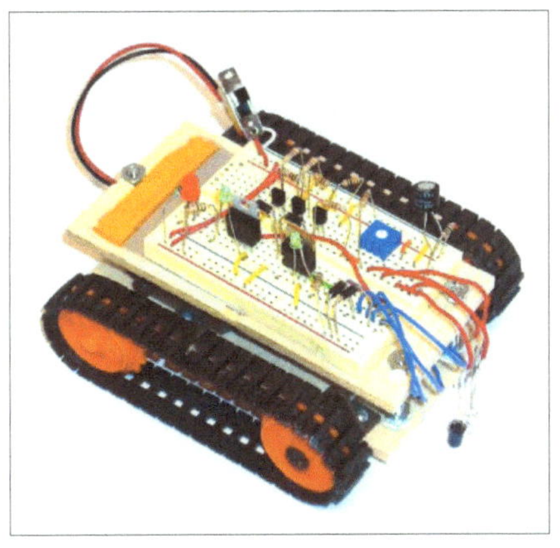

图 1.8 用面包板也能做出机器人小车

这篇文章的目的只是想让一些对机器人有兴趣而又不知如何着手的朋友知道制作机器人需要哪些知识储备，没有写什么具体的技术，只是将新手可能会感到迷茫的一些问题列出来。想要成为机器人高手，还需要埋头“啃”一些专业书籍和不断动手实践。学习没有捷径，如果你走了捷径，那只能说明你比别人少看了风景。

希望能有更多的朋友加入到机器人开发的行列中，如果更多的人——尤其是学生，以制作机器人作为一种娱乐项目，应该也是一件令人高兴的事吧。

制作机器人该用什么单片机

◇刘天龙

很多接触机器人不久的朋友面对种类繁多的单片机常会感到困惑，到底它们之间有何不同？制作机器人用哪种单片机控制比较好？我与大家分享我在制作机器人过程中使用单片机的一些经验，希望能让初学者少些迷茫，让已经入门的朋友思维开阔。

撰写本文时，我仅有 3 年单片机实践经验和机器人制作经验，比较了解 51 系列和 AVR 系列单片机（见图 2.1），本文中，我会着重讨论 AVR 单片机，都是我在机器人制作中一些切身体验，错误和偏颇可能难免，希望大家指正！

图 2.1 笔者用 AVR 单片机做的吸尘机器人

2.1 入门首选 AT89S51 系列单片机

AT89S51 适合做单片机学习板、电子时钟、超声波测距仪等不需要采集模拟量和控制大功率外部元件的电路。S51 与过去的 C51 的区别在于，S51 支持 ISP 在线编程，即 C51 需要几百元的编程器编程，而 S51 仅需一条 25 针并口线和非常简单的转换电路，接在台式电脑打印机接口上，通过电脑中烧写程序的小软件，即可实现对 S51 单片机编程。从这一点看，AT89S51 是制作机器人控制部分的入门之选。

2.2 爱好者制作机器人首选 AVR 系列单片机

AVR 单片机（见图 2.2）是 1997 年由 Atmel 公司研发出的增强型内置 Flash 的 RISC 精简指令集高速 8 位单片机，具有高可靠性、功能强、高速度、低功耗等特点。AVR 单片机比 51 单片机的运行速度快得多，其内部还集成了多路 A/D 转换器、电压比较器、ISP、I^2C、JTAG 总线电路、UART 串口、大功率 I/O 口、看门狗等实用电路，并且很多 AVR 单片机型号有 EEPROM、Flash、SRAM 三种存储器，可以实现实时修改程序存储器中的内容，即 AVR 单片机可以自己修改自己的程序。同时，AVR 单片机一般能工作在宽电压范围（2.7 ~ 6.0V），有的居然可以在 1.8V 电压下工作。虽然以上这些性能只是 AVR 众多性能中的一部分，然而已经让 51 系列单片机望尘莫及了。

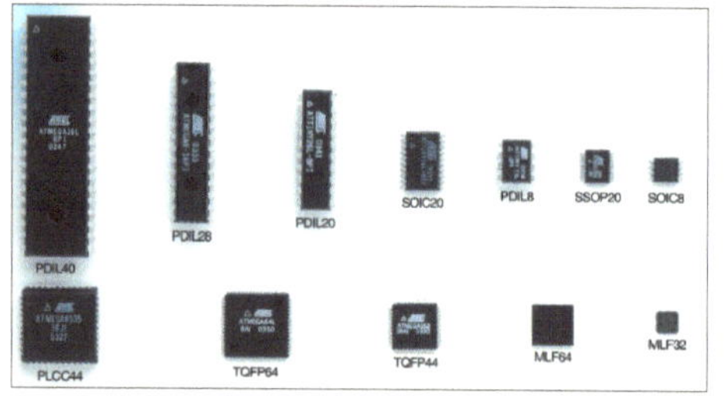

■ 图 2.2　AVR 单片机的各种封装形式

如此高性能的单片机，价格居然和 51 单片机差不多，比如 ATmega8 价格为 8 元左右，ATmega16 在 13 元左右，这是 AVR 有极高性价比的真实写照。

AVR 家族人丁兴旺，包括 ATinyAVR（微小型），低功耗类，ATmegaAVR 高、中、低档 5 类单片机。它们都基于同一核心技术，但在内部集成的电路多少上有所不同。不论你要做电子手表，还是进行视频处理，都有一款合适的 AVR 单片机能满足你的需要（见图 2.3）。

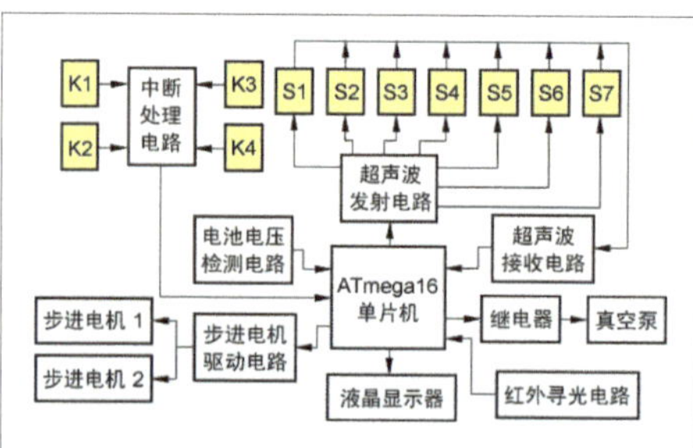

■ 图 2.3　吸尘机器人的控制电路板

AVR 的 I/O 口能输出 20mA 和吸收 40mA 的电流，不仅可直接驱动 LED，甚至可直接驱动微型直流减速电机，而且 AVR 的 I/O 口可编程设置成输入、输出、高阻态，是真正的 3 态 I/O 口。

顺便提一句，目前非常火热的开源硬件平台 Arduino 也是基于 AVR 单片机的。

根据任务具体需要，选择最合适的单片机，使单片机资源充分利用，使系统性价比达到最高，同时兼顾未来扩展要求，不要一味选用高性能单片机，这就是单片机的选型原则。

2.3　高级机器人控制器 ARM

ARM 是一个公司名，它基于同一内核设计了很多高性能处理器，这些处理器都叫 ARM。该技术被很多公司购买后生产出了集成很多功能电路的 ARM 芯片，使得 ARM 成为高性能单片机。ARM 一般为 32 位单片机，适于处理大量复杂数据，很多 ARM 装上了 μCOS2、Windows CE、Linux 操作系统，能够同时运行多个程序。ARM 广泛应用于手机、MP3、GPS 导航仪、吸尘机器人等产品上。

用 ARM+ 操作系统做超声波测距仪——杀鸡用了牛刀，用 AVR 中档单片机做机器视觉——有些吃不消。如果把它们调换一下，一切就恰到好处了。

2.4　音频 / 视频处理首选 DSP

DSP 数字信号处理（Digital Signal Processing，简称 DSP），是一种独特的微处理器，是以数字信号来处理大量信息的器件。其工作原理是接收模拟信号，转换为

0 或 1 的数字信号，再对数字信号进行修改、删除、强化，并在其他系统芯片中把数字数据解译回模拟数据或实际环境格式。它不仅具有可编程性，而且其实时运行速度可达每秒数以千万条复杂指令程序，远远超过通用微处理器，是数字化电子世界中日益重要的电脑芯片。它的强大数据处理能力和高运行速度，是最值得称道的两大特色。

在高速小车循线、语音识别等领域，DSP 被广泛应用。但如果仅用 DSP 检测几个碰撞开关、控制几个电机，当然会显得大材小用。

2.5 新兴控制器 FPGA

FPGA（Field - Programmable Gate Array），即现场可编程门阵列，是在 PAL、GAL、CPLD 等可编程器件的基础上进一步发展的产物。它是作为专用集成电路（ASIC）领域中的一种半定制电路出现的，系统设计师可以根据需要通过可编辑的连接，把 FPGA 内部的逻辑块连接起来，就好像一个电路试验板被放在了一个芯片里。简单来说，如果使用者想开发一个用简单数字逻辑电路就能控制的小车，又嫌搭电路麻烦，他就可以用软件给一个 FPGA 编程，让它实现数字电路功能，去控制小车。也就是说，FPGA 可被用来模拟各种电路，有的 FPGA 甚至能模拟 51 单片机的运行。由于 FPGA 通过编程即可修改它模拟的电路结构，因此在系统实验、调试中很方便，很多爱好者正在尝试用 FPGA 做机器人控制器。

2.6 更多可供选择的单片机

我们在为机器人选择一款单片机前，首先要考虑自己面对的实际任务需要什么性能的单片机。此时我们要考虑不同单片机的“应用广泛程度”，比如，当我们要做一个电子大赛智能小车时，有 AVR 单片机和 PIC 单片机可满足任务需要，如何在两者中作出选择，需要考虑哪种单片机学起来比较容易、学习资料容易获取、可供参考的程序和案例更加丰富，哪种单片机更容易获得编程软件和下载器等。笔者感觉，要想做智能小车，AVR 单片机的资料比较丰富。

世界上有种类繁多的单片机，它们当中绝大多数都可用来控制机器人，但存在一个是否合适的问题。比如，PLC 是可编程控制器，当然可以用来控制爱好者手中的机器人，但 PLC 多用于工业控制领域，设备庞大，价格昂贵，同时不易获得用 PLC 控制小型机器人的资料。爱好者选择学一种单片机前，首先得明确自己要用单片机干什么，然后再选最合适的单片机学习。学单片机重在学精一两种单片机，如果有人泛泛地学 ARM、PLC、PIC、DSP、FPGA 等所有有名的单片机，那么他将无法拥有真正的深度开发能力。所谓深度开发，以 AVR 单片机为例，初学者可以用它实现小灯交替闪烁，中级技术人员可以用它控制参加小车比赛的机器人，而真正的高级开发人员可以用 AVR 实现机器视觉、无人机自动驾驶、坦克火控系统……

2.6.1 AVR 单片机过时了吗?

有初学者甚至中级开发人员认为，因 ARM 性能比 AVR 性能高，因此 ARM 将代替 AVR，AVR 将退出历史舞台，或者 MSP430 将代替 51 系列单片机，或者

FPGA 将取代所有单片机等。

我个人认为这种看法不对，因为不同单片机都有各自的特点和优点，没有哪种单片机是完美的，在不同场合用最合适的单片机，发挥它们各自的特长，而不存在 ARM 一统天下，取代所有其他型号单片机的可能性。试想，原本十几元的普通电子表因为采用 ARM 控制卖到几百元，谁能受得了？因此，不要觉得 AVR 已经过时，学完 51 就直接学 ARM，或者觉得学 51 没用，直接学 ARM，否则你容易碰壁。

2.6.2 MSP430 系列单片机如何？

这个系列的单片机也比较适于机器人开发，是美国德州仪器推向市场的一种 16 位、具有精简指令集的、超低功耗的混合信号处理器。MSP430 系列单片机采用的是 1.8~3.6V 电压，因而可使其在 1MHz 的时钟条件下运行时，芯片的电流会在 200~400μA，时钟关断模式的最低功耗电流只有 0.1μA。MSP430 系列单片机的各成员都集成了较丰富的片内外设，分别是看门狗、模拟比较器、定时器、串口 0/1、硬件乘法器、液晶驱动器、10 位 /12 位 ADC、16 位 Sigma-Delta A/D、直接寻址模块（DMA）、I/O 端口、基本定时器等外围模块的不同组合。MSP430 系列单片机的开发工具也比较简便，价格也相对低廉，并且也可以实现在线编程。

2.6.3 PIC 单片机如何？

PIC 可用于机器人开发，是 8 位单片机，产品种类丰富，采用精简指令集，有不错的开发环境，引脚驱动能力强，可直接连接继电器控制强电。自带看门狗，有睡眠和低功耗模式，但很多性能不如 AVR 和 MSP430 系列单片机。

2.6.4 凌阳单片机如何？

凌阳单片机比较适合机器人开发，以 16 位计算为核心，集成不同规模的 RAM、ROM 和其他丰富的功能电路，使用者可以根据自己需要选择集成了特定功能电路的凌阳单片机系列。凌阳单片机指令系统提供出具有较高运算速度的 16 位，16 位的乘法运算指令和内积运算指令，为其应用添加了 DSP 功能，因此更适合进行语音识别。在我国，凌阳单片机在学校比较常见，应用实例较多，可作为机器人爱好者选用的单片机之一。

TIPS：
单片机诞生前人们用什么控制机器人

1. 模拟计算机

在数字计算机诞生前，人们用电子管、电容器和电感线圈、电阻搭建模拟计算机，能够完成许多简单的计算和控制任务。所谓模拟计算机（见图 2.4），就是其计算采用的信号不是 1、0 这样的数字信号，而是电压连续变换的模拟信号，类似于自动控制原理中的各种控制器采用的运算。别小看了模拟计算机，20 世纪 80 年代第 5 次中东战争时，一些国家使用的前苏制全自动自行防空炮（见图 2.5）就是采用模拟计算机来实现飞机轨迹的计算，并控制火炮射击目标的。

■ 图 2.4 早期模拟计算机

■ 图 2.5 采用模拟计算机的防空炮

2. 由齿轮和凸轮组成的控制器

在模拟计算机诞生前，也就是蒸汽机时代，有些机械天才硬是用数百个齿轮和凸轮搭建出机械计算机，人们通过转动印有数字的各种齿轮，另一些齿轮就将运算结果显示出来了。机械计算机在人类史上曾经是高科技产品，第二次世界大战时，德国著名的密码机（见图 2.6）就是一种机电混合式计算机，它是当时最保密的通信工具。

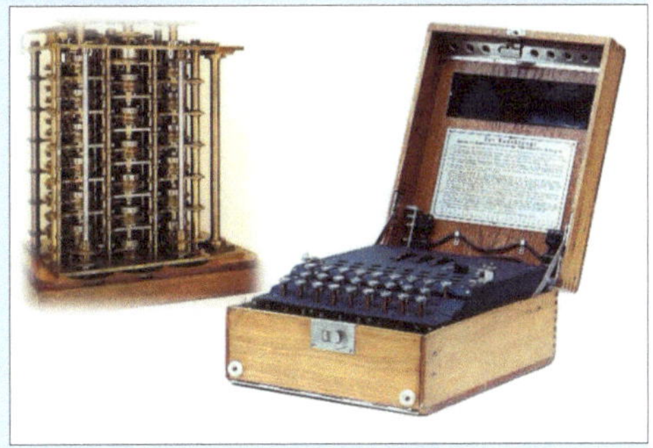
■ 图 2.6 密码机

3. 由发条、秒表和继电器组成的控制器

在电气时代开始时，人们用钟表内机械的旋转分时针控制继电器的通断，从而控制一些机床和生产线的运行。这种装置类似于早期洗衣机内的定时器。

制作机器人常用的传感器

◇胡泊

机器人小车是很多机器人入门者的制作首选。本文为大家盘点几种机器人小车上常用的传感器及其功能。

3.1 用于避障的传感器

避障可以说是各种机器人最基本的功能，因此选择测障传感器是每一个机器人DIYer必须熟知的。

检测机器人前方是否存在障碍物的传感器，可以分为接触式和非接触式的。

最典型的接触式测障传感器便是碰撞开关（见图3.1）。碰撞开关的工作原理非常简单，完全依靠内部的机械结构来完成电路的导通和中断。当碰撞开关的外部探测臂受到碰撞，探测臂受力下压，带动碰撞开关内部的簧片拨动，从而电路的导通状态发生改变（见图3.2）。通常碰撞开关需要接3根线，一根红色的电源线，一根黑色的地线和一根黄色的信号线（信号线的颜色可能存在不同）。

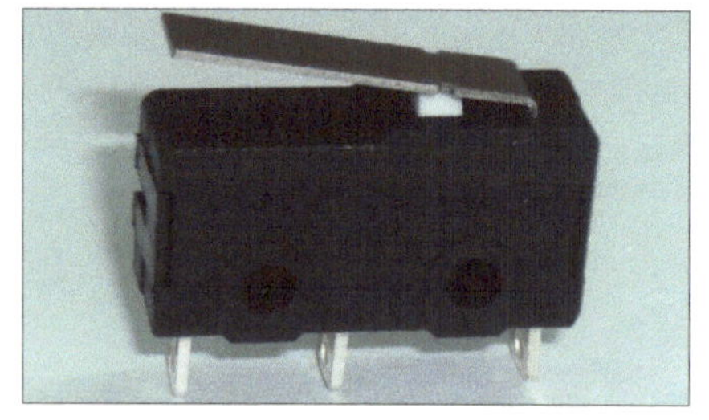

■ 图3.1 碰撞开关

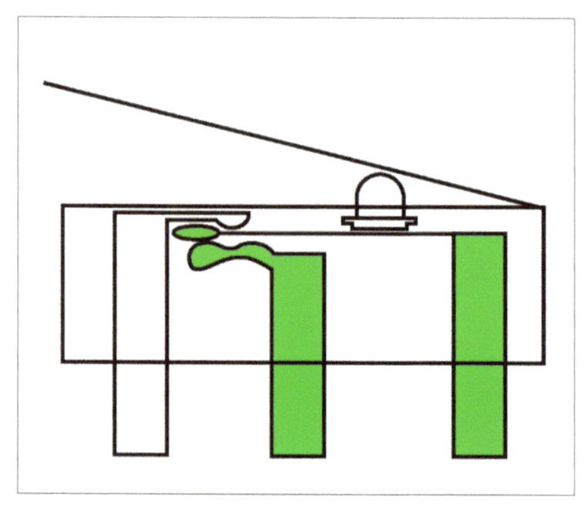

■ 图3.2 碰撞开关的工作状态图

在机器人小车上的用法多数是将探测臂加长，扩大探测范围和灵敏度。当机器人小车撞到前面的障碍物，碰撞开关的信号端便可返回一个高电平，控制芯片由此可以知道小车面前存在着障碍物。

碰撞开关的优点是价格便宜，一般每只零售仅几块钱，使用简单，使用范围广，对环境条件没有什么限制。但碰撞开关也有个最明显的缺点，就是必须在发生碰撞后才能检测到障碍，这在某些机器人比赛中是相当失分的，在某些实际的应用中实用性也会大大降低，而且使用时间较长后，开关容易发生机械疲劳，无法继续正常工作。

非接触式测障开关一般的工作原理与雷达相似，发射某种射线，遇到障碍物，射线被反射回来，并被传感器接收，这时传感器就认为发现了障碍物。我们最常用的便是发射和接收红外线的传感器（见图 3.3 和图 3.4）。

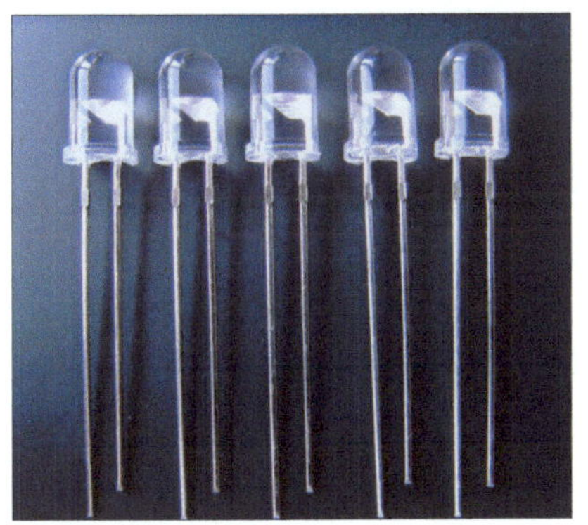

■ 图 3.3 红外发射管

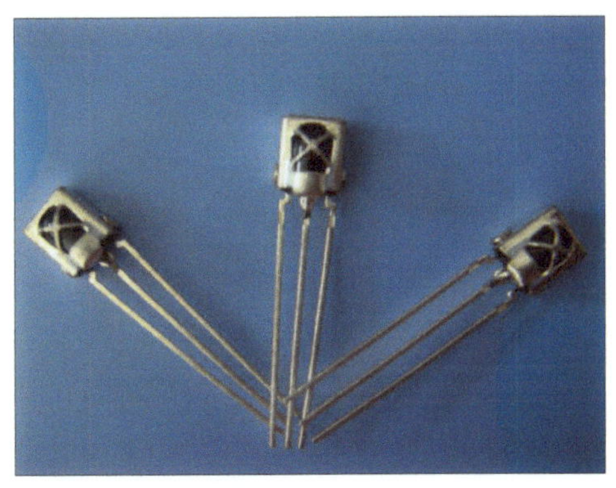

■ 图 3.4 红外接收管

现在网上有成套的红外测障传感器出售，可以直接购买产品使用，也可以自己购买电子元器件焊接（见图 3.5）。

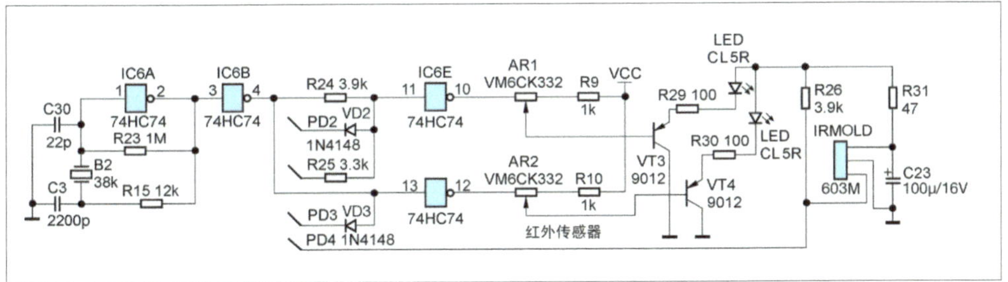

■ 图 3.5 红外测障传感器常用电路

红外测障传感器成本较低（当然比碰撞开关还是要高一点），电路简单，检测范围大，如果在电路中加上一个电位器，就可以随时调节传感器的检测范围。这种检测方式为非接触式，控制起来更加方便、灵活。

但这种测障方式也有缺点，多个红外传感器之间容易互相干扰，因此在传感器的布局上需要多花心思，安装位置也要尽可能地避免红外信号的碰撞。

3.2 用于测距的传感器

在实际制作中，机器人光知道哪个方向有障碍物并不够，还必须知道障碍物距离自己具体有多远，才好判断下一步的行动。这时我们就需要测距传感器。

测距传感器大多为非接触式的，目前在个人机器人制作领域用得比较多的是红外和超声波测距传感器两种。

提到红外测距传感器，就不能不提夏普的 GP2D12 红外测距传感器（见图 3.6）。GP2D12 几乎可以说是机器人爱好者的必备传感器，在我们平时常看到的一些个人机器人作品中，绝大多数都可以看到它的身影。

无图无真相，相信很多朋友看到GP2D12的实物图都会禁不住感叹“哦,原来是它呀！”是不是很眼熟？说实话,除了在个人机器人上，我还真没在其他的地方见过这个东西。

图3.6 夏普GP2D12红外测距传感器

这种传感器的优点是体积小，测量准确，电源电压与输出信号都较常规，一般单片机系统都可直接使用，缺点是成本较高，购买途径较少。

超声波测距传感器（见图3.7）也是一种很常见的测距传感器，依靠超声波的发射与反射接收中的时间差来判断距离。

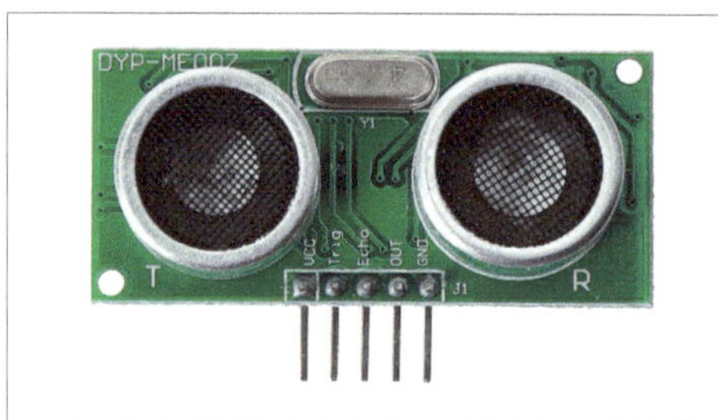

图3.7 超声波测距传感器

超声波测距传感器规格很多，测试距离也从远到近都有，价格相差也较大，一般机器人爱好者使用的是测量范围在几厘米到几米的。

超声波测距的优点在于测量范围较大且不使用光学信号，所以被测物体的颜色对于测量结果没有影响，但其成本较高。由于它依靠声速测距，所以对于一些影响声速的因素较敏感，比如温度、风速等，而且最大允许角度较小。

3.3 用于亮度判断的传感器

很多个人朋友制作的机器人都需要判断环境光的亮度，这时就需要亮度传感器。最常用的便是光敏电阻（见图3.8）。光敏电阻是一种随着照射在上面的可见光强度变化而阻值发生相应变化的电阻，可以根据其阻值的变化判断出光强。

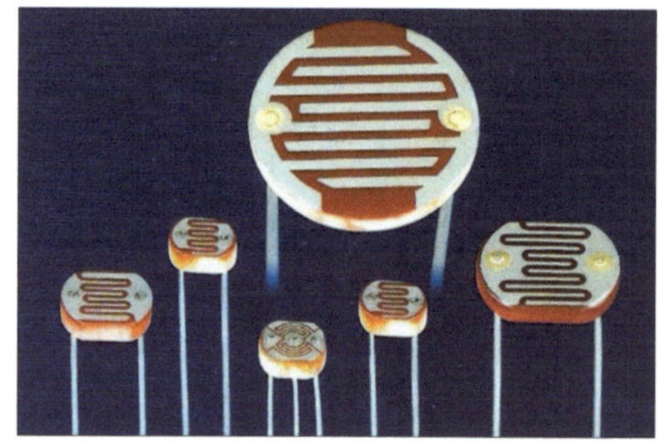

图3.8 光敏电阻

光敏电阻的使用也非常简单，只要将它当作普通电阻接入电路，根据电流变化便可得出电阻值的变化，进而判断出光强的变化。对于机器人制作，光敏电阻是一种成本低廉、可靠性好、测量准确的元件。

3.4 用于测量速度的传感器

机器人自身的行走速度对于判断机器人运动状态和机器人所在位置非常重要，

这里我们主要讨论一下机器人小车运动速度的测量。

机器人小车依靠电机驱动轮子来运动，因此测量机器人小车的速度可以归结为测量驱动电机的转速。那么怎么测量电机的转速呢？测量电机转速有很多种方法，比较适合个人机器人爱好者的是采用光电编码器。

光电编码器也有很多种，在个人机器人上比较常见的有两种，一种为反射式，一种为透射式（都是我随口起的名字）。

反射式的基本结构是在电机的旋转轴上加一个圆形的黑白相间码盘（很多都是粘在轮子上的，见图 3.9），离码盘很近的地方固定一个红外发射 / 接收一体模块，利用黑白色对红外线的吸收率不同来进行判断。红外线照射到黑色部分时，大部分被吸收，而无反射信号；红外线照射到白色部分时，大部分红外线被反射回来，而产生强烈的反射信号。当码盘随电机旋转时，红外接收端的输出信号便是一个由旋转速度决定频率的方波，进而我们便可知道此时电机的旋转速度。

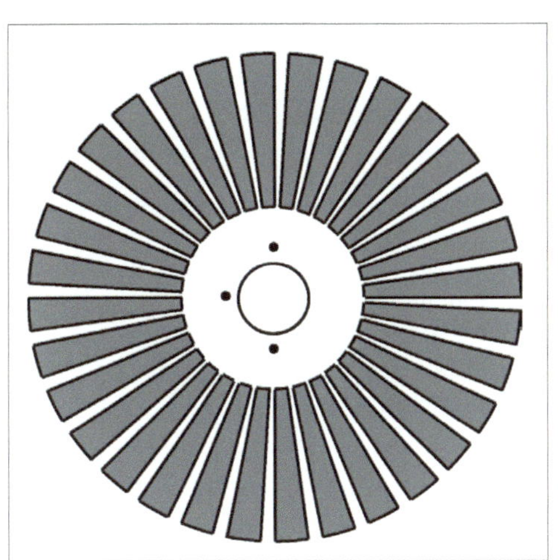

图 3.9 码盘外形图

透射式检测原理与反射式相似。唯一的不同是没有图 3.9 中的那种黑白相间的码盘，而是在光栅圆盘上开了一圈小孔，红外线或可见光的发射端与检测端分别位于光栅圆盘的两侧（见图 3.10），同样利用光栅圆盘旋转后产生的脉冲信号来检测电机的旋转速度。

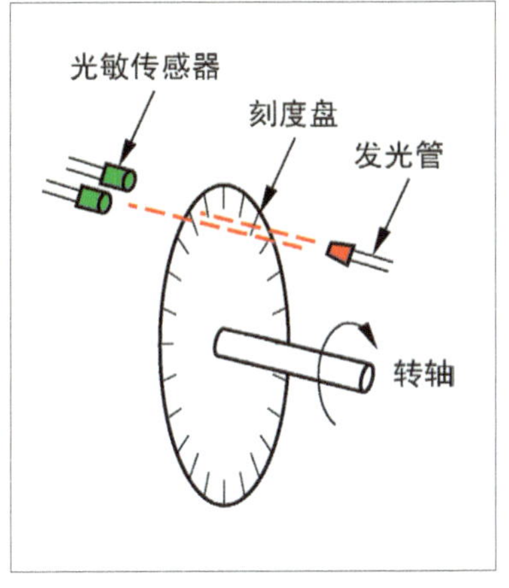

图 3.10 光栅盘式光电编码器原理图

从本质上来说，两种传感器都属于光电传感器，这类传感器价格便宜，结构可靠，检测结果准确，不过对于安装位置要求较高。因此，建议大家购买电机时，选择配备了光电编码器的电机，免去自己安装可能带来的种种问题。

检测电机转速，除了光电传感器之外，还有一些利用磁效应原理的传感器，汽车上经常使用这种传感器，本文不再详细介绍了。

3.5 用于检测地面灰度的传感器

很多人最开始做的机器人小车基本功能就是循线，白色的地板上贴着一条黑线，让机器人小车沿着地面的黑线前进。很多机器人高手都是从制作类似的作品成长起来的。

因此，有必要介绍一下检测地面灰度的常用传感器。

可见光地面灰度检测器，就是使用一个发光装置与一个光敏电阻搭配，装在机器人底部离地面较近的一个位置上，发光装置发射可见光，照射到不同颜色上面后，反射光的强度会有一定的差异，根据光敏电阻的返回值便可知道机器人下方的地面颜色（见图 3.11）。

图 3.11　一种利用发光二极管作为发光装置的地面灰度检测器

笔者最初制作地面灰度检测器的时候，是自己弄了个小灯泡来发光，可是效果不理想，后来换了个摩托车上的 6V 灯泡，效果好多了，就是电池受不了。再后来买了个与图 3.11 中差不多的灰度传感器，耗电量下来了，检测效果也还可以，但是还是会有漏测的现象，而且容易受到环境光的干扰。于是我后来就使用了一种非可见光的检测方式——红外线地面灰度检测。

前面介绍光电编码器时提到过，反射式光电编码器的码盘由黑白相间的条纹组成，利用黑白颜色对红外线的吸收程度不同来检测码盘的旋转。其实如果引申一下，把机器人循线的场地看成一个大码盘，其实也是黑白相间，这样每当机器人越过一条白线，就相当于光电编码器上的码盘转动了一个最小角度，光电编码器的输出高、低电平便会变化一次。

这种检测方式比较准确，很少出现漏检的情形，抗干扰能力也比较强，唯一的劣势就是对传感器本身的离地间隙要求较高，高一点或矮一点都不行。因此，对机器人的工作环境要求较高，不平的地面肯定是不行的。

这两种地面灰度检测方式成本都比较低廉，具体采用哪一种，根据自己的确切应用来决定就可以了。

3.6　其他

微电子领域的发展日新月异，每天都有各种各样的新传感器问世，很多以前高不可攀的传感器如今也变成了几块钱甚至几毛钱一个，因此经常去电子市场转转，关注一下最新的传感器信息是必要的。

其他制作个人机器人常用的传感器还有数字指南针、加速度传感器等，大多用在比较复杂的应用上，本文就不再详细介绍了，有兴趣的朋友可以自己去了解一下。

谈谈机器人的安装

◇胡泊 编译

当我还是一只“小菜鸟”的时候，曾经有一位“大虾”语重心长地对我说过：“如果你的机器人机械部分设计糟糕，即便你拥有专家级别的控制与程序，你还是只能得到一台糟糕的机器人；可如果你的机械部分设计合理，即使你的控制系统与程序很差劲，还是认为你制作了一台不错的机器人。”这条忠告我一直铭记至今。

你是否认为拥有前景规划的人在生活中更容易获得成功？是的！制作机器人也是如此。动手之前，在纸上或是计算机里做好规划（见图 4.1）的重要性毋庸置疑。比如，机器人的机械结构采用什么材料，每一处的连接使用什么规格的螺丝，每一个传感器如何固定——每一个你可能想到的问题都应做好规划，这将节省你的时间和金钱，并且你的这个机器人最终的结构也将更加完善。具体来说，你应该画出每一个零件的图纸，标出每一个要钻的孔，想好究竟该怎样把每一个零件连接在一起。

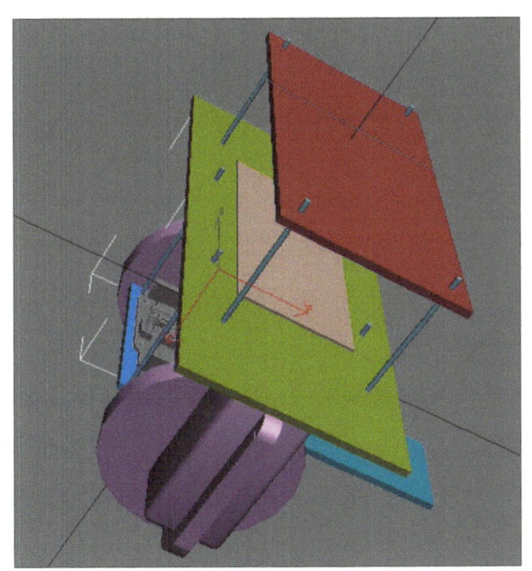

图 4.1　绘出零件结构图纸

4.1　制作忠告

使用尽量少和简单的零件。

使用更少的零件，意味着你需要准备的零件就少，需要设计的零件就少，需要的花费就少。设计零件的时候，要考虑到这个零件是否易于加工。不要设计没有必要或是结构复杂的零件，或是你没有条件加工的零件。简单和少的零件，意味着你出现设计错误的机会就小。

使用现成的零件。

使用现成的零件，意味着你将花费更多的金钱。但是毫无疑问，现成的零件比你自己设计的零件更加可靠。市场上销售的零件都经过了严格的设计与测试，这些零件用在你的机器人上也不会出太大的问题。这也将大幅度节省你的时间和精力，这是无法用金钱来衡量的。你可能花 20 小时制作了一个功能简单、可靠性不高的电源，实际上，你只要花费 100 元就可以买到更好的成熟产品了。

不要使用太多不同规格的螺丝钉（见图4.2）。

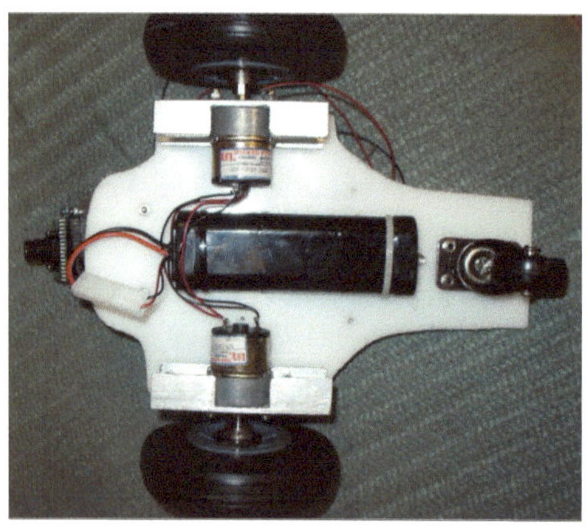

图 4.2 机器人小车上的螺丝钉最好不要超过3种规格

我的一个同事制作机器人的时候，给他的机器人上每一个不同的连接处都使用了不同的螺丝钉。最后，我进行拆卸时，不得不使用了10种不同的六角扳手。而我的同事为了制作这个机器人也不得不买了10箱螺丝钉。

4.2 框架结构

框架结构就是机器人的主体部分，也就是其他所有零部件的支撑部分。要使用一种重量轻、刚性好的材料，比如铝板或聚乙烯材料。

4.3 零部件

如果你见到我最初制作的机器人，你一定会惊讶，为何我的机器人成本会如此之低。毕竟商店里卖的各种机器人的部件都是价格不菲的。实际上，几乎可以这么说：你可以在自己的屋子里找到所有你所需要的机器人机械部分的零件。

一般来讲，我的机器人预算是这样的：电机70~350元；机械材料大约150元；车轮大约60元；其他一些杂项，包括螺栓、螺母，大约70元。翻一翻你的旧物，说不定会有意外的惊喜。有时候也许会找到一个好的旧电机，不过想要找到两个一模一样的旧电机做搭配就比较难了。

4.4 固定方式

经常有一些新手朋友问我：“究竟怎样把各个零件固定到机器人上才好？”必须要明确一点，不同的零部件都有不同的特点，如位置、重量、尺寸、功能等，也就具有不同的固定方法，一定要具体情况具体分析。

4.5 车轮

直径：选择轮子时，首先要考虑扭矩和速度。直径大的轮子，获得同等的动力输入时，扭矩较低，但转速较高。如果你的电机动力较强，则可以选择直径较大的轮子（见图4.3）。伺服电机的输出扭矩较大，所以轮子的直径一定要大。如果你的电机负载较小，那么可以选择直径小一点的轮子。这样，机器人的速度会较低，但是其扭矩足够使你的机器人爬上一个小斜坡。还有一个初学者经常犯的愚蠢错误，就是轮子直径等于或仅仅比电机大一点，这样你的机器人离地间隙就会非常小，越过一些路况不好的路面时会发生严重的磕碰。

■ 图 4.3 机器人小车的轮子

车轮纹理：车轮纹理对一些路面来说非常重要，一些初学者经常忽视车轮纹理的选择。如果你的车轮表面太光滑，将很难获得足够的摩擦力。过度光滑的轮子在刹车或加速时有可能会打滑。这一点上，塑料轮子就不如橡胶轮子表现好。但是如果轮子的摩擦过大，比如泡沫材料，则会影响电机的效率，并且轮子的磨损也会比较严重。

轮子宽度：轮子的宽度不要太宽，否则将会影响机器人的灵活性。我曾经使用过 2.5cm 厚的泡沫轮子，结果机器人运行得非常差。

轮子的中心孔径：最终你要通过这个孔来把电机轴输出的动力传递到轮子。因此，这个孔径要根据电机轴的大小来决定。

轮子的安装——过盈配合：如果你的轮子没有中心孔，那你就要自己钻一个。加工的时候一定要确保你所加工出来的孔是在轮子的中心。加工出来的孔径应比电机轴稍微粗一点点，然后在孔中涂一点强力胶，将电机轴穿过轮子的中心孔，使电机轴与中心孔形成一个过盈配合。

购买途径：一般飞机航模的轮子是个不错的选择，网上有很多航模的配件商店，有很多的选择，你可以自己去搜索一下。

4.6 电机

电机的种类浩如烟海，我这里假设你的机器人使用的是最基础的直流电机。购买电机的时候最好选择直接配有变速箱的电机，变速箱的动力输出可以使你的机器人更易于控制、更有力。我建议你不要尝试自己去制作电机的减速系统，这将会给你带来非常多的各种各样的问题。我的第一次尝试最后也是以失败告终。

不论什么类型的电机，要固定到机器人底盘上都需要一个 L 形支架。你可以用一块有一定厚度的铝片来制作。一侧上钻两个孔，利用螺丝将铝片固定在机器人底盘上；另一侧钻两个孔，与电机上的固定孔对应来固定电机。将铝板折成一个 90° 角。这样一个支架就制成了。还有一个选择，就是使用现成的 U 形铝板。这种铝材很容易找到，只要大小合适，再钻上几个合适的孔，就可以很容易地固定到我们的聚乙烯底盘上。

4.7 安装机器人电池

安装机器人电池是一件很简单的事情，只要你使用的是固态电池（比如镍镉或镍氢电池）。最简单的固定方法就是用胶或胶带把电池固定在机器人底盘上。

4.8 电子电路

将电路板装在机器人上，有时是件很困难的事情。如果你的运气够好，买到一块预留了螺纹孔的电路板就比较方便。如果没有的话，那么你就要想办法自己在电路板上钻孔，然后使用螺丝与螺母把电路固定在机器人底盘的聚乙烯板上。

安装电路设备时要记住一件事：尽量把电路板或其他一些电子设备安装在机器人的高处（见图 4.4）。因为这些电路设备大多较轻，而你应当尽量使你的机器人重心靠下。并且，如果你的电路板离地太近，那么机器人在运动时溅起的一些污垢很容易把电路弄脏，且电机在运行时产生的一些电子信号也容易对你的控制电路产生干扰。

图 4.4　机器人小车的控制板

4.9　布置传感器

安装传感器方面，很难有什么共通的准则。安装传感器最大的困难就是在机器人上总是有这样或那样的影响传感器工作的限制。比如，传感器不能离噪声较大的电机太近；传感器可能必须要装在机器人的前面或两侧，并且要有一定的保护措施，避免碰撞，而且灰尘也有可能会影响传感器正常工作；如果你做的是一个循线机器人，那么机器人底部传感器的离地间隙必须精确。因此，如果想将传感器安装在一个非常合适的地方，你必须利用一些技巧和工具，比如螺纹、胶或是一些自制的支架（见图 4.5）。

图 4.5　安装传感器的支架

05 我的机器人制作体验

◇刘天龙

我以前做的都属于业余级机器人，积累了一些机器人设计、零件加工、组装等方面的经验。机器人爱好者想做机器人，但却觉得不知从何下手，原因有很多，其中之一可能是爱好者对自己想做的机器人的愿景过高。

作为业余爱好者，没有专业设备和经费，想做出科幻片里的机器人是不容易的。但我们不妨开动脑筋，想出一些既简单、有趣又有用的机器人来做。如果实在不知做什么样的机器人，那么看一些和机器人相关的影视作品，非常有助于开阔思路。

其实机器人本来就是为方便人们而研制的，我们何不从生活需要出发做一些有用的机器人呢？比如吸尘机器人，能够帮助人们清扫地面，减少家务劳动负担。吸尘机器人又是一种小型轮式移动机器人，没有复杂的机械结构，结构和功能设计的自由度很大，可以做得很复杂，作为博士科研项目，也可以做得很简单，同样能完成简单的清扫任务。

我们首先要思考这种机器人有什么功能。首先它能在地上跑。由于房间障碍物复杂，要求机器人能灵活转向，因此最好选择两个主动轮、一个万向轮的三点式驱动结构。要完成避碰功能，我们要在机器人四周设置碰撞检测装置，这种传感器可能是碰撞开关、超声波测距仪、红外测距仪，甚至激光测距仪，爱好者可根据自身情况随意选择。为完成吸尘功能，需要在底盘上开个吸尘口，同时在机器人合适部位安放真空泵。

完成了功能构想后，我们要思考机器人的具体形态，以及内部各个元器件的分布。要进行三维空间结构构思。尽量使机器人体积小巧，同时注重结构坚固、使用方便，对于移动机器人，要考虑重量平衡。如果机器人重量不平衡，可能会向前、后栽倒。考虑到机器人需经常原地转向，外形应做成圆柱形。先在底盘上布置主要部件，比如传感器、电路板、真空泵、驱动装置，然后再放置次要部件，比如电池，用电池来平衡机器人前后重量。

我们可以先在一张纸上画出机器人底盘轮廓，然后将各种元器件在纸上摆放，不断调整各自位置。有条件的爱好者可以考虑通过计算机辅助设计软件来进行结构设计。对于机器人初步结构设计，我建议使用 3DS Max 三维动画软件（见图 5.1）。该软件相对于 UG、AutoCAD 等专业软件，具有易学、易用的特点，简单的三维建模直接用鼠标拖曳就可实现，做初步设计效率非常高。

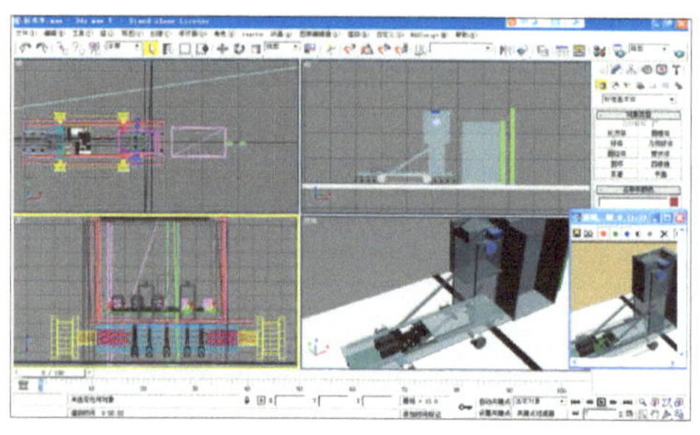

■ 图 5.1 用 3DS Max 三维动画软件设计机器人结构

设计了系统结构后，爱好者需要考虑实现这些功能的电路。首先根据机器人的主要部件，如传感器、液晶显示器、电机等设计相应的驱动电路，然后根据机器人功能设计控制电路，并将驱动电路连接到控制电路上。爱好者最好先在纸上画出电路大体连接，然后用 Protel 等电路设计软件绘制详细的电路图。为确保电路正确，爱好者最好在仿真软件中对所有电路进行仿真。但根据我的经验，仿真软件多用电路学的基本公式进行计算，公式是真实的抽象，忽略了很多细节问题，因此仿真结果不是完全可靠的。有条件的话，应该在面包板上搭建所有电路，进行实物测试（见图 5.2）。

■ 图 5.2 在面包板上搭建电路进行实测

电路板上的元器件分布非常重要，好的元器件分布不仅布线方便，还能抗干扰。同时，要结合机器人结构进行设计，要考虑与其他外部器件是否连接方便、散热是否容易，对于要求高的机器人还要考虑人机交互方便等的问题。可以先将各种元器件插在泡沫板上调整布局，满意后再绘制 PCB。

如何获得机器人外壳或者主体结构构件？先在自己周围转转，看看有没有什么东西能用得上，找不到的话，到大型超市去找，那些塑料盒、脸盆、衣服挂、晾衣架、真空吸盘……全部可以作为机器人构件。

电钻是不可少的工具。对于很多塑料构件，除了用锯切割外，用电钻切割也是很好的方法。铣床即是靠旋转“钻头”实现切割工件的。一般小型电钻为 12V 变压器供电，变压器输出功率不够，当用电钻钻比较硬的东西时容易卡住，如果换用 12V 蓄电池给电钻供电，蓄电池输出功率非常大，你会发现电钻立刻变得动力十足。

电热式胶枪是很方便的粘接工具。胶枪总是往下滴热熔胶，用一个易拉罐底接着这些胶，积攒多了后把它放在电烙铁散热片上，一会儿易拉罐底里的胶就会融化，然后用牙签沾着胶，抹到机器人上需要的位置。有很多地方比较狭窄，胶枪头插不进去，用牙签蘸溶胶正好能涂进去。

测试机器人时最好选用同时能够显示电流和电压的调压电源，这样，在测试时可以同时看到电源的输出电压和电流，如果电路有短路或者某些故障，会造成电流过大，能够及时通过电源上的电流显示发现。

下面我给大家展示一些我近几年的机器人作品，希望能够对大家有所启发。

1 大二偶然机会遇到了一个和自己有共同爱好的同学，从此两人开始一起努力，参加电子大赛制作了运水机器人。

❷ 参加电子大赛时做的“通用移动机器人底盘”，在“通用底盘”上面摞上显示器和超声波测距仪，小车实现了自动避障功能。随后又在“通用底盘”上加上了显示器和超声波测距仪。

❸ 有一天家里的大钟摔坏了，我就用钟的外壳做了个“智能吸尘器”。当时还没接触到淘宝网，不知道上哪里买真空泵，就买了个航模的喷气式涵道桨发动机做吸尘泵。用一个舵机带动一个超声波测距仪，进行 330° 旋转，扫描周围环境的障碍物状况。钟盘内侧有碰撞开关，检测碰撞情况。

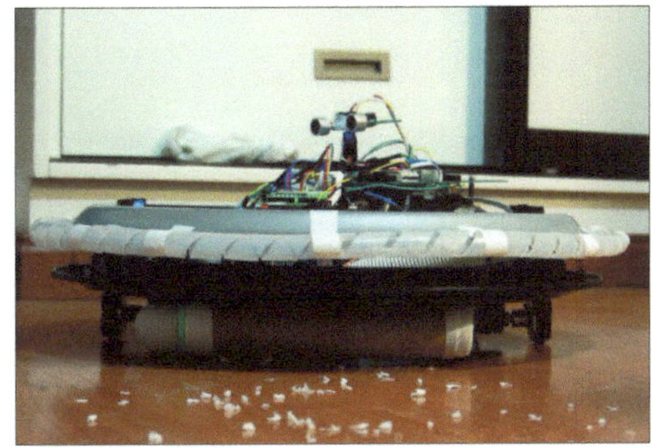

❹ 我在图书馆看过一本书，介绍控制论作者早年研制的“沃尔特海龟”，电子海龟没电了会自动回到窝棚充电，充满了自己到外面玩耍，这是机器生命的雏形。我受到启发，自己做了一个单片机版的“海龟”。

“海龟”身上的光电二极管用于寻找哪里的光强适合充电，背上背着太阳能电池，前面还有一排红外线对管，用于防跌落。实际上，原本那些红外对管是用来检测地面标志线的，我原计划通过某种有学习能力的程序，使机器人能够自主识别地面标志，而后

能够通过沿地面标志走到充电地点。

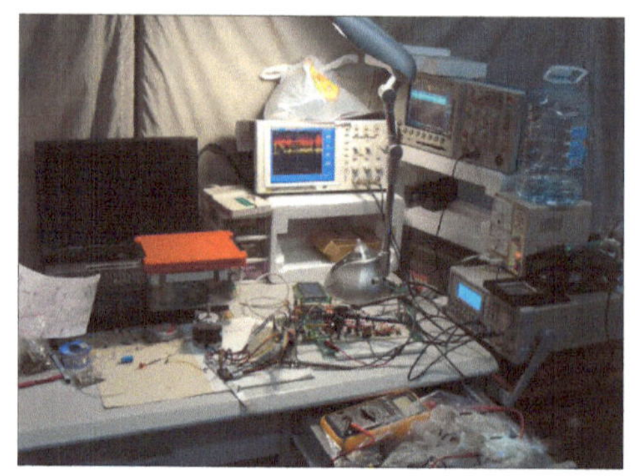

❺ 再跟大家分享一下我的实验室，我和我的同学在这里一起为电子大赛拼命奋斗过，他觉得那是痛苦的记忆，我却觉得那是激动人心的记忆。每天都怀着梦想进入可爱的实验室。这只是一个小“池塘”，还有“大海”等待我去畅游。

机器人爱好者如是说

◇胡泊 整理

Qibot:

其实我搞机器人的时间并不长，大约1年多以前开始的吧，但从小就比较喜欢电路，最早自己动手腐蚀电路板、制作对讲机还是十几年前的事情了。这些年来，看到了各种机器人产品，从简单的循线车到AIBO、ASIMO，都很心动，却总觉得这些太复杂，需要很多时间，所以一直没有行动。直到一天看到 Parallax 公司的企鹅机器人，很简单却娱乐感十足，但国内却几乎买不到，于是打算自己动手制作。第一步的目标没敢设定得过分远大，就参考他们的 boe-bot 吧。只有循线还不太过瘾，经过几个月的设计改进，最终制作成功模块化的小车，可以循线、追光、避障、遥控，其核心是一块 PIC18 单片机。虽然中间也走了很多弯路，但整体来说，以制作机器人小车来入门并没有想象中那么困难，只是一定要动手！但也千万别好高骛远，什么人形、视觉系统，等入门了再说吧。来吧，还等什么？先做个机器人小车玩玩吧。

■ Qibot 的作品：机器人小车

陈武:

最近我刚刚升级当了父亲，父母们一下子辛苦起来，每天马不停蹄地洗衣、做饭、收拾屋子、打扫卫生……咱们人类就是这样，经常被一些重复性的琐事所累，严重影响生活质量。其实，这些事情交给机器人来做最合适不过了，它们力大无穷，永不疲倦，更不会像某些保姆那样给孩子喂安眠药。

大家也许会问，机器人安全吗？足够聪明吗？价格便宜吗？没错，现在机器人离我们的生活还挺遥远。但我相信科技进步的速度远超我们的预期，在不久的将来，机器人一定能走进千家万户！

作为一个业余的机器人爱好者，我希望通过分享自己的成果，让更多的年轻人关注机器人，研究机器人，为这个行业尽一点微薄之力。

陈武的作品：会解魔方的机器人

Plenilune:

小时候我就喜欢小制作，从经常拆家里的电器，到搞搞无线电，做些小电子玩艺儿，再到做做遥控模型……上了中学之后，因为忙于学业，这些爱好都搁置下来了。后来参加工作了，又因为疲于生计，也一直没有机会再拾起这些兴趣爱好。一晃就是十多年过去了。在去年的某一天，我在网上瞎逛，在Robotsky网站上，看到现今机器人制作的水平已经发展到了相当专业的程度，尤其是看到很多机器人的精彩视频，更是让我惊叹不已。那些软硬件完美结合的“艺术品”让我有种砰然心动的感觉。说到这里，我想有很多朋友都会有我这样类似的经历，没错，自己DIY机器人——那是久违了的童年梦想。从此，我开始利用业余时间学习DIY机器人，到目前为止，不能说学有所成，但也算是积累了一定的经验，更让我在如此喧哗忙碌的生活中找到一份乐趣。

来吧，大家一起来吧，不要再犹豫了，事实上这一切都没有想象中的复杂，事在人为。想想看能够重温旧梦，那是怎样的一种幸福呢?

Plenilune的作品：6足机器人

Moren:

“噢！这个机器人做得真精良……哇！这个也很强悍！还有这个！”看到网上各位高手们做的机器人，你自己是不是也跃跃欲试了呢？也许你早就有更具前瞻性的想法，早就想拥有自己的机器人了，那就把你的想法付诸实践，把你心中的机器人做出来吧！

“我没有那些工具啊！车铣刨磨钳，什么加工工具都没有，怎么做啊？”几乎每个初次接触机器人的朋友都会遇到这些障碍，确实是很棘手的问题，俗话说：“工欲善其事，必先利其器”嘛。但是没有必要把整个车间都搬到你家吧？或许你有个很大的车库，但是我保证你老婆会把你和你的宝贝设备一起扔出去，当然你老妈也有相同的想法……那咱们也不能放弃！我知道你不是个轻易放弃的人，那仔细找找，家里是不是有些最基本的五金工具呢？锤子，钢锯，改锥，锉刀？有啊！太好了，这就是你征服世界的利器！就用这些，你就可以做出令人惊叹的作品！需要的只是一些基本的金属加工知识，再需要一点耐心和训练，“只有亲手制作的，才是真正属于自己的”。我就是用这些简单工具做的。机器人没有必要很花哨，实用就好，当然等到你已接近“炉火纯青”时，我绝对相信那个变形金刚是你用锤子砸出来的，呵呵呵！

Moren 的作品：爬虫机器人

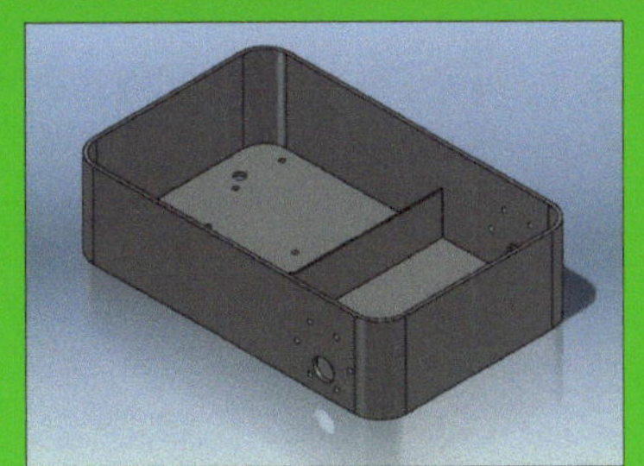

第 2 章

SolidWorks 帮你完成机器人设计

07　零件的三维建模

08　零件的虚拟装配

09　模拟并分析你的机器人零件

07 零件的三维建模

◇李伟

现在，我们不买零件回家也能设计自己的机器人，不用担心最初的设计失误而多买了材料，能省下一大笔钱，缓解一下我们那沉重的预算压力。计算机辅助设计为我们带来了这福音。也许你听说过一些计算机辅助设计软件，比如 Pro/Engineer、UG（Unigraphics NX）、3DS Max 等，但是 Pro/Engineer 门槛太高，UG 的界面不和谐，3DS Max 显得不专业，我推荐的是 SolidWorks。为什么用 SolidWorks 呢？主要是因为它简单实用，非常容易接受。

很早以前我就想写这篇文章，因为经常看到论坛里有人抱怨：“哎呀，机器人编程还好拿来在网上交流，硬件就没办法了。”不在同一地区的人，根本没法交流自己机器人硬件部分的设计，光靠文字叙述实在太困难啦，赶上像我这么偏科，语文经常不及格的那就更是灾难！怎么办，难道我们就干耗着？或者各干各的？当然不了，有了这款软件，即使你的伙伴身在地球的那端，也可以跟他交流！

首先我要说，我是小白，还没完全弄明白这款软件，因为它实在是太强大、内容太多了，我只是把它当工具用，只要它能帮我设计机器人就可以。这显然有点不严谨，但是我就是本着娱乐的目的来学它和用它的。即使你以前没学过三维制图，没有任何概念都没关系，凭着本能就能开工啦。假如你卡在某个地方，鼠标停在一个按钮上一段时间后，软件会自动给你介绍它的用途，有时还会给你展示几个例子，让你更容易理解。我就是想列几个简单的例子，跟大伙展示一下这软件的功能，目的就是“勾引”你学它。如果你愿意深入学习的话，那就买本教材来看好了。

我想分三部分来展示这款软件，第一部分是零件的三维建模，第二部分是装配体，第三部分是运动和有限元分析。我能力有限，但会尽力展示得详尽点，好让大伙对它有个了解。

在学习这款软件前，你最好有机械设计、制造的相关知识，那看起来就更顺畅了，当然没有也可以，咱们可以边玩边学！

❶ 所有的机械都是由零件组成的，所以我们就从最基本的零件开始。首先打开软件，你会看到这个界面。“怎么回事，这是啥啊？”大家不要激动啊，这个软件打开就是这样，什么都没有。这时请单击上面那个白纸图标——“新建”。

❷ 此时就会出现这个很和谐的对话框，选第一个，就是咱们要做的零件啦！如果是第一次打开 SolidWorks，它会引导你怎么去设置它，一般教材里都有，我这里就不再详细介绍了。

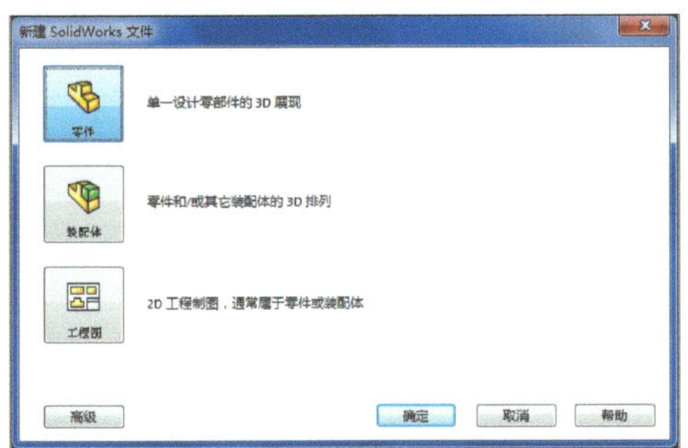

❸ 打开零件图以后，就会出现一大堆东西，先不急，介绍个最重要的东西——FeatureManager 设计树。这个设计树是相当重要的，在你的整个设计当中，会给你很多提示信息，显示你每一步编辑的内容等，我会在后面的实例中展示它的用法。

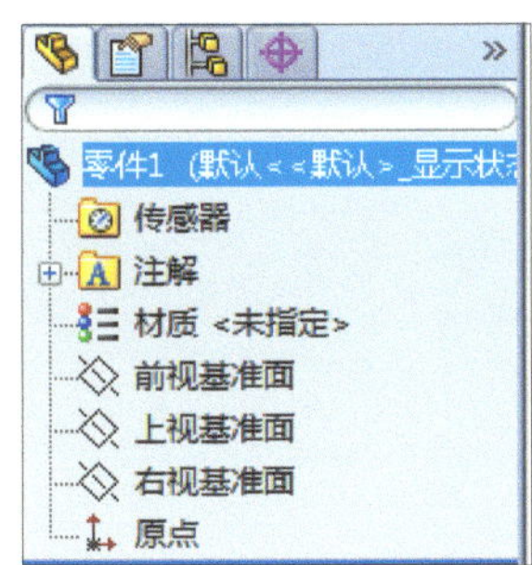

❹ 之后就可以在绘图工具中绘图，首先就拿我身边的一台盛辉 SG5010 舵机做示范吧。在上视基准面画草图，是一个长方形，图中绿色的部分是一些图形的几何关系，大部分是自动添加的，但是有时候这样会导致草图过定义，自己看情况删除就好。

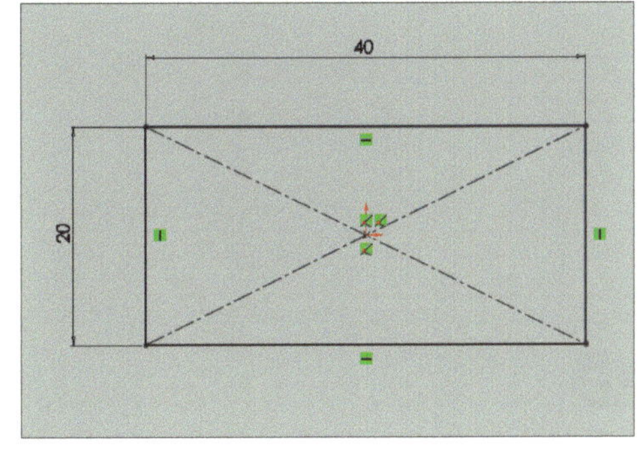

❺ 拉伸，这是一种叫作特征的东西，还有与之类似的旋转凸台、扫描放样等，都是用来三维建模的，慢慢你都会熟悉它们的。

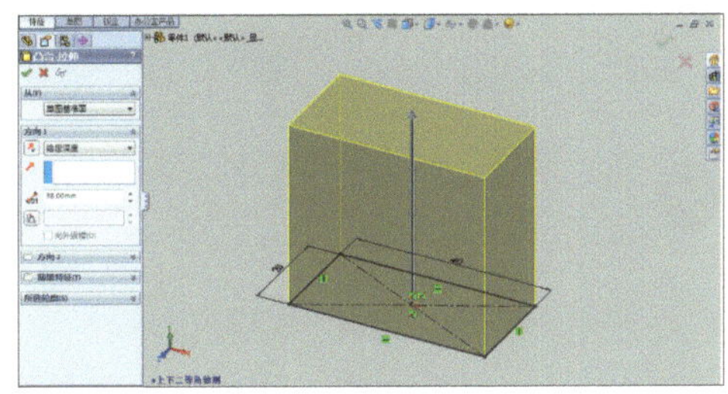

❻ 怎么样，一下就有点立体的感觉了吧？之后的步骤就像是捏橡皮泥或者是切塑料泡沫板一样，非常有趣。

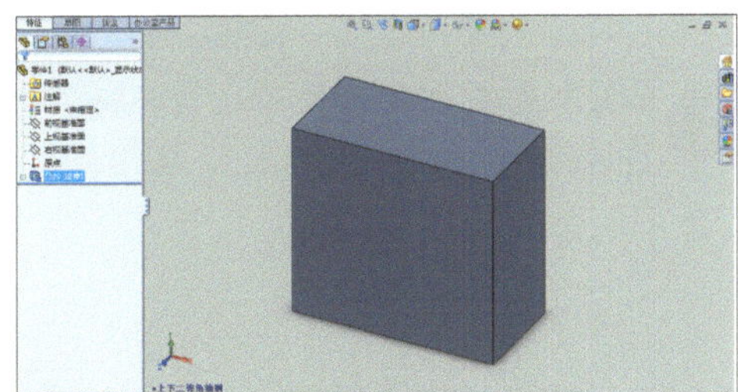

❼ 画舵机的固定部分，此时就凸显出 SolidWorks 的优势，就是可以在已建模型的表面作图，也就是以模型的表面做参考面来作图。这样作图相当方便，基本就是想在零件哪画，就在哪画！

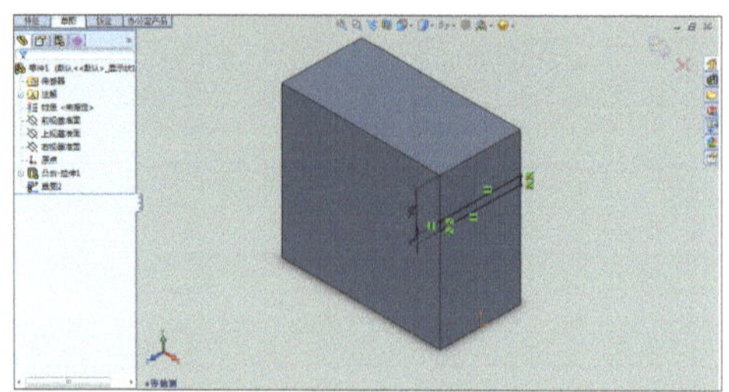

8 还是拉伸。

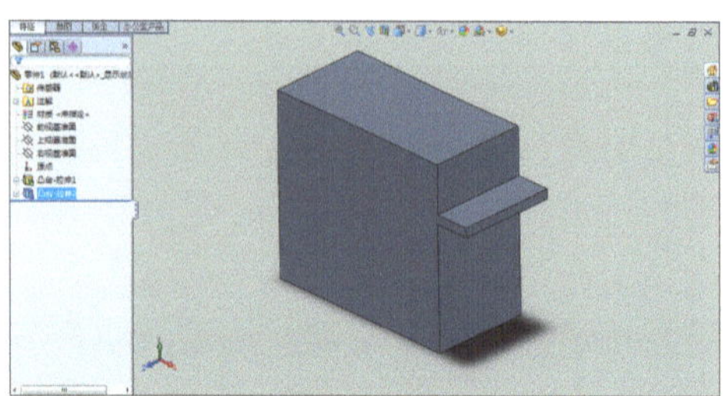

9 再一镜像，舵机两边的固定部分就画完了。

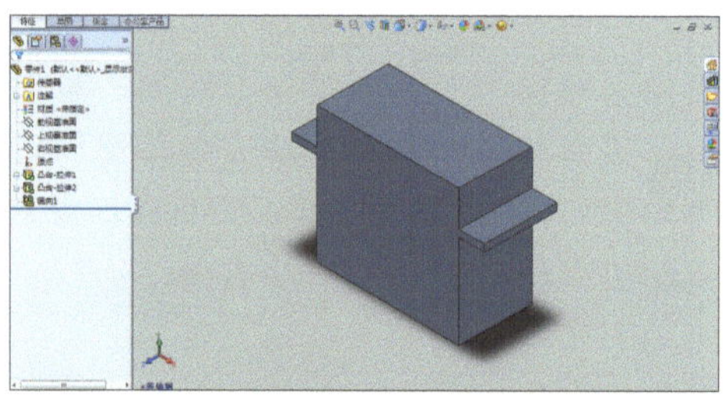

10 画舵机的输出轴，还是在已有的模型表面作图，和前面一样简单，一样顺畅。

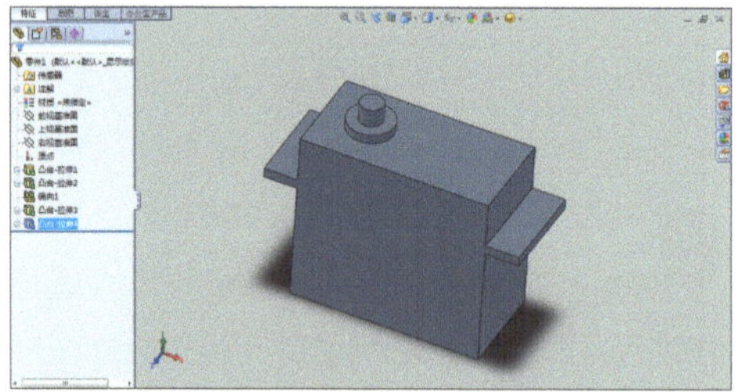

11 现在差不多有型了吧？来点倒角，再打点孔，就完成啦！怎么样？很简单吧？

假如你操作熟练，再加上实际舵机的外形参数，建这么个小零件，只会花大概十几分钟的时间。

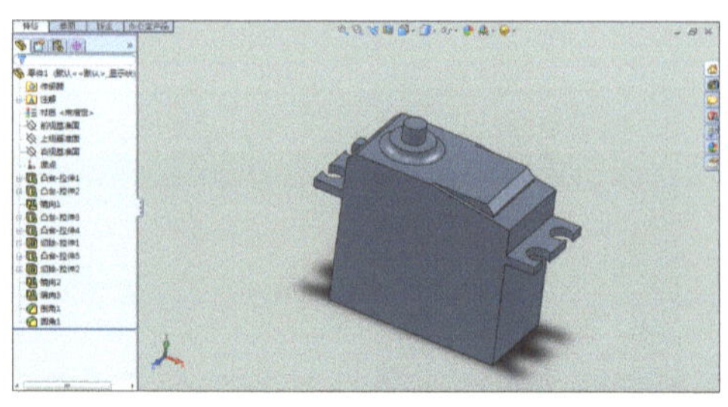

12 现在再看看你的 FeatureManager 设计树，里面包含了你的每一个作图步骤，而且只要在对应特征名称上用右键一点，就立即能对其进行修改，太方便啦！此外，特征的名称也是可以修改的，比如改成舵机具体部位叫什么，这样可以方便日后查找，但是我也不知道我画的那个具体叫什么，就没法改啦，呵呵。即使是同一个零件，每个人的设计树也不一定是完全一样的，整个绘图过程完全是个人习惯，但是还是有一定规则的，按规则办事总是能少费点功夫，比如倒角要放到最后，否则影响你选择基准面什么的。

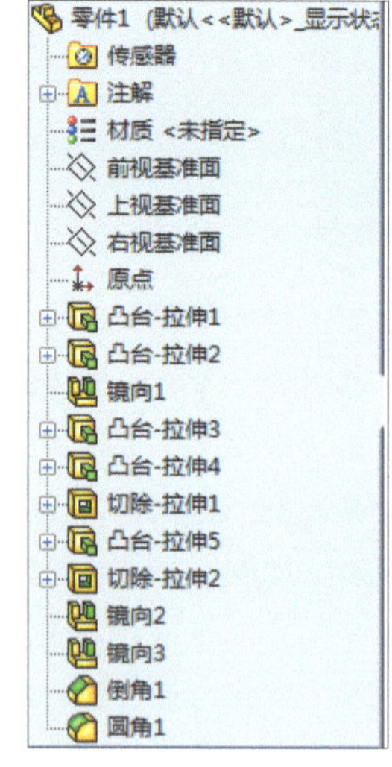

⑬ 在制作 4 足、6 足机器人时，我们经常会遇到钣金件，下面再举一个机器人制作中经常做的钣金件例子——舵机固定支架。有了 SolidWorks 里面的钣金设计这个工具，我们很容易得到零件的展开图，方便我们施工。

⑭ 用钣金工具中最基本的“基本法兰 / 薄片”和“边线法兰”按钮就可以画出这个简单的舵机支架，在此不多说，下面才是见证奇迹的时刻！

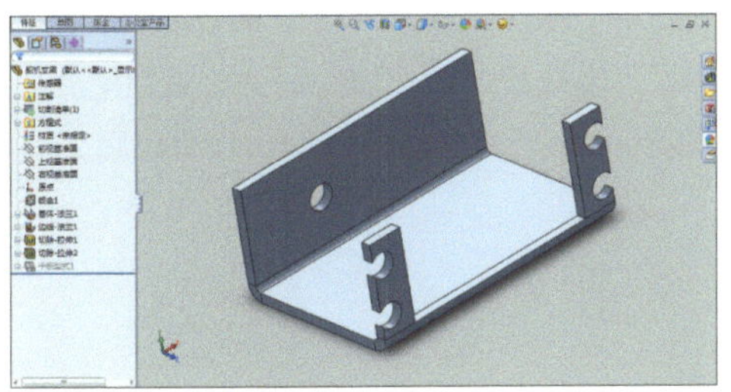

⑮ 怎么样，效果不错吧？ SolidWorks 钣金设计中就有这么个神奇的功能，可以把我们设计的钣金件直接展开。

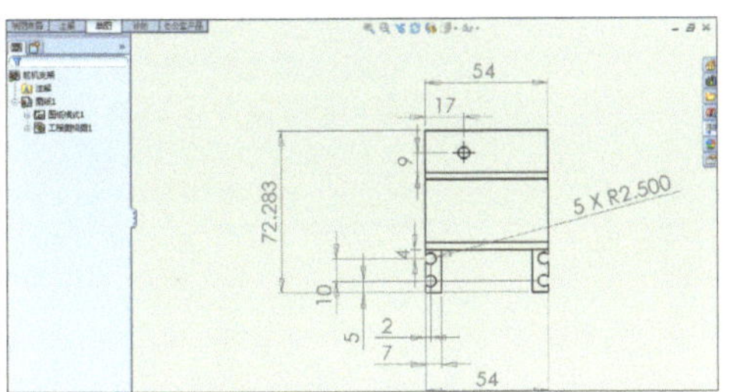

⑯ 还有更刺激的：通过转换成工程图，自动添加尺寸后，我们就可以得到这个图。只需短短 10s，一切都 OK！ 怎么样？以前我们在图纸上量来量去的，已经弱爆了，如果你有打印机的话，可以直接把这张图纸 1:1 打印出来，贴在铝板上，然后直接沿轮廓开锯，按照图示的折线弯折，直接得到零件。

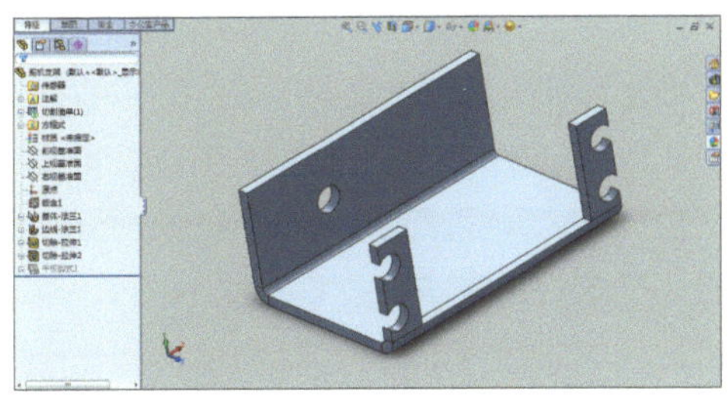

⑰ 好，就展示这些，其实真画起来，内容还是很多的，已经有兴趣的朋友可以看看专门的教材，里面会详细地教你怎么去画。我又随手画了一个 12V 减速电机，只要你稍加练习，一周之内，保证你也能画出想要的零件！

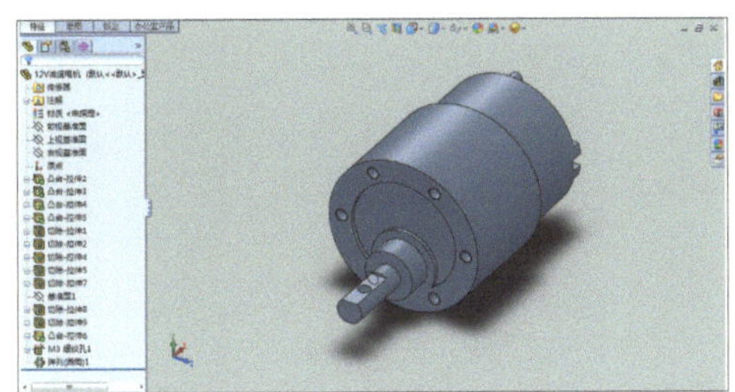

再说点，每个零件都有“基准”，也就是从零件的哪部分开始画起。只要你画多了，一眼就能看到，找到基准还要有自己的设计意图，因为每个人认识零件的角度不一定是相同的。比如同样一根轴，可以画圆拉伸，也可以画素线回转得到，不同的设计意图，有不同的作图方法，都是对的。当然，还应

考虑零件的实际使用情况，再细说就复杂了，初期嘛，没必要知道那么多。

根据我的使用经验，为大家提几点小建议：

（1）草图绘制中，几何关系最好选择自动添加，这样作图会很快，不过也会带来些麻烦，偶尔会使草图过定位，但是对于小白还是打开的好。

（2）拉伸回转等特征编辑时不要使零件“堆叠”，这么说不知道对不对，我不知道专业怎么叫，这么说吧，比如我们画的舵机的输出轴，拉伸的草图要在零件最上面那个面开始画，不要在上视基准面画了，再拉伸好长一段距离，这主要是考虑后期作结构有限元分析画网格时候，如果你的零件是“堆”在一起的话，就会很麻烦，甚至根本就画不出网格。所以一开始我们就要养成良好的作图习惯。

（3）作图要干净。“搞笑！又不是在纸上拿铅笔画！”各位朋友请注意，在软件中作图也要工整，一来方便自己和别人以后看你的设计，二来要是你在草图上乱点的话，说不定哪个小点找不到，就没办法编辑其他拉伸、切除等特征，电脑会反复提示错误，直到你崩溃！

好了，暂时想到这么多，说得比较肤浅，只是为了演示，保不齐有错误的地方，还请高手多多指教。下一节我们会聊聊装配图，就像小时候组装四驱车一样，很有意思。

零件的虚拟装配

◇李伟

这次咱们来看看装配体。所谓装配，就是要把零件组装起来，成为我们需要的产品，但是 SolidWorks 提供的不单单是虚拟的组装起来这么个简单应用，我们还能通过装配体无中生有地再设计出零件，进行干涉检查、碰撞检查、运动分析、制作动画等。是不是已经听乱了？没关系，我们一起来领略一下这些神奇的功能吧！

上次说过，本期要一起来组装四驱车，噢，对不起，是循线小车，那现在我们就借助这个简单的例子来秀一下装配过程。

❶ 首先还是打开那个刚出来什么都没有的 SolidWorks 软件，单击“新建”，这次要选择“装配体”。

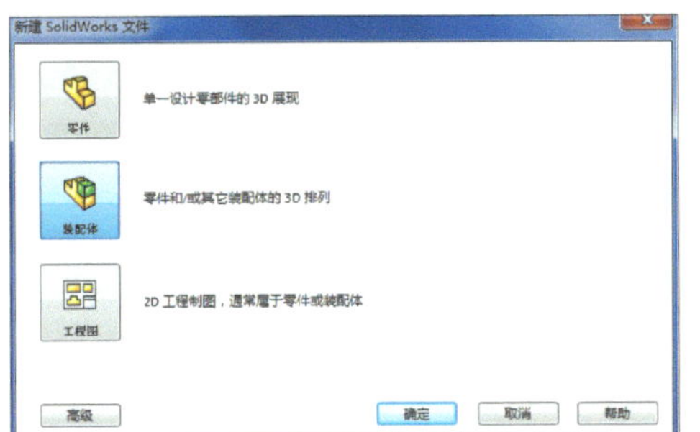

❷ 打开后，软件就会提示插入零件，单击“浏览”，找到你要插入的零件。这里注意，插入的零件是有顺序的，一般第一个零件是整个装配体的基础、框架，通常是最大的零件，这里当然是插入智能车的底盘啦（实际是由一个塑料饭盒改装的，我看很合适）。

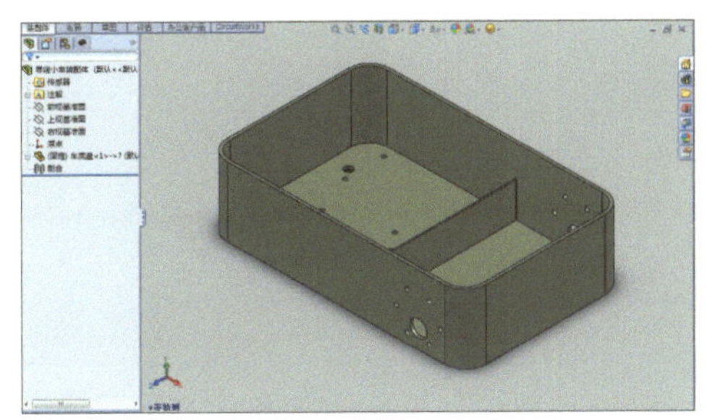

❸ 之后插入零件的顺序就怎么方便怎么来了。“怎么才算方便啊？”哎呀，朋友你又激动了，顺序怎么算方便要看你自己的设计了，总之，在添加配合时，不要被别的零件挡住就好，其他方面没什么强制要求。我先插入直流减速电机，这里需要两个电机，插入一个后，直接在 FeatureManager 设计树中按住 Ctrl 键，左键单击直流减速电机，拖动到绘图区就可以直接再生成一个。

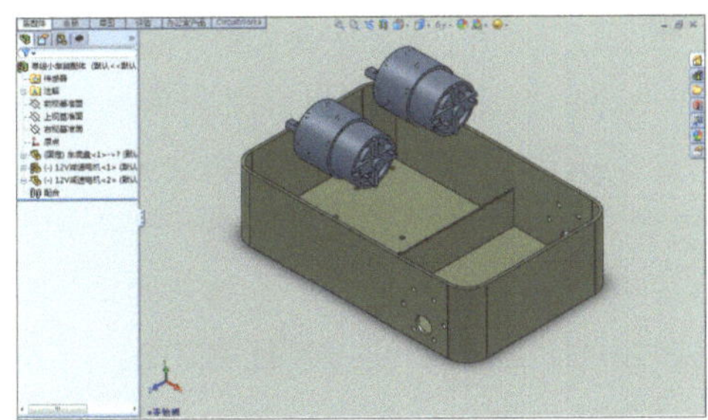

❹ 添加配合。所谓配合就是零件与零件之间的位置关系，添加配合也可以在插入

所有零件之后再进行，但是现在咱们这个装配体稍显复杂，我怕最后弄乱了，所以最好插入一个零件就添加一次配合。在 SolidWorks 里，只要你选择了需要配合的实体的面，系统会自动给你列出相关的标准配合，你只要做个选择题就好，而且可以预览，这都是有答案的题。

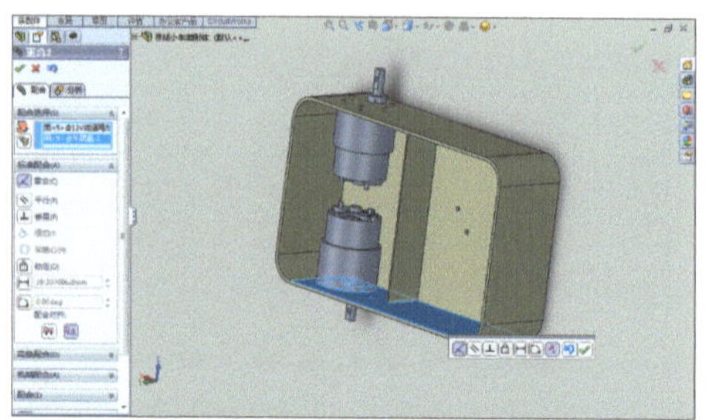

❺ 之后就按照 3、4 两步把所有的零件都添加进去，比如 Arduino 控制板、两路直流电机驱动板、红外传感器……

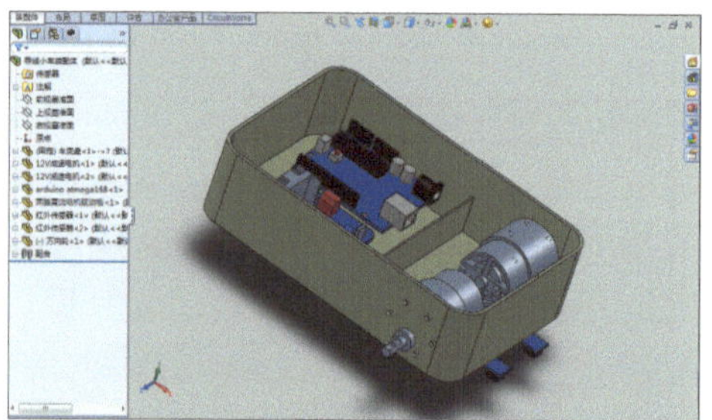

❻ 在插入红外传感器和万向轮时你会发现，“哎呀，车的底盘上没有留安装孔，怎么办？再重新画底盘，重新装配？啊……”其实不用这么麻烦，在装配体中你可以直接编辑零件，不用重新来的！这样可以完成所谓的关联设计，即一个零件的某个特征是根据其他零件的某些特征定义的。

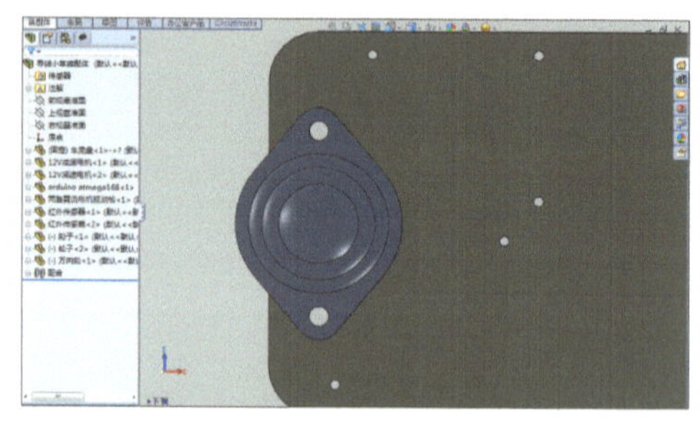

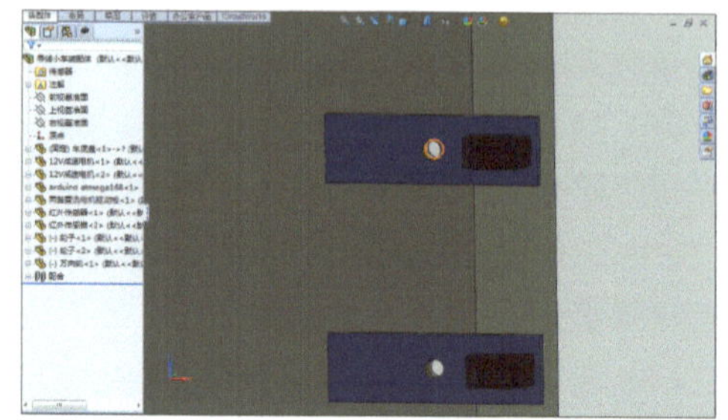

❼ 大体上有型了吧？还差个轮子啊！没有关系，下面又是个见证奇迹的时刻—无中生有，我们可以在装配体中直接再设计出零件！这是所谓的自顶而下的装配，专业的讲叫 top down。上面咱们做的都是自底而上的装配，就是所有零件都有，只差装起来。那自顶而下，当然就是根据装配体来设计零件啦！具体的方法就是在插入零件时，有“新零件”这么个选项，点选后，可以选择装配体上任意一个已生成面作为要画的零件的第一个基准面，非常方便。

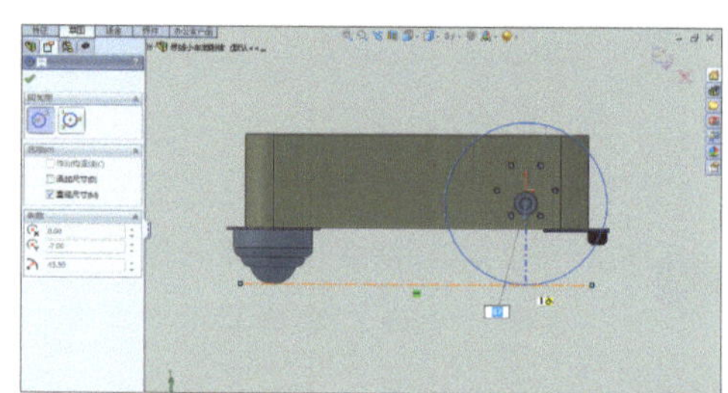

8 哎，又有问题了，实际中怎么会有直径为 87mm 的轮子啊？除非是定做，不过那太麻烦了。好了，现在不就凸显出计算机辅助设计的优点了？可以及时发现问题。要是实际安装时才发现问题，那得多抓狂啊？解决方法之一就是采用 90mm 的轮子，调高减速电机安装孔的位置。虽然只有几毫米的距离，但是解决了大问题啊。

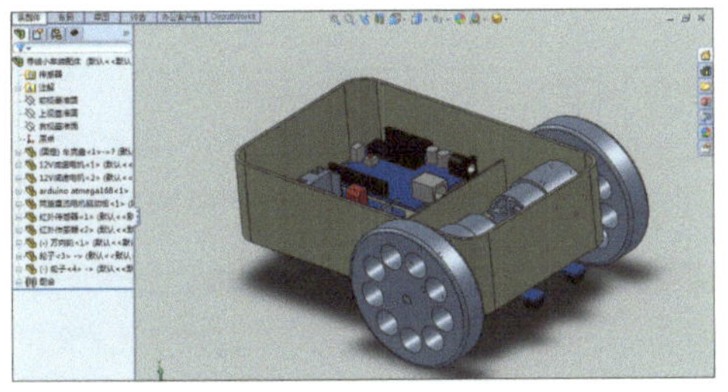

9 接下来就是装上盖子。在装配体中，如果你需要的零件有点多的话，一个一个插入零件看起来有点乱，还繁琐，这时可以把一些装配体当成“零件”，再插入到现有装配体中，据说这样可以大大提升打开速度。可能是我没同时做过那么多零件吧，感觉速度没啥变化，要不是就是我的电脑“年老多病”。我把循线车的盖子和电池夹做成一个新的装配体，插入到总的装配体中。

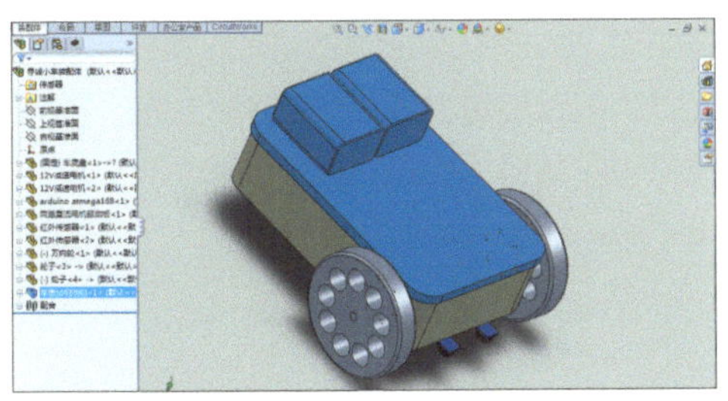

10 哒哒，完成啦！等一下，还有最重磅的功能没有介绍！“干涉检查”这个功能可以帮助你在设计阶段就发现什么地方根本就装不上去，来试试吧！细心的朋友可能早就发现了，安装红外传感器时没有给底盘打安装信号线的孔，这不，用静态干涉检查功能，软件就提醒了传感器会和底盘发生干涉，这样你在电脑前听着歌、吃着零食就能发现设计错误，而不必等到满身沾了油污和加工产生的碎屑后才发现装不上。

11 给底盘打孔后再进行干涉检查，显示无干涉。

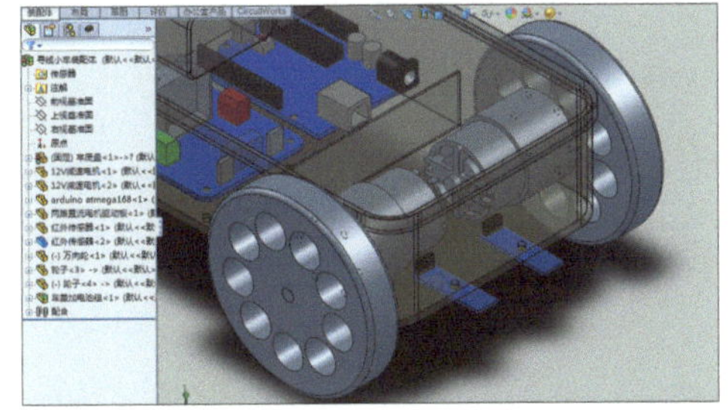

12 设计完成了？还没有，在实际运动当中，零件与零件之间会不会碰撞呢？如果我们不做出实物，能不能提前知道呢？当然了，SolidWorks 已经为我们准备好“碰撞检查”这个功能了，为了演示这个功能，我在循线小车的盖子上又画了个摄像头，意思是想让这个摄像头在实际使用的过程中可以上下转动（我承认画得比较粗糙，只是为了演示，请多包涵）。当我们开始向上转动摄像头时，就会发现摄像头某些部分会和车盖碰撞，所以需要加高摄像头支架。这个功能在我们的设计中是非常有用的，比如设计机器人的某

些关节，我们想的是能怎么怎么运动，但是实际上，某些部分会不会在运动中卡住呢？进行一下碰撞检查吧！

SolidWorks 小技巧

（1）插入零件是有顺序的，第一个插入的零件非常关键，是整个装配体的基准，所以一定要选择有代表性的，或者个头大的，否则后面会很蹩脚。同时，插入同类的零件要挨着，比如这个小车的两个轮子、两个减速电机，这样可以按住 Ctrl 键快速拖入。

（2）在装配体中新绘制的零件是自动添加某些配合的，就是开始选择的那个基准面，这样如果你再按着 Ctrl 键拖入的话，就没法给新插入的零件添加一些想要的配合，这时需要先另存一下开始画的那个零件，再插入。

（3）添加配合时，有没有发现有些零件总是会挡住你需要选择的那些面呢？通过右键单击 FeatureManager 中那些碍事的零件将它们隐藏，或是改变透明度，可以解决问题，当然还有其他方法，大家可以自己探索。

（4）关于关联设计，比如我们在底盘上给万向轮和红外线传感器打的安装孔，如果万向轮或红外线传感器的安装孔发生变化的话，那么对应地盘上的孔也会随之变化，前提是这两个零件同时打开了，这是个很容易弄错的地方（我就经常弄错），大家要注意。

在装配体中还可以做运动分析，这可以给4足、6足机器人规划步态。SolidWorks 还有制作动画功能，只要有耐心，我保证你做的比国产动画片强！鉴于这些都没法在这里展示，就留给大家研究啦！是不是已经跃跃欲试了呢？赶快开始学习吧，为你的设计插上翅膀！

好了，这个小车差不多就算是设计完成了，当然还是缺少点固定用的螺丝和铜柱什么的，但是鉴于跟展示软件没关系，我就不一一画出了。“那可以动手做啦？”错！朋友你又着急了！按照“正统”的设计步骤，我们还应该进行有限元分析才能知道设计强度够不够，要不做出来也可能是个废品。但是我们做的东西一般都不需要那么复杂，强度一般都是满足的。如果你想试试到底行不行的话，SolidWorks 当然也可以帮你完成，在其内部集成着有限元分析这些功能，而且操作也很简单，你也可以很快做出来。关于这个我会在下一节为大家介绍。

模拟并分析你的机器人零件

◇李伟

书接上文，在本节中，我将向你展示一下 SolidWorks 的结构有限元分析功能。拿来演示的，是咱们在上一节画的机器人的车体，也就是那个塑料饭盒！整个机器人的强度就靠它了，所以我们就测试一下它到底有没有我们需要的那么强。

在这里先谈谈关于 SolidWorks 使用的一些小问题。

最常见的问题就是：“哎呀，软件根本就装不上啊？怎么回事啊？”这个问题说起来还真是不简单，装不上，或者装上了用不了有很多原因，常见的主要有如下 3 个方面。

（1）计算机配置不够。尽管 SolidWorks 是专门为 Windows 开发的专业三维制图软件，本身对计算机配置的要求不高，但是确实有一些“老爷机”还真是跑着吃力。有的打开会很慢，有的甚至卡住不动，这些都与处理器有关。或者有的做一些特征后，显示的东西不完整或变形，这是因为显卡不行。总的来说，这样的计算机不适合装 SolidWorks。

（2）配合 Windows 来选择 32 位还是 64 位版本。这是这一段时间遇到最多的问题，现在的 Windows 操作系统有 32 位和 64 位之分，而 SolidWorks 的版本也有 32 位和 64 位之分，要一致才行。

（3）缺少某些软件支持。比如有的朋友刚装完机，没有显卡驱动，或者缺少 DirectX 等处理三维图形不可缺少的软件也不行，都要装上才能打开 SolidWorks。

还有其他不常见原因在这里就不说了，大家可以上网搜索。

有完美主义者会问：“我这个软件打开后怎么跟你不一样啊，你那到底是什么版本的？”咱们用的都是 SolidWorks 2010 啊，显示得不一样，是因为有些细节可以自己设置，比如工具条是可以拖来拖去，背景是可以换的，模型外观也可以编辑，请自己摸索吧，都很有意思的。

下面言归正传，说有限元的事。

首先，解释一下什么叫有限元分析。这是个很复杂的数学问题，一个简单的分析计算量也会大得惊人，这在没有计算机之前是难以实现的。下面是百度百科里的解释：有限元分析（FEA，Finite Element Analysis）是利用数学近似的方法对真实物理系统（几何和载荷工况）进行模拟。利用简单而又相互作用的元素，即单元，就可以用有限数量的未知量去逼近无限数量未知量的真实系统。

也许你还是不太理解，没有关系，因为有的人一辈子都在研究它，还是不敢自称精通这个，我就更是只懂点皮毛了。举个简单的例子，就是用计算机模拟零件实际受力情况，分析其强度，当然还能分析其他的内容。

SolidWorks 2010 在有限元分析方面是存在很大优势的，因为它自带的 SolidWorks Simulation 使用的是当今世界上最快的有限元分析算法，由 SRAC 公司开发的快速有限元算法（FFE）。有多快呢？FFE 算法的解题速度比传统算法快了 50~100 倍，还降低了储存空间，只需原来的 5% 就够了！（数据出自《SolidWorks 2010 有限元、虚拟样机与流场分析从入门到精通》。）

好的，各位早就等不及了吧？节目正式开演啦！

❶ 首先让主角登场，打开软件，单击打开后，请出咱们的主角——饭盒先生。

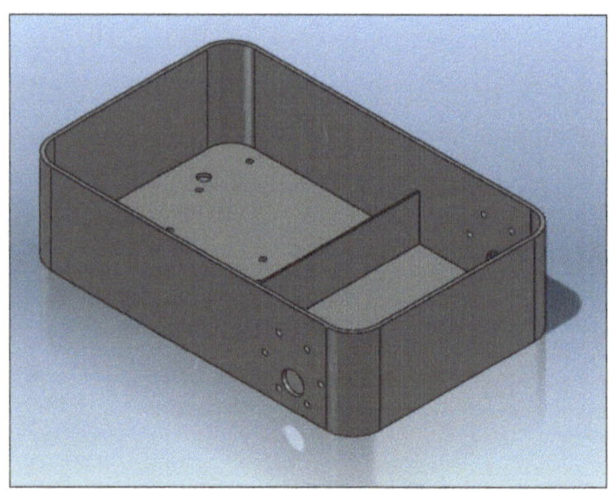

❷ 在正式进入下一环节前，饭盒先生需要先“化妆”，打开我们的智能车装配体，再选择编辑饭盒先生，在它下面画一条分割线，这是在后面添加夹具的时候用的。这里发现个问题，在装配图中不能使用“转换实体引用”，把一个零件的轮廓转换到另一个零件上，不知道大家有没有遇到这个问题，如果是普遍的问题，希望 SolidWorks 的设计者在此能有所改进，否则我们就只能利用捕捉功能，在需要的平面上自己动手画出轮廓。

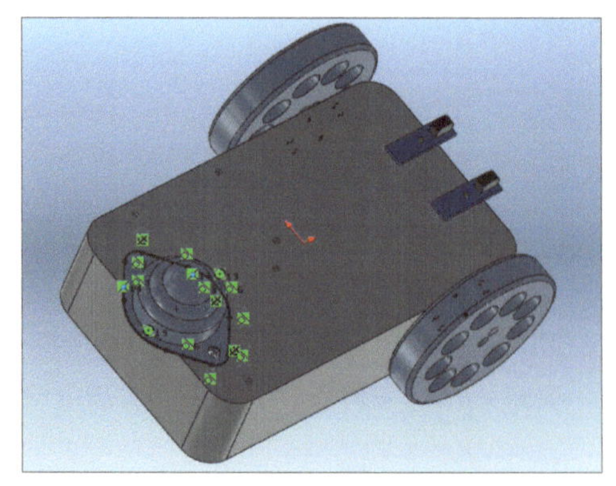

❸ 画完分割线后，底面被分成两部分。

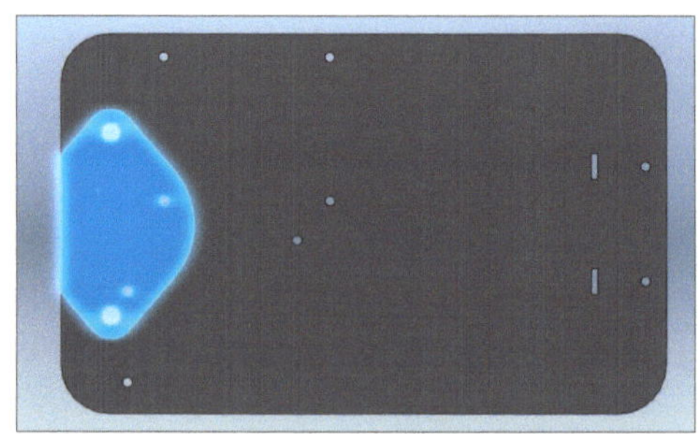

❹ 选择“工具”-“插件”命令，添加 SolidWorks Simulation 插件。这里还有很多有意思的插件，希望大家探索一下。

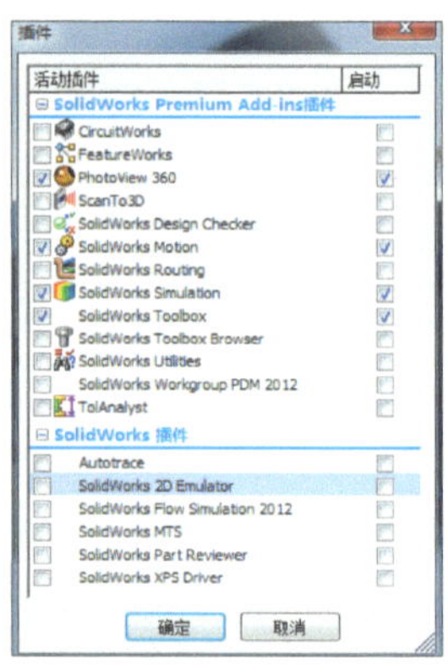

❺ 在 Simulation 里有个算例顾问，这个顾问很有爱啊，会一步一步地教你怎么做，不过这次就不麻烦它了，我们选

择新算例，类型选择为静态。

❻ 之后就会发现在 FeatureManager 设计树下出现了这个。

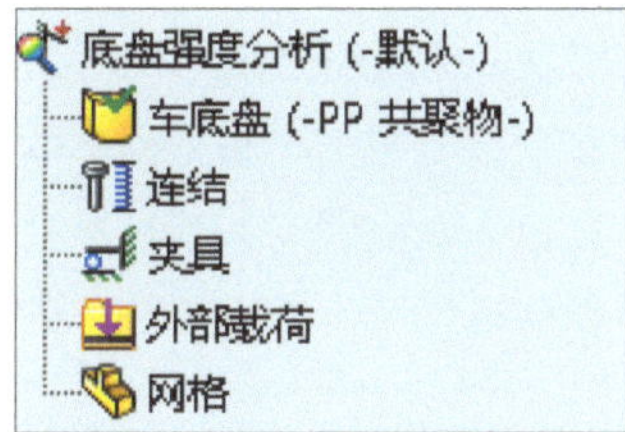

❼ 右键单击“车底盘”，然后先来为饭盒先生添加材料。饭盒底下标明了它是用聚丙烯（PP）共聚物做的，可以直接选择。

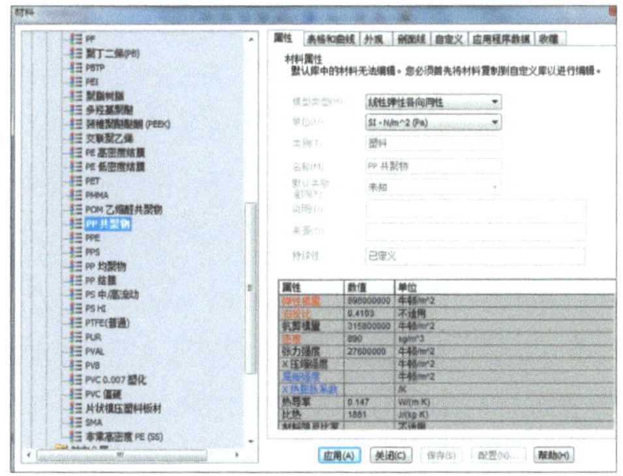

❽ 添加夹具，将零件固定。按照零件实际受力情况，夹具应该添加在安装减速电机那些孔的位置，还有与万向轮接触的位置，就是开始画分割线的区域。

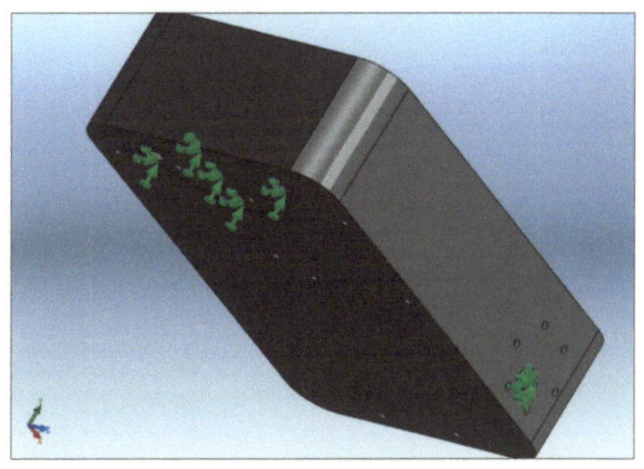

❾ 现在添加载荷，我粗略地估算了一下，加上电池等所有零件，重量总共也超不过 1kg，就先按 1kg 算啦，那就是受力 9.8N。还有其自重也添加上，那总重也实在太小了，难以满足我的破坏欲望。

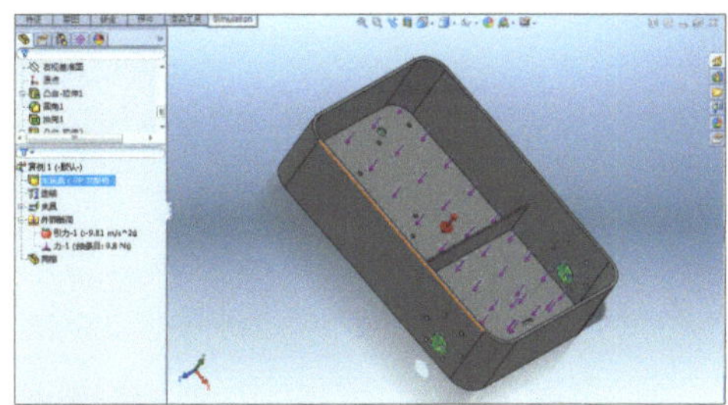

❿ 接下来划分网格，专业地说，划分网格直接影响到最后的结果。网格有非常非常多的形式，这是一门很庞大的学科，我肯定是没有能力给大家讲的，还好我们用的 SolidWorks 会自动帮咱们选择划分形式，我们只要选择划分网格的精细程度就好。当然越精细越好啦，但是有时选择过于精细的话会划分失败，这个我能力有限，实在不知道怎么解决。好在对于饭盒先生来说，再精细

也复杂不到哪去，所以就直接选择良好到底。

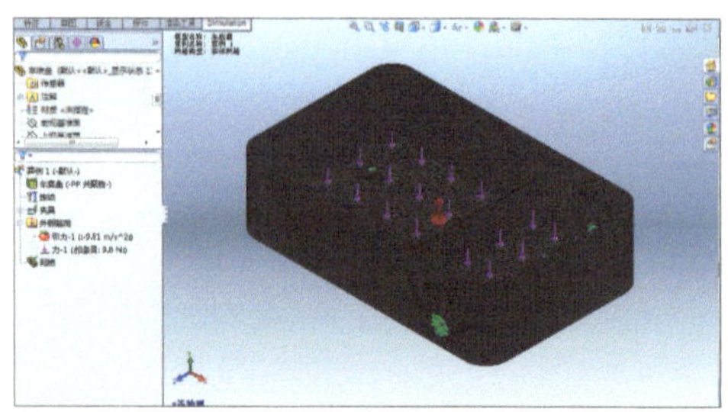

11 然后就可以运算啦！最后显示了3个结果——应力、位移和应变，在应力图中，以红色显示的部分就是整个结构最脆弱的部分，如果需要加强，就要在对应的位置上更改设计了。

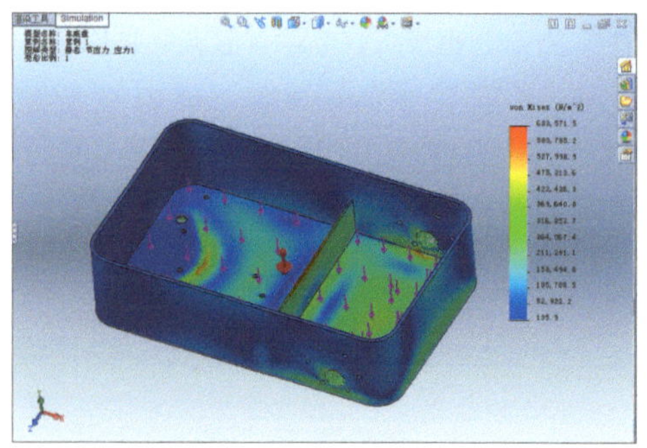

12 在位移图中，显示最大位移只有约0.77mm，简单地说就是变形可以忽略不计，这个当然符合我们的要求啦，所以说用这个饭盒做循线小车的底盘是很合适的。当然从中还能得到更多详细结果，在这就不多说了，因为我不是专家，就不过多地误导大家啦。

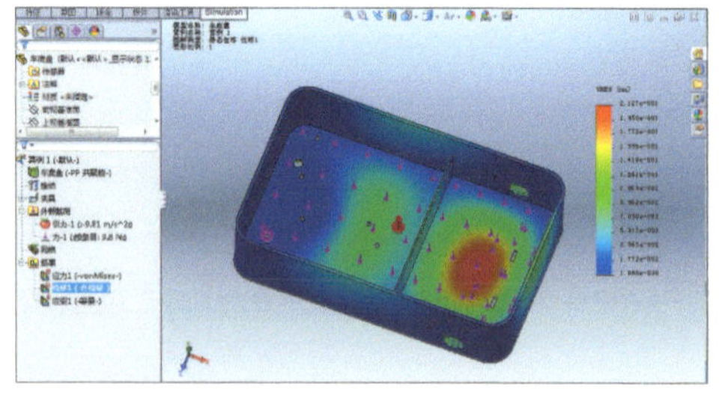

13 为了满足我的破坏欲望，我把载荷提高100倍看看是什么结果，结果如图所示。这就是说，所加的力使模型变形过于大了，我们只能单击“否”了，如果采用大型位移旗标求解，我的计算机总是会计算错误。

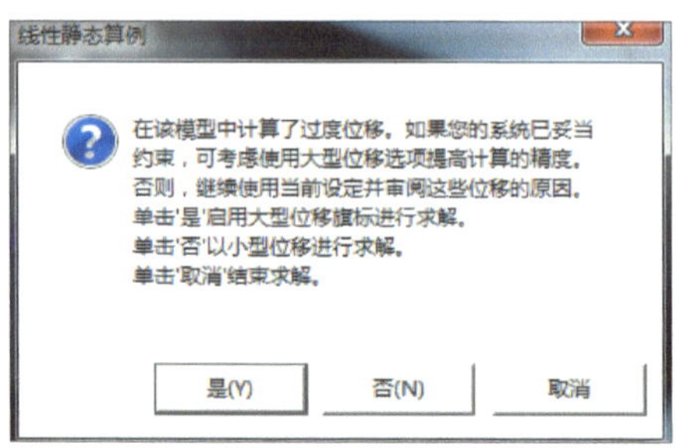

14 之后结果如下，哈哈，我的破坏欲得到了极大的满足。这个结果就是说，如果你正在玩小车的时候，恰好有个重约100kg的胖子不小心踩在了你心爱的小车上，车体就会变成这样！饭盒先生欲哭无泪吧？不要伤心了，为科学献身嘛！

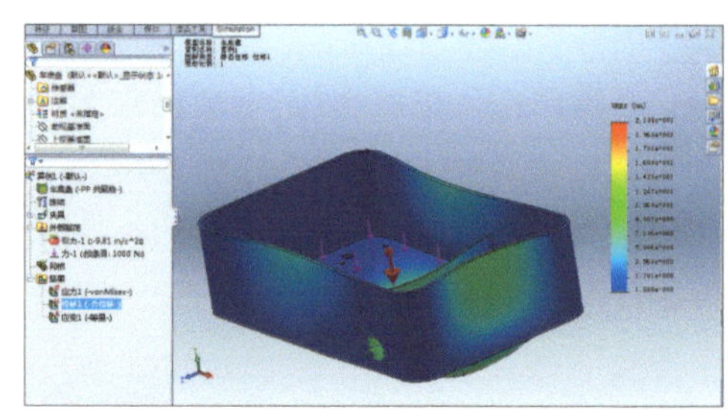

下面又是小提示时间，在SolidWorks所提供的Simulation最适合分析小型位移，像本文最后所做的实验是不适合的，这样大的变形结果很可能是失真的。另外，所有计算结果都仅供参考，最后还得以实际情况为准，但是用软件模拟总会让我们少犯一些低级错误。有限元分析是门很深奥的学科，够一个人研究一辈子，对于我这种菜鸟来说，只要知道结果就好了。

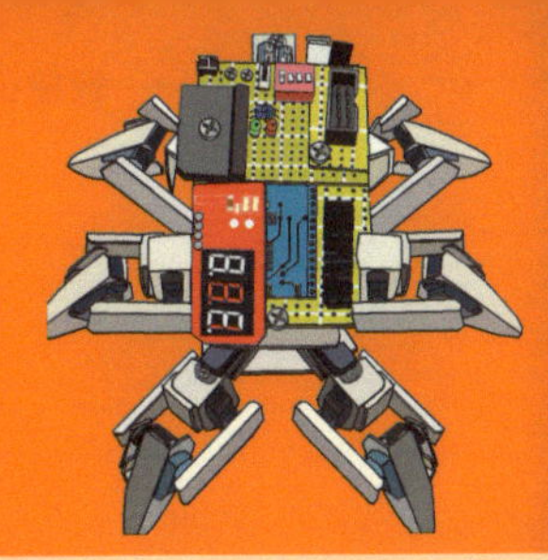

第3章

多足机器人

10　我的第一个机器人——6 足甲虫

11　基于 AVR 单片机的 6 足机器昆虫

12　进击的多足巨兽

13　6 足坦克诞生记

10 我的第一个机器人——6 足甲虫

◇郑玉生 ◇插画：刘少冉

拥有一个机器人恐怕是很多人（尤其是电子和机械爱好者）少年时代的梦想，我也不例外。小时候没有制作条件，梦想很难实现，而如今已为人父，而且有了自己的工作室，这个愿望就变得尤为强烈起来，于是就决定动手制作一款机器人来参赛。

之所以选择 6 足机器人作为目标，是因为其制作难度介于 4 足机器人和双足人形机器人之间，适合具有一定动手能力和加工条件的爱好者制作。

整个制作过程包含了机械制图、数控加工、电气安装、软件调试等一系列的工作。由此可以看出，机器人是包含了机械、电子和软件在内的综合工程，需要制作者有一定的专业知识和经验基础。

以下即对整个制作过程进行简单阐述，如果能够对广大爱好者有所启发，将会令本人备感欣慰。

10.1 制作原理

提到原理，我们不得不说一下仿生学，要想让机器人工作，必须对所仿制的动物（甲虫）进行了解，要彻底弄明白甲虫的每一个动作中 6 条腿的运动方式。通过对其动作进行分解，从而得到整个运动过程中的每一个细节动作。只要我们把这一个个的细节动作通过机械控制的方式在机器人上展现出来，然后再连贯成一整套的动作，最后得到的就是一个连续运行的机器爬虫。这有点像动画片的制作，先做出一幅幅的分解图画，然后连续放映，就得到了“活动”的影片。

本次制作的 6 足甲虫机器人的工作原理其实很简单，所有的活动关节均为舵机控制，整机 18 个舵机又集中在一块 32 位舵机控制板上。舵机控制板通过单片机与上位机软件进行连接。制作者通过软件对机器人的每个动作进行调整，从而得到自己想要的运行姿态。最后把所有姿态整合并下载到舵机控制板内，机器人就会按照既定的姿态做出诸如前进、后退、左右转动等动作。

10.2 元器件的选择

元器件的选择历来都是制作中的关键，元件质量的好坏决定了整个制作的成败。本制作中所有的骨架材料选择的都是 2mm 厚的拉丝铝板，既轻便，强度又好。

舵机是本制作中的一个关键元器件，所有动作的实现全靠它。舵机的选择要求本身重量要轻、输出力矩要大，但是一般输出力矩大的舵机本身重量都不轻。经过权衡我选择了比较有代表性的 MG995 舵机，此舵机为生产多年的成熟产品，便宜而易得。

舵机控制板无特殊要求，可任意选择，但控制点数一定要大于自己需要使用的舵机数量。本机一共使用了 18 个舵机，所以选择了一款 32 路控制的板子。购买控制板的时候一定记住向销售者索要上位机软件，不然将会无法使用。

本机的电源一定要选择锂铁电池——重量轻、容量高。本机选择的是 4 块 5Ah 电池，采用两并两串方式组成 7.4V/10Ah 电池组。本机控制部分的主要材料如图 10.1 所示。

图 10.1　控制部分的主要材料

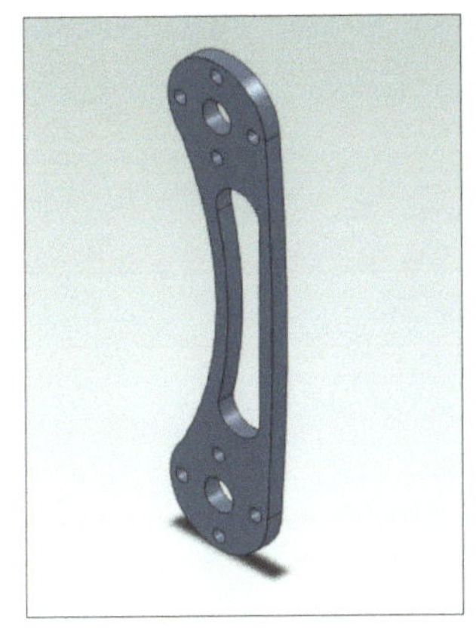

图 10.2　大腿

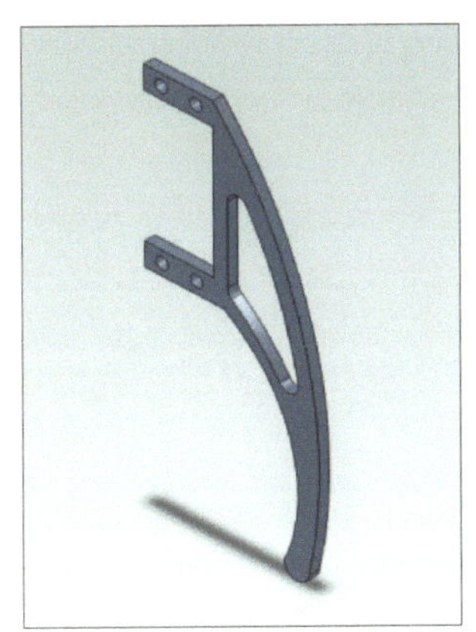

图 10.3　小腿

10.3　制作过程

10.3.1　图纸设计与 3D 验证

为确保在制作过程中尽量少出差错，制作前的 3D 验证是不可避免的。SolidWorks 是一款很优秀的设计软件，本制作全程使用的都是该软件。

首先要把所有零件图纸做好，包括大腿、小腿、上 / 下身体平板和舵机支撑架（见图 10.2 ~ 图 10.5）。

图 10.4　上 / 下身体平板

图 10.5　舵机支撑架

最后通过整体装配图（见图 10.6）来验证整个设计是否有机械干涉以及整体造型的合理性。

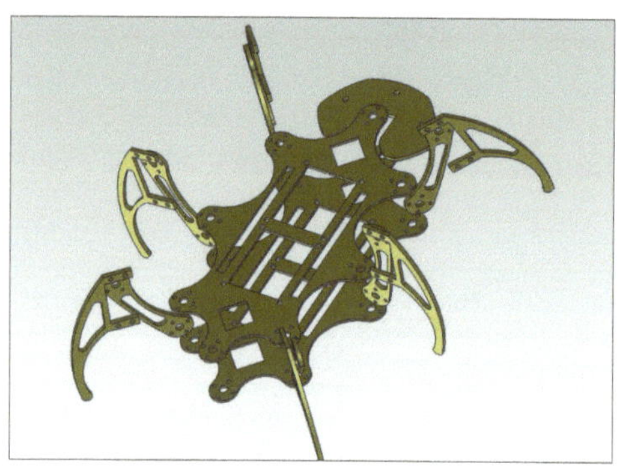

图 10.6　整体装配图

10.3.2　机械配件的数控加工

有了图纸，我们就需要将图纸上的设计转换为实际的产品了，由于本人拥有一台自制的简易 CNC 数控加工设备，所有这个实现过程变得相对容易了许多。没有条件的朋友可以寻求外协帮助。

简单来讲，先通过软件把图纸变成机器可识别的代码——G 代码，再把 G 代码导入 CNC 控制软件中，最后运行 CNC 得到自己想要的零件。感兴趣的朋友可以阅读一些数控加工方面的图书资料。

通过数控加工后，机械零件就基本完成了（见图 10.7 ~ 图 10.10）。

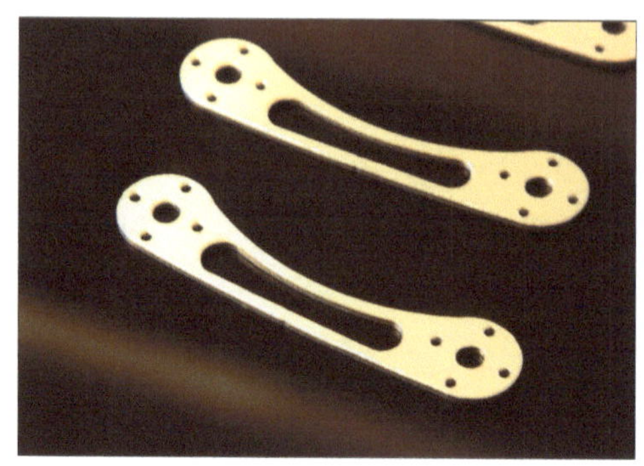

图 10.7　加工好的零件 1

图 10.8　加工好的零件 2

图 10.9　加工好的零件 3

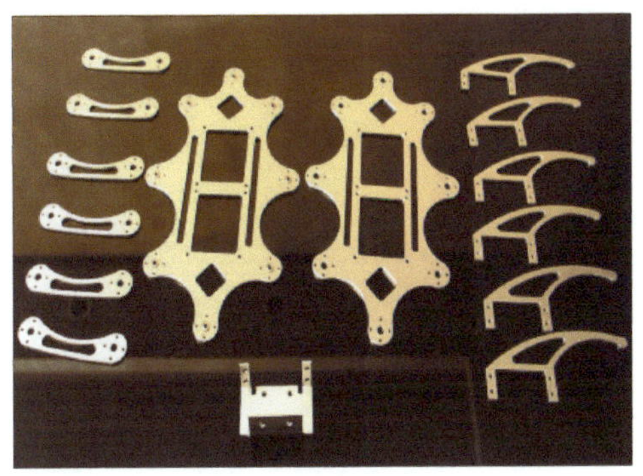

图 10.10 加工好的零件 4

10.3.3 整体装配

装配工作先从爬虫的 6 条腿开始。准备好合适的螺丝、螺母和垫片，往往可以使得装配工作变得相对简单。如图 10.11 所示，把一条腿装配好，其余的 5 条腿以同样的方法完成。需要注意的是，在装配之前要把所有舵机连接上控制板进行回中处理。所谓回中就是把电机运转到中点，本文后面的软件调试部分将会提及。

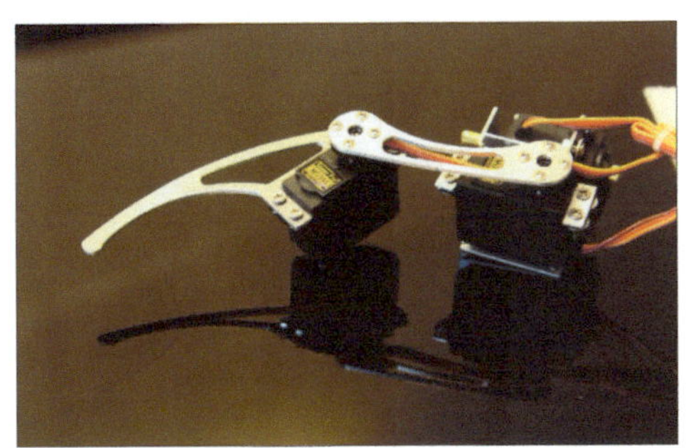

图 10.11 装配一条腿

舵机控制板与遥控接收头设计安装在机身上平板处，电池安装在机身下平板处（见图 10.12）。这样会把电池隐藏起来，整体上会显得更加美观。

最后一步是安装爬虫的 6 条腿。腿与主体的连接通过舵机板和支撑铜柱来实现，铜柱与机身的连接一定要使用杯式轴承，以保证腿部的平滑转动（见图 10.13）。

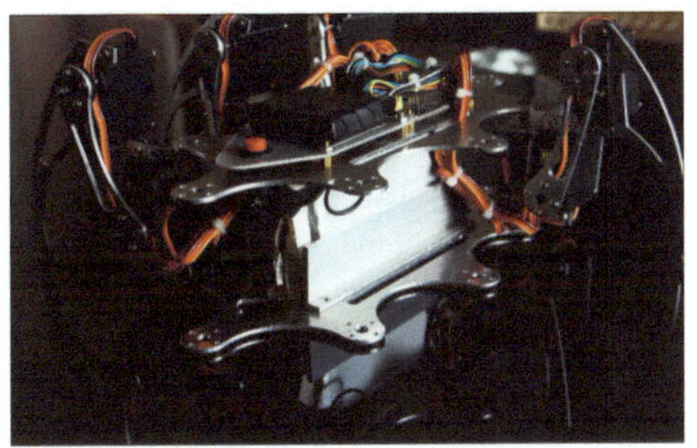

图 10.12 电池安装在机身下平板处

图 10.13 腿与主体的连接通过舵机板和支撑铜柱实现

整体安装完成后，将舵机线与控制板连接，需要注意接插件的方向，防止插反。最后安装开关并接通电源、整理连接线。制作完成的机器爬虫如图 10.14 所示。

图 10.14 制作完成的机器爬虫

10.3.4 软件调试

硬件组装完成后的爬虫只是一个没有灵魂的躯体，我们还需要赋予其生命，这一步就需要靠软件来实现。

软件通常由舵机板制作商提供，我使用的软件界面如图 10.15 所示， 它最多可对 32 路舵机进行控制。购买舵机时厂商同时会提供一份软件安装与使用的教程，限于篇幅，这里不再赘述。

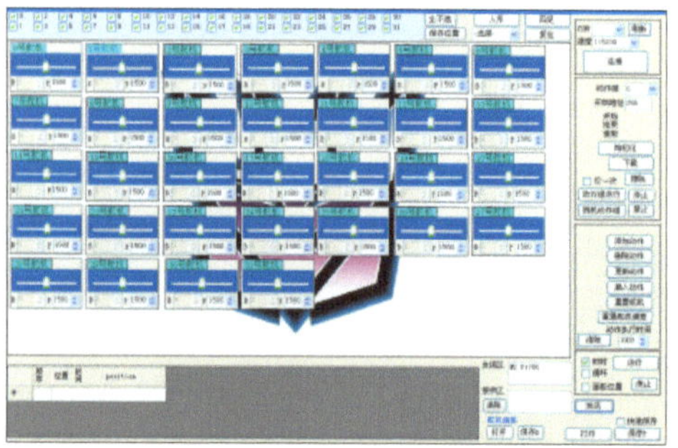

图 10.15 软件界面

首先打开爬虫电源，将舵机控制板与计算机通过 USB 电缆连接。连接成功后依据之前连接的控制端子、控制软件界面进行重新排布。重新排布过后的界面如图 10.16 所示。

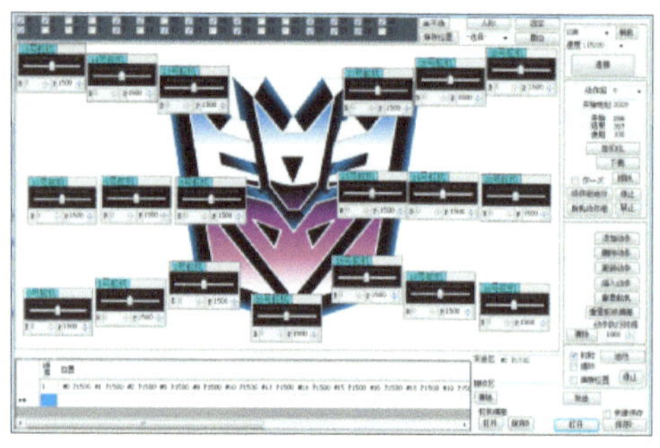

图 10.16 重新排布后的界面

软件界面排布好后要对所有舵机进行回中处理，回中后的爬虫状态可以作为爬虫的复位状态，这里建议大家把静卧的状态作为机器复位状态，这样每个关节的左右摆动幅度都会一致，以后的动作设计会相对容易。

对爬虫动作的设计是软件调试的重点内容，根据每个人的认识可以设计出千百种的动作与姿势，这正是软件的魅力所在。本文仅以前进动作为例对软件调试作一个粗浅的介绍。

爬虫的前进动作其实是由 6 条腿的交替站立与前移为基础，不断地进行重复而形成。每 3 条腿为一组，两两间隔，因此我们只需要设计出一个 3 足站立的姿势（见图 10.17），再设计出另 3 足的前移姿势（见图 10.18），然后让两组姿势交替运行，得到的就是一个前进的动作。

图 10.17 左前腿、左后腿、右中腿站立

图 10.18 右前腿、右后腿、左中腿站立

为方便爱好者理解，此处对爬虫的 6 条腿做如下分组：

组一：左前腿、左后腿、右中腿；

组二：右前腿、右后腿、左中腿。

则一个前进循环的动作一次为：

组一抬起→组一前旋→组一落下→组二抬起→组一回中→组二前旋→组二落下→组一抬起→组二回中。

后退与左右转的道理相同，不再赘述。

所有动作完成后，可在联机状态下试运行，观察爬虫的走路姿势是否正确、平稳，适当做些微调。

运行无误的程序保存后再下载到舵机控制板上的内存中，断开与计算机的连接，打开 PS2 手柄电源，此时就可以通过手柄进行遥控了。

10.4 小结

关于本机的所有零件的图纸与控制软件，同时还有一些范例程序，感兴趣的读者可以到《无线电》杂志网站 www.radio.com.cn 上进行下载。

DIY 的精神贵在精益求精与锲而不舍，其实任何事情只要有此精神，皆可成功。

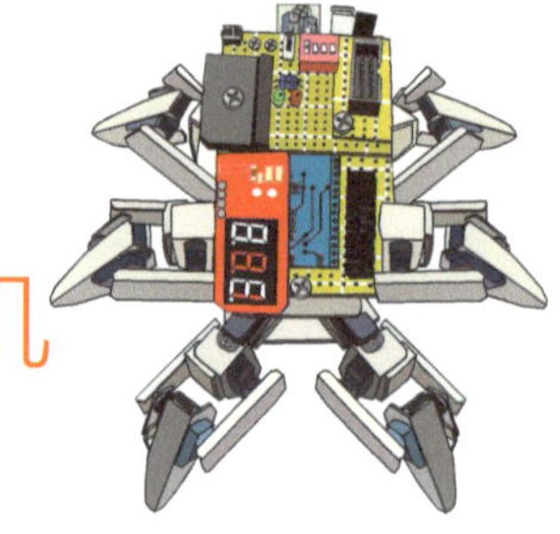

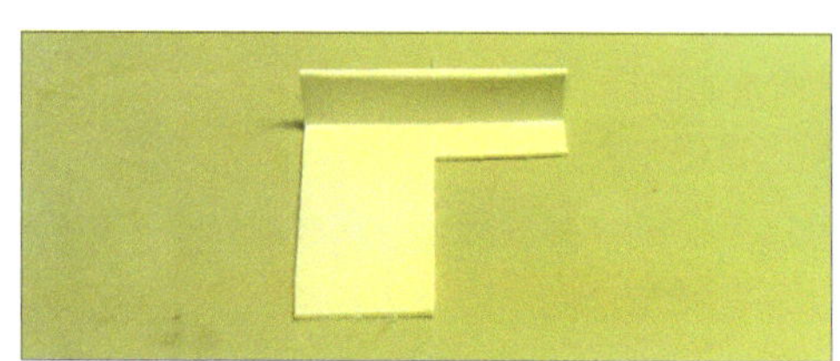

11 基于AVR单片机的6足机器昆虫

◇Plenilue ◇插画：刘少冉

一次偶然的机会，我在网上看到这张图片（见图11.1），于是自己也有了制作一只的冲动。为此，我自学了单片机，加上自己软件开发的基础，以及过去做模型积累的一些动手经验，就有了后来的这个机器昆虫。当然，最后制作出来的东西，样子和这个图片相去甚远，性能也一般，没办法，业余的，水平有限嘛。

图11.1 在网上见到的6足机器人

11.1 基本机械结构的制作

关节和基础结构的制作材料都是PVC线槽。采用PVC线槽的原因是取材容易、价格便宜，一般的五金店都有卖，而且便于加工、强度和重量都合适。

 把PVC线槽切成关节的形状。

❷ 这是6只大腿横向关节，注意形状应该是两两对称的。我最初弄成全部都是一样的，还要重做3个。

❸ 考虑尽可能地缩小体积，控制关节的舵机采用的是2.5g微型舵机。6只脚每只3个关节，总共18个关节，也就要用18个舵机。因为数量比较大，花费比较多，有点心疼。

❹ 在关节件上开出两个槽位，用来安装舵机。其中一个舵机连接主躯干，另一个连接大腿的纵向关节。

❺ 把舵机尝试安装到关节件上，然后进一步打磨修饰，完善关节件。

❻ 主躯干也是用 PVC 线槽做的，连接上 6 只大腿横向关节。关节舵机与躯干是靠舵盘连接的，每个舵盘使用 4 颗 1.2mm、带螺母的小机牙螺丝固定在躯干上。中间有一个洞是用来在最后总装时嵌入舵机主轴的。

❼ 大腿纵向关节和小腿关节其实都差不多，只是形状有所不同。右图是组装好的完整机械结构，本来躯干上固定舵机舵盘的螺丝都是螺母在下面的，但是因为选择的螺丝长了一点，往下装会影响底部舵机的旋转，所以改为螺母从上装，虽然看起来难看一点，不过后面还会在躯干上再装上电路板，挡住一点，相对就好看一些。

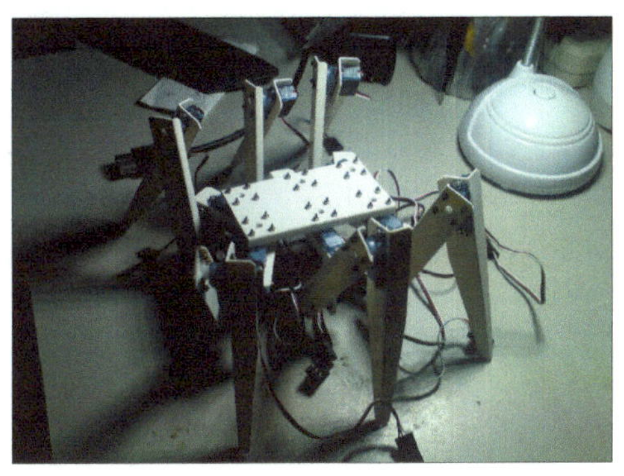

11.2 控制电路的制作

❶ 控制电路的核心采用 ATmega16 单片机。考虑到体积，同时也想有点挑战性，我没有直接用现成的舵机控制板，而是用核心板自己写舵机控制程序。电池盒安装在底部，用 2 节 7 号大小的锂电池。

❷ 初步完成基本电路的安装后，连接计算机烧录程序，进行简单的舵机控制的调

试。确定舵机动作幅度所需要的PWM频率时，用到了舵机测试器。除通过USBASP连接计算机外，电源也暂时用外接的电池组。

3 编好固定动作的程序，烧录到电路上，进行简单的动作调试。先来一个“张牙舞爪”的动作，很酷吧？不过肚子还是趴在桌面上的（肚子下面是电池盒以及6只大腿横向关节）。

4 再来一个“缩成一团”。这个动作的名字起得不怎么样，还是靠肚子顶住桌面的。

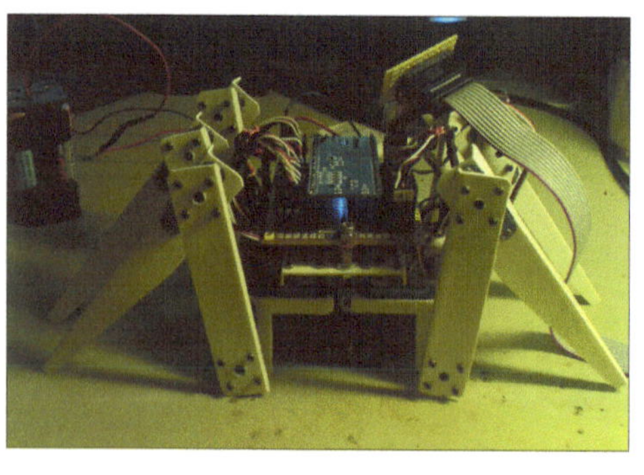

5 接下来是关键的一个动作——从趴着的状态下自行站起来。它完全靠自己的力量站起来了！虽然有点艰难，站起来后还是有点歪歪扭扭的，但终究是站起来了。不过由于舵机的力量不足，小腿必须是直的，斜的话就撑不起来。而且由于舵机力矩偏小，还有点“吱吱”地抖动。

6 我曾经考虑过用2节5号镍氢电池，通过一个DC-DC大电流升压板升压到5V，给所有舵机供电。经实验后发现完全行不通——18个舵机需要的电流太大了，最后只能考虑直接用2节3.7V的7号锂电池串联起来供电。单片机本来考虑采用一节7号镍氢电池，通过一块微型DC-DC升压板升压到5V供电，为缩小体积，后来也考虑过用3V的CR2032纽扣锂电池升压，但实际调试后发现电流也较大，一下子就把电池耗光了。最后用一块7805稳压器直接接到2节锂电池上获得5V电压。我本来希望把舵机和单片机的电源完全独立分开，以避免干扰，可是最后只用了一组电池——舵机直接接电池，单片机通过稳压电路连接同一

组电池。实践证明，中间的稳压电路还是能够很好地实现抗干扰的隔离功能的。

❼ 给电路加上几个控制开关（总电源、舵机电源、单片机电源、单片机复位），接 USBASP 的 10Pin 插座也固定在顶部的线路板上。另外顶部的电路板上还留了一些位置，准备以后接传感器用。

❽ 把 2 节 7 号锂电池都装上，在全重状态下，虽然还有一点抖动，但终究能够独立站起来，我终于松了一口气。这张图上还可以看到后面的带散热片的 7805 稳压芯片。

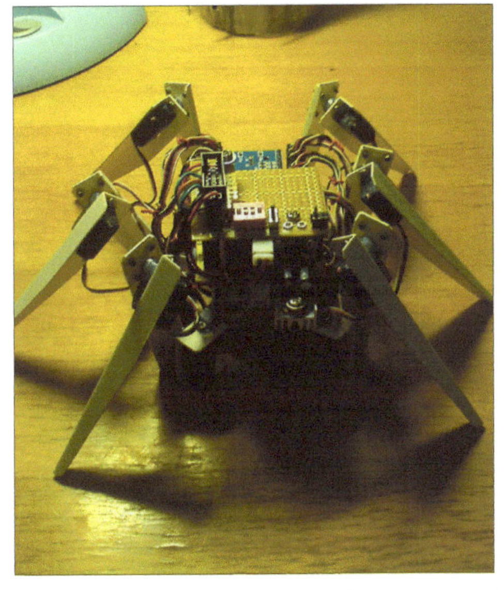

❾ 18 个舵机的耗电量还是比较大的，所以我再加装了一块电池的电压监控板，可以实时看到锂电池的电压变化情况。接下来的工作还是在继续调试程序控制动作，考虑加上一些传感器并支持用红外或者蓝牙进行遥控。

11.3 结构完善

11.3.1 加强关节

原来的腿结构是直接对照原型 CG 图制作的，可能为了美观而忽略了实际的机械性能。为了动力更足，为了舵机的寿命，也顾不得保持原来的纤纤细腿了，我决定对腿的机械机构进行加固——该肥还是让它肥一点吧！

加固之前：腿各关节都是直接单边固定舵机的舵盘，有点单薄，力量分布不均衡，支撑起来不是很稳，对舵机的压力有点大，长时间开机容易损坏舵机。

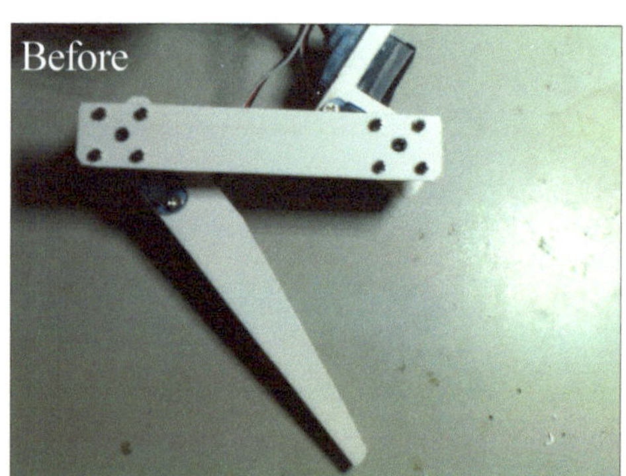

加固之后：按照传统的机械结构进行加强，即舵机的另一边也增加了固定的支撑轴，以确保受力平衡。同时，所有关节的舵机都加上外套，并在另外方向延长出一根螺丝作为固定轴。

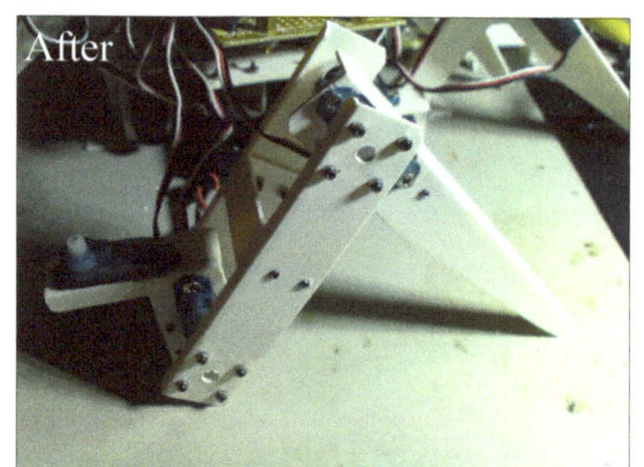

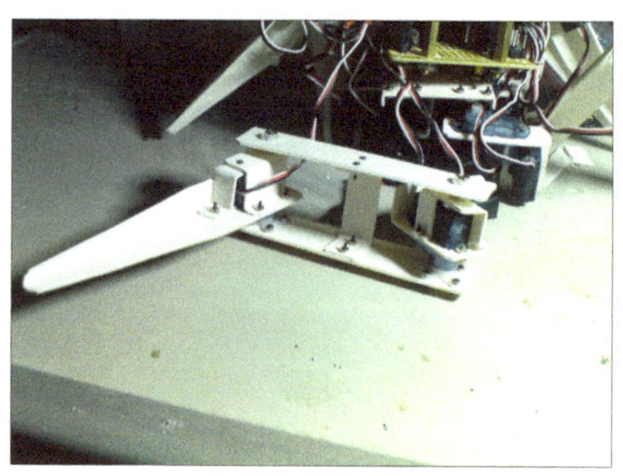

11.3.2 安装加固底盘

在底部加上一块底盘，连接大腿纵向关节。

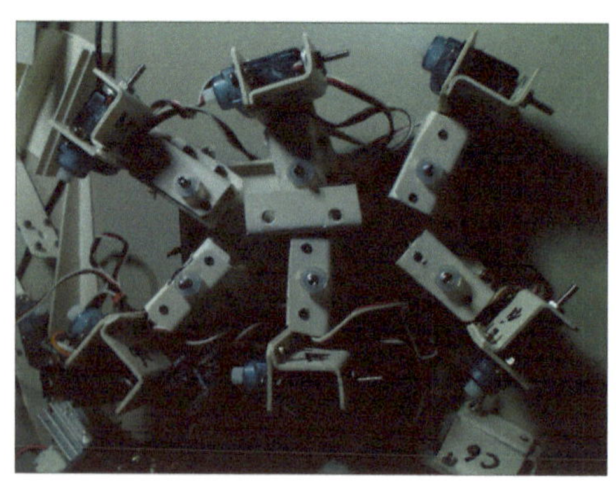

11.3.3 加大锂电池容量

新换的锂电池的电压是 7.4V，而舵机通常的最高电压是 6V，为了保护舵机，延长其寿命，可以串联两个硅整流二极管降压。每个二极管可以降压 0.7V，两个降压 1.4V，刚好可以把 7.4V 降到 6V。由于要驱动 18 个舵机，电流非常大，一般的硅二极管功率不够，我干脆用了一个 D25XB 整流桥堆中的两个二极管。

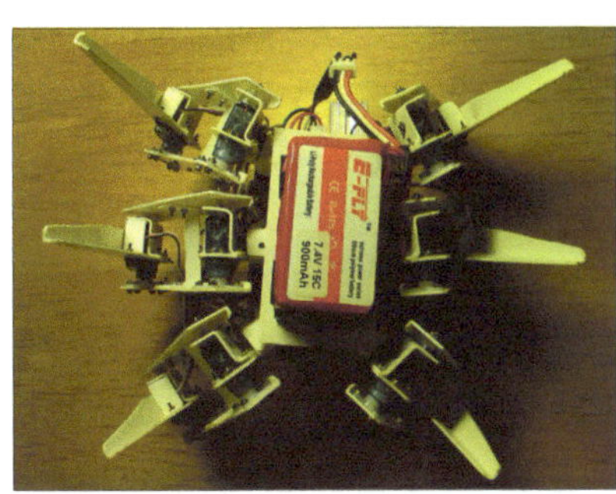

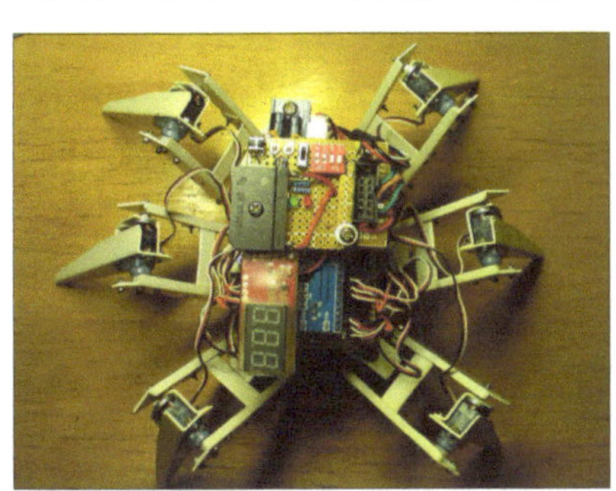

11.3.4 增加指示灯

增加了两个 LED，红的指示总电源打开，绿的指示舵机电源打开。

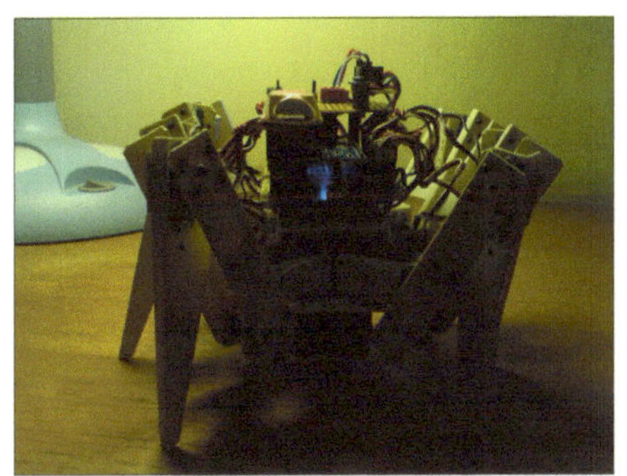

11.3.5 缩短腿部长度

在设计行走步态的时候，我发现了一个严重的问题——支撑腿的力量还是不足。主要是由于追求小型化而采用最小型的 2.5g 舵机，由于舵机力矩不足，导致支撑腿力量不够，静止站立的时候还勉强，但在行走时就经常会发生“腿软”现象。为了解决这个问题，我曾经一度想要换成大一点的 9g 舵机，但这样做，由于尺寸会大很多，机械部件基本都需要重新制作，无异于重新做一个新的了。思考再三，我想到了把所有的机械腿都缩短，也就是减小力臂的长度，以降低对舵机的压力。经过重新设计试验，把所有的腿都缩短了，虽然难看了不少，但是确实解决了“腿软”的问题。至此，这个6足机器昆虫也基本定型了。

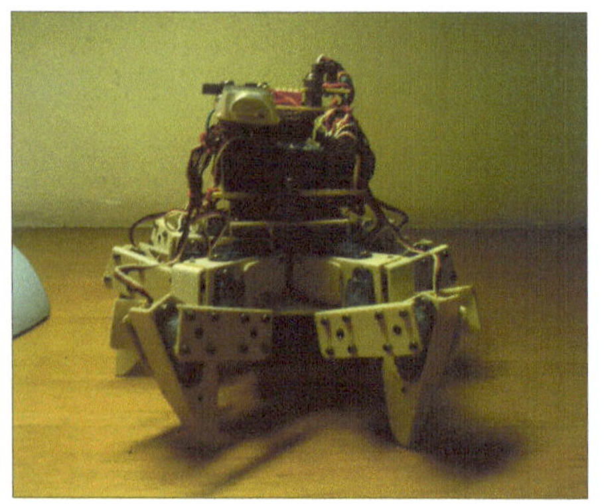

11.4 初步行走

我模仿昆虫来设计步态，初步实现了行走。不过动作还是有点生硬，整体动作的协调性还是和真实动物的动作相差甚远，主要原因还是在于调试比较复杂，而且舵机动作的精度不够高。暂时也只能先这样，等以后有精力和条件再慢慢完善吧。

■ 演示视频（多段）：http://u.youku.com/user_video/id_UMzA4NDk1MjU2.html。

12 进击的多足巨兽

◇杨泓瑜

在一期 TED 中，我看见了这样一幕：一只几米长的“怪兽”，背部有“鳍”，身下有脚，整体保持着令人惊诧的平衡。这就是大名鼎鼎的“海滩怪兽”。它不用进食，无需任何燃料，唯一的驱使力量是风。荷兰动能艺术家 Theo Jansen 培育出这些怪兽。如今，这些怪兽不光能够躲避各种天敌，甚至具有了生物的最基本能力——繁殖。

这个作品来自 Theo Jansen——一位出生于 1948 年的荷兰动能艺术家。他求学于代尔夫特理工大学物理系，后转为学习绘画，20 世纪 80 年代因“飞行 UFO 项目”成名，20 世纪 90 年代开始研究“海滩怪兽”系列动能艺术项目，在世界各地做展，之前曾登陆过中国的海滩。

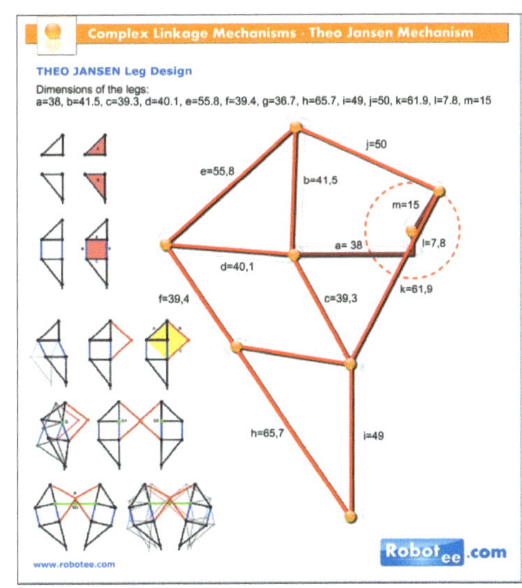

■ 图 12.1 腿部结构及行走方式

初次见到这只怪兽，我就被其独特的单自由度、由曲柄驱动的斯蒂芬森型 6 杆运动链（连杆曲柄摇杆机构和一个平行四杆机构）的脚步设计吸引住了（见图 12.1 和图 12.2）。在机器人中，大多数的多足（尤其是 6 足）机器人都以蜘蛛等爬虫为原型，采用舵机驱动。虽有一定优势，但在承载能力、行进速度上，都有着巨大限制。那为什么不能在机器人上采用这种腿部结构呢？恰巧之前日本的《大人的科学》推出了 Theo Jansen 的风能怪兽的玩具，所以我打算先在这上面进行 Arduino 的电子化改进。

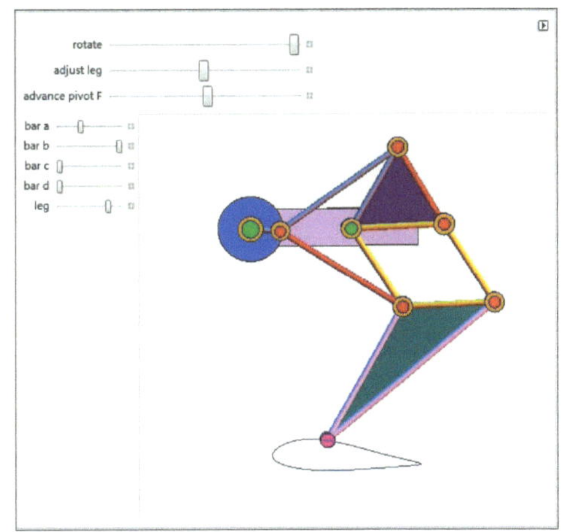

■ 图 12.2 用 Mathematic 仿真运动过程

开始动手，先是按照说明书来拼装套件，套件拼装好后，计算好平台的精确距离，切出两边支撑用的亚克力条，在上面加装亚克力板，搭建物理平台（见图12.3）。采用两个直流电机分别驱动齿轮，带动曲轴，由曲轴的回转来带动巨兽的脚步向前迈进。

■ 图12.3　1代巨兽的物理机械平台

在动力驱动方面，1、2代又略有不同：1代采用电机在两边驱动外部的齿轮，但由于套件中的齿轮模数较低，且齿厚较薄，所以在高速驱动时，常常会出现震颤现象，影响行走；所以我在制作2代时改进了驱动方式（见图12.4），动力由田宫的减速电机组（见图12.5）来提供，并采用了3D打印的联轴器（见图12.6），在使动力输出更加平稳和高效的同时，还使整个平台的重心降低，增宽了两腿之间的距离，使行走更加平稳。

在搭建好物理平台后，就是搭建电路部分和编写Arduino程序了。

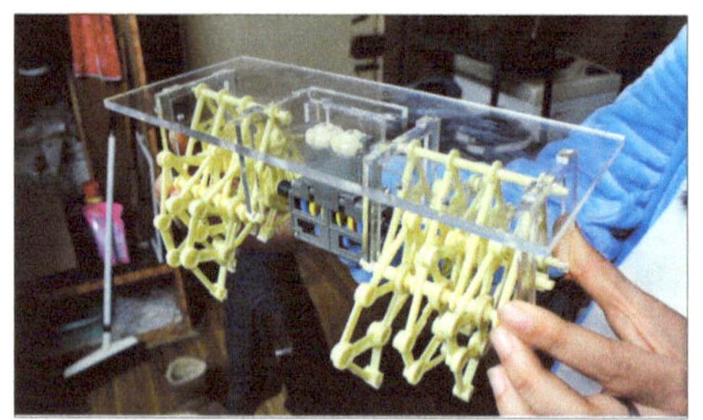

■ 图12.4　2代巨兽的物理机械平台，可以看见中间的减速器

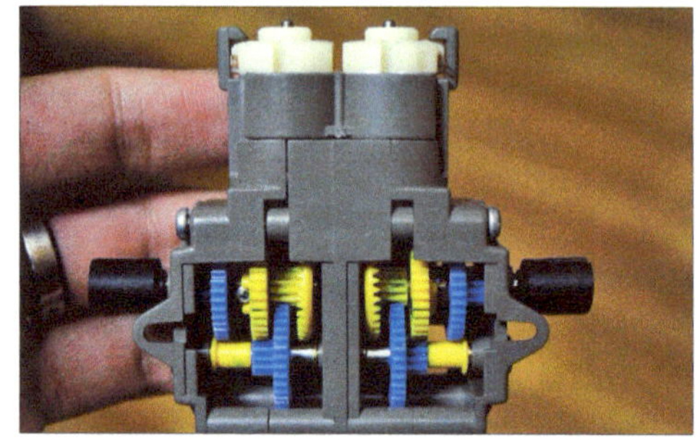

■ 图12.5　田宫减速机组

■ 图12.6　联轴器（俯视图）和套件正好配合

控制板我选用了OpenJumper的Zduino Summer，这是一款基于Arduino UNO的专用于智能小车设计开发的微控制器板。板上集成了Arduino UNO与L298电机驱动，具有两路大电流电机输出通道，另外集成了连接传感器需要的扩展口、蓝牙及APC220无线模块的扩展接

口，此外还有独立的舵机供电接口，并且完全兼容 UNO 引脚位置（见图 12.7）。Zduino Summer 将传感器扩展板（部分）、L298P 电机驱动、Arduino UNO 三合一，一切都集成在这块 876mm × 682mm 的电路板中，单独一层就能使用以上所有功能。相反，如果你利用 3 种扩展板叠加的结构，将会损失一些功能，并占用大量的空间。操控部分采用的是蓝牙模块和摇杆手柄（见图 12.8）。操控者摇动手柄时传回两组模拟量，从而控制巨兽的前进、后退和左右转弯。

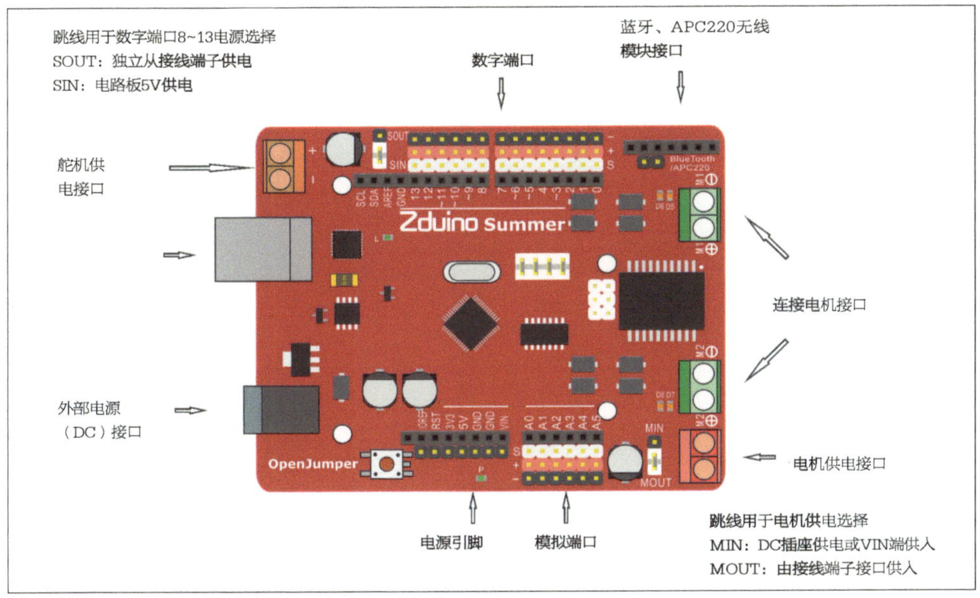

■ 图 12.7　Zduino Summer 的接口

■ 图 12.8　摇杆手柄模块，左上为蓝牙接口

搭建好的巨兽可在操控下前进、后退和原地左右转弯，奔跑起来，12 条腿同时运动，煞是壮观。为了防止摔倒，我还在前后各加装了一个 4 轴飞行器的支架，用一个简单的结构就防止了在颠簸路况上可能出现的前后倾倒的现象（见图 12.9）。

在巨兽平台上，还可以自己加装其他的功能，比如我在 1 代上就加装了超声波模块，实现了巨兽的自动避障功能（见图 12.10）。我还打算在两只巨兽上加装上 3D 打印的武器系统，这样就可以实现两人遥控对战，增加游戏乐趣。

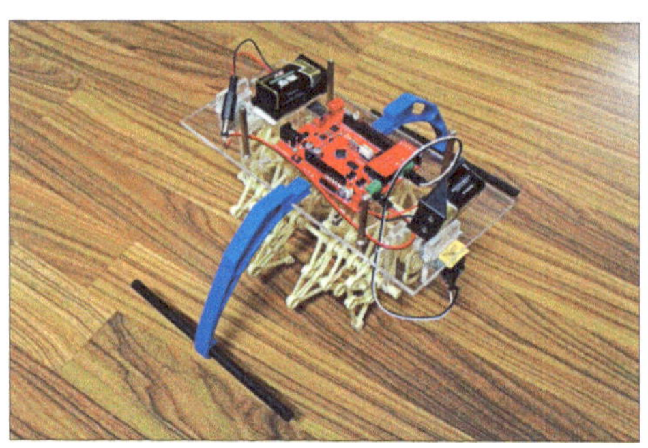

图 12.9　在前后加装一个 4 轴飞行器的支架来防止倾倒

图 12.10　1、2 代“海滩怪兽”和遥控器合影，注意 1 代上加装了超声波模块

6 足坦克诞生记

◇程晨 ◇3D组装效果图：于卫平

本人开始制作 6 足坦克源于写作《自律型机器人制作入门》，在介绍多足机器人时，我制作了一个 6 足机器人，如图 13.1 所示。参照节肢动物的运动形式，这个 6 足机器人每条腿的关节都相对独立，每个关节都是用 180° 的舵机来实现的，每条腿上有 3 个关节，对应的就是 3 个舵机，6 条腿共有 18 个舵机。

图 13.1 6 足机器人

当我把书稿交付之后，为了让这个 6 足机器人更有趣味性，我就在这个机器人的基础上增加了一个玩具坦克的炮台，如图 13.2 所示。

图 13.2 安装了炮台的 6 足机器人

这是一个能够连续发射 BB 弹的炮台，依靠一个直流电机完成拨弹、发射的功能，装上它之后，顿时觉得这个 6 足机器人威猛了起来。不过用 18 个舵机和 1 个电机支撑起来的 6 足坦克对电源的要求太高，普通的电池大多驱动不起来，使用航模用的大容量、大电流的锂电池勉强才能玩一会儿，用户体验非常不好。感觉还没学会怎么控制呢，就已经不能动了。另外从制作难度上来讲，18 个舵机的控制程序也较为复杂，调试时间过长，出现问题的概率也比较大。

13.1 拼装版蜘蛛机器人

基于以上的原因，我一直在留意有没有替代的方案，后来就在淘宝上发现了一种简易的拼装蜘蛛机器人，如图 13.3 所示。

这种拼装玩具买回来后是一个个的零件，需要自己看说明书，动手将它拼起来，有点像那种拼装的四驱车。我觉得这个玩具的结构设计得非常好，利用齿轮传动和连杆的结构，只需要一个电机就能带动蜘蛛8条腿运动，让蜘蛛“走”起来。

我想，如果能控制电机的正反转，那么就很容易实现蜘蛛的前后运动了；如果再进一步将左侧的4条腿和右侧的4条腿分开控制，就能实现蜘蛛的左右转动了。要分开控制左侧和右侧的4条腿，就需要再添加一个电机及减速箱，实际上就需要购买两套蜘蛛机器人的零件，然后组合在一起。我在淘宝上搜了一下，这种拼装玩具才十多块钱，价格不贵，立刻入手。

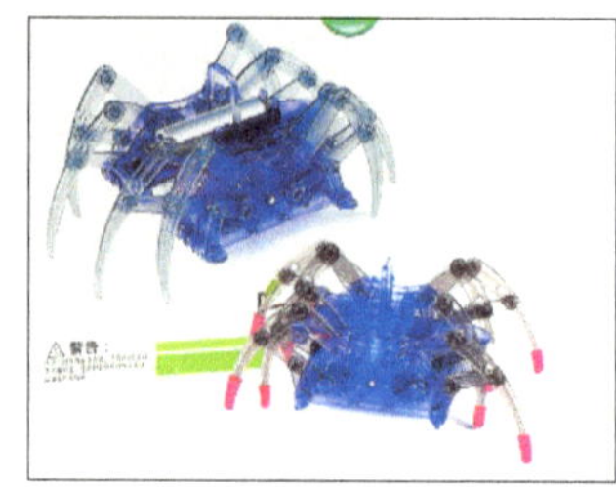

图13.3 拼装版蜘蛛机器人

零件到手后，先拼装一侧的4条腿以及电机传动的结构，如图13.4所示。

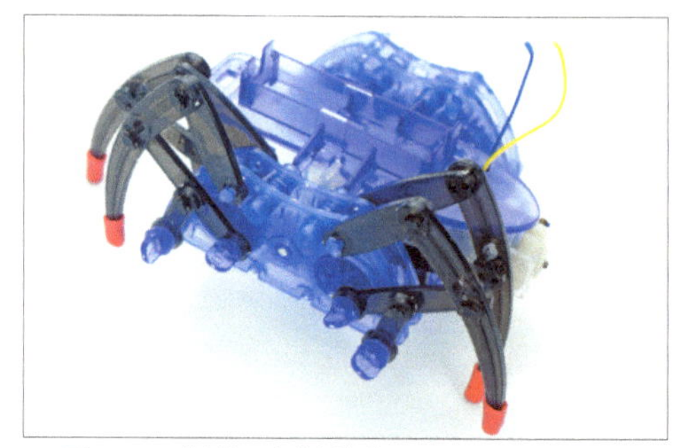

图13.4 拼装一侧的结构

这里注意电机的引线直接留在外面就可以了，方便我们安装控制板。用同样的方法拼装另一侧的4条腿和电机传动结构，然后将两者合二为一，如图13.5所示。

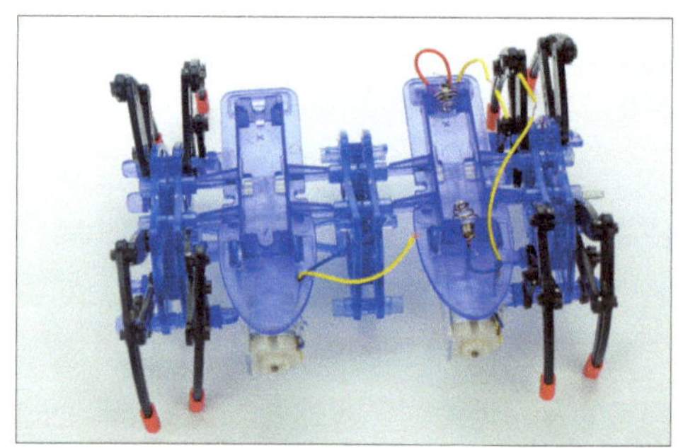

图13.5 将两侧结构合二为一

接下来就需要安装控制板了，左右两侧的蜘蛛腿之间的空间就是留给控制板的。我这里使用的是DFRobot的Romeo（一块基于Arduino，集成了电机驱动、I/O扩展板及无线模块接口的多合一控制板），当然你也可以用标准Arduino、电机扩展板、无线模块扩展板自己组装一套控制系统。控制板安装完成后如图13.6所示。

图13.6 安装Romeo控制板

这里我将电池装在了控制板的下方，因为需要保证控制板的工作电压，所以使用了一个6节的电池盒。电池盒及控制板都用螺柱固定在拼装蜘蛛机器人的结构上，电池盒的引线连接到Romeo的电源接口上，两个直流电机的引出线分别连接到Romeo的两个电机接口上。

至于程序代码，就和一般的遥控差速小车一样，都是控制两个电机的运转，网上有很多基于 Arduino 的例程，《无线电》杂志也刊登过不少，这里就不多介绍了。我实现的功能是通过蓝牙模块，用手机遥控蜘蛛机器人移动，分别执行前进、后退、左转、右转、停止的操作。

13.2 加装炮台

整个移动的底盘没有问题后，下面就要加装炮台。我还用原来的那个玩具坦克炮台，不过这次去掉了外壳，将它用螺丝安装在了一块 Arduino 的 ProtoShield 原型扩展板上，然后将扩展板插在 Romeo 的 Arduino 标准接口上。另外，因为 Romeo 只有两路电机驱动，全部用在了控制蜘蛛机器人移动的直流电机上，所以需要给炮台单配一个电机驱动，这个电机驱动我固定在炮台的上方。程序方面也要作一些调整，增加了控制炮台电机的内容。

这一版蜘蛛坦克完成后如图 13.7 所示。通过这个蜘蛛机器人，我发现制作简易的用腿走路的机器人其实也有简单的方法，可以将一些腿的运动整合在一起，也没有必要非用舵机或步进电机来做，可以尝试通过结构的设计来解决。

■ 图 13.7 第二版蜘蛛坦克

第二版蜘蛛坦克的可玩性大大提高了，我带着它出没于各个创客空间，参加了几次 Maker Faire 和创客嘉年华，控制方面除了用手机控制，还实现了语音控制、PC 控制，甚至利用 LEAP Motion 体感控制器还能通过手势控制。

但是随着时间的推移，问题也显现了出来：这种拼装玩具里都是塑料件，使用时间长了之后会发硬、发脆，尤其是当温度变化较大时，更会加快塑料件的老化。后期经常是走着走着“腿”就掉了或是齿轮打滑了。我就又买了两套拼装蜘蛛机器人的零件来更换损坏的部件。最后在进行了一次大修（更换了大部分的零件）之后，我下定决心要换一种材质、换一种结构、换一种实现方式，找一个能彻底解决这个问题的方法。

13.3 铁质 6 足移动平台

这次我选用了一种多孔的铁条，参考第二版蜘蛛坦克制作了一个曲柄结构，大家来看一下图 13.8，在 A 点固定不动的情况下，当圆 B 绕圆心转动时，D 点就会绕 B 的圆心完成圆周运动，而 C 点就会完成像划桨一样的摆动动作。这很像一条腿的运动形式，如果再多几条腿分时地完成这样的划桨动作，就会带动整体的移动。

初步的想法形成之后，就开始动手搭建新的 6 足底盘。首先完成一个基本的框架，如图 13.9 所示。

我们要在这个框架上安装一个用来固定直流电机的板子，以及一个用来产生高出电机旋转轴的 A 点的支架，如图 13.10 ~ 图 13.14 所示。为了安装方便，我选用 360°

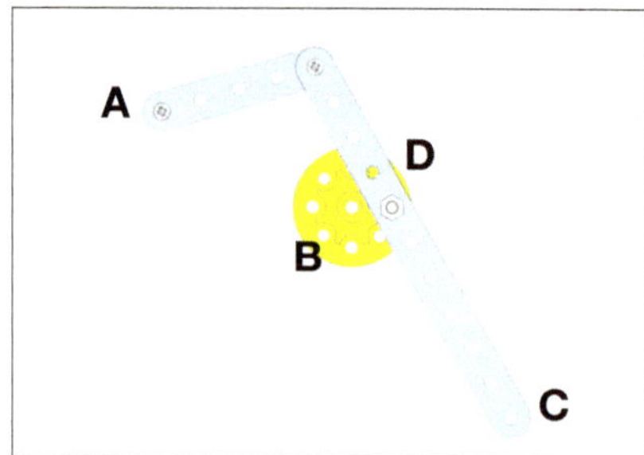

■ 图13.8 单条腿的运动原理

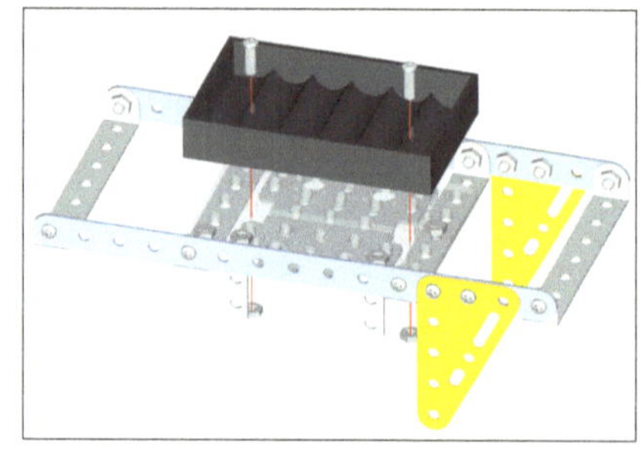

■ 图13.12 安装电池盒

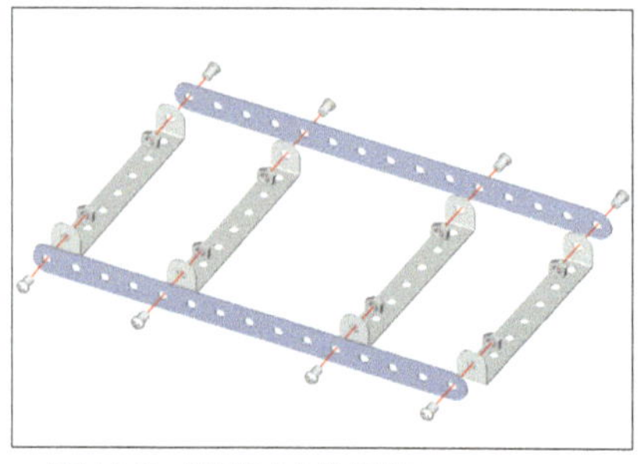

■ 图13.9 搭建基本的框架

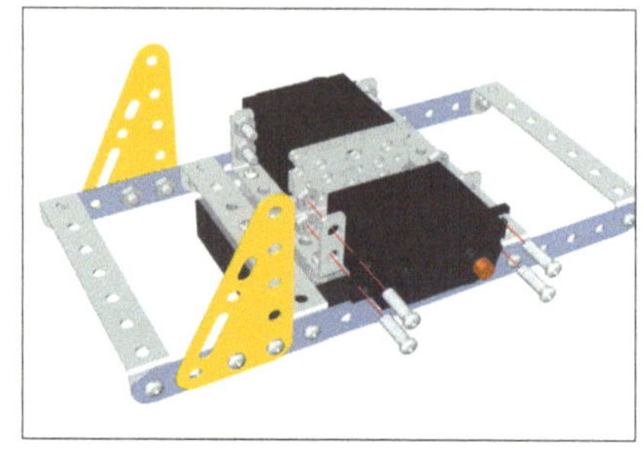

■ 图13.13 安装360° 连续旋转的舵机

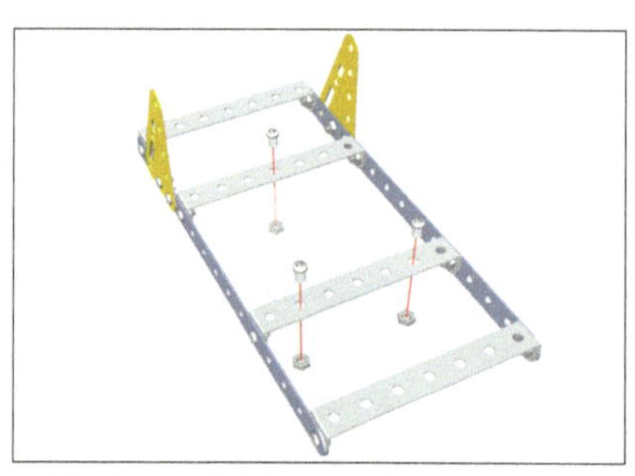

■ 图13.10 安装亚克力板

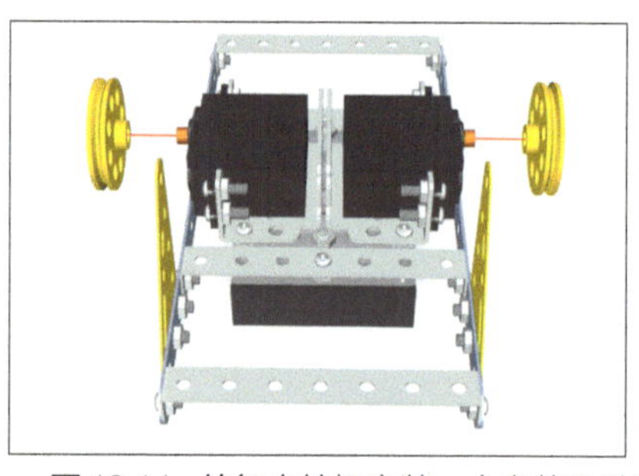

■ 图13.14 给每个舵机安装一个安装8孔舵盘

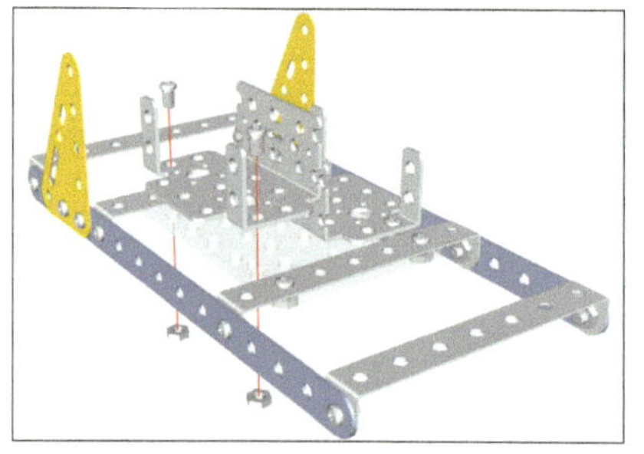

■ 图13.11 安装舵机支架

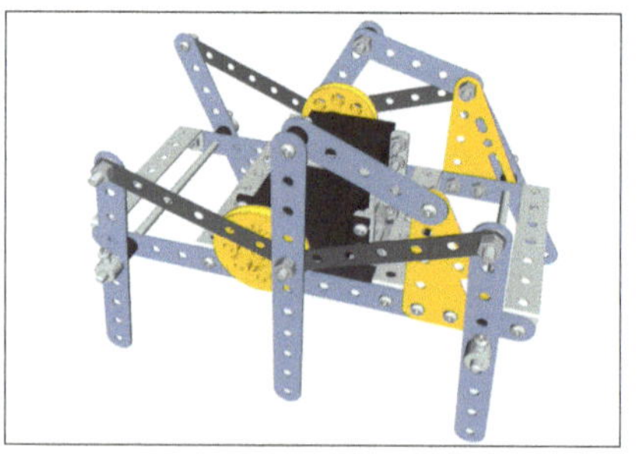

■ 图13.15 完成后的6足底盘

连续旋转的舵机来代替直流电机，通过舵机支架能够很方便地将 360° 舵机安装在任何平面上，安装舵机支架的板子是用亚克力板切的，板子上除了有用来安装舵机支架的安装孔之外，还预留了安装电池盒用的安装孔。

这样在我们的框架上就有了图 13.8 中的点 A 和圆 B，参照图 13.8，我们就能在左右两侧各实现一条能够做划桨运动的“足”。另外我们在框架的两头装两根轴，然后在 4 个角分别实现一条做圆弧运动的“足”，这 4 足的一端也通过一个铁条连接到 8 孔舵盘上。完成之后的 6 足底盘如图 13.15 所示。

角上的 4 足通过固定器固定在轴上，避免运动时从轴上脱落。在连接两个铁条以及连接铁条和 8 孔舵盘时，要注意不要将螺丝拧紧，留出一定空间，让各个部件能够灵活转动，必要时还要在部件之间增加垫柱或垫片。

这样就完成了铁质 6 足移动平台的制作，这个平台由两个 360° 的舵机驱动，所以装上一块 Arduino 就能控制，不需要单独的电机驱动。程序方面，按照舵机的使用方式控制 360° 舵机转动就可以。图 13.16 所示是在安装控制板的位置上装了一个稍大的基于 Edison 的 Arduino 扩展板，利用 Edison 的无线功能实现遥控的 6 足机器人。

图 13.16 利用 Edison 实现控制的遥控 6 足机器人

13.4 再次加装炮台

经过简单的测试，又来到了加装炮台的步骤，这次我换了一个色系更搭配的玩具坦克的炮台，利用多孔铁条将这个炮台安装在了之前安装控制板的位置。而控制板移到了炮台的后部。为了安装控制板，我又切了一块亚克力板，完成后如图 13.17 所示。

图 13.17 铁质版的 6 足坦克

图 13.18 控制板有 3 层

后面的控制板有 3 层，如图 13.18 所示。最底下是一块 Arduino UNO；中间的是电机驱动板，用来驱动炮台中的发射电机；最上面是一块 I/O 扩展板，用来连接两个 360° 舵机，同时还可以扩展无线模块。

调试时要注意炮台里的电机只能往一个方向转动，如果方向转反就会卡住，所以如果大家也增加了一个炮台，要先编一个小程序测试一下电机怎么转是正确的。如果发现电机不转或卡住的情况，一个方法是更改程序，另一个方法是通过调整电机的接线关系，将正极、负极对调。

硬件测试没有问题，就可以根据自己的需求实现 6 足机器人的运动控制了（智能或是遥控），如果要实现智能控制，就需要额外添加传感器。本文对编程涉及不多，只是简单地提了一两句，这是因为通过特殊的结构设计，硬件的控制变得较为简单，就是一两个直流电机和舵机的控制而已。

第 4 章
相扑机器人

14　一起来认识相扑机器人
15　相扑机器人制作指南
16　一起来制作自主式相扑机器人

14 一起来认识相扑机器人

◇沈金鑫 冯倩

说到日本的相扑比赛，大家应该比较熟悉，脑海里都可以联想到两个高大的日本相扑手纠缠在一起，试图把对手扭倒在身下，而自己却不会出边界线（见图14.1）。同理可知，机器人相扑比赛即是两个相扑机器人互相角力，将对方铲翻或推出边界线外（见图14.2）。

图14.1 日本相扑比赛

图14.2 机器人相扑比赛

本文所介绍的均为自主式相扑机器人，与遥控式相扑机器人的区别是增加了各式各样的传感器，用于识别周边环境和对手的信息，对微控制器中算法和策略的要求较高，更加智能化和自主化。

14.1 机器人相扑比赛简介

机器人相扑比赛起源于日本，我猜是因为相扑是日本人特别喜欢的一项传统体育运动；同时日本也是科技强国，有着非常先进的机器人技术，便把相扑引入到了机器人比赛中。

机器人相扑比赛的规则比较宽松，给参赛者留有较大的发挥空间，但是由于在相扑比赛中，机器人的重量和底面积对比赛结果影响很大，例如一个自重500g的相扑机器人一般情况下很难推动一个自重5000g的机器人，所以相扑比赛一般根据相扑机器人的尺寸（长、宽、高）和重量来划分级别，具体的要求如表14.1所示。在大型和小型机器人的要求中，不限制机器人的高度，是因为机器人越高，重心越高，越容易被铲翻，这是一个劣势。在微型和极小型机器人的要求中，由于重量要求很轻，则对机器人的高度作了限制，以保证比赛的公平性。相扑比赛开始之前，需要对机器人的尺寸和重量进行测量（见图14.3）。

表 14.1 相扑机器人的级别

级别	高度	宽度	长度	重量
大型机器人	不限	20cm	20cm	3000g
小型机器人	不限	10cm	10cm	500g
微型机器人	5cm	5cm	5cm	100g
极小型机器人	2.5cm	2.5cm	2.5cm	25g

■ 图 14.3 称量机器人的重量

机器人相扑的比赛场地是高 5cm，直径为 154cm 的黑色台面，台面边缘有 5cm 宽的白色边界线（见图 14.4、图 14.5）。这种以黑、白两色构成边界线的比赛场地便于相扑机器人利用低成本的光电传感器进行边界识别，以保证机器人行走在规定区域内。两个相扑机器人之间的间隔不小于 20cm，且相背而行（见图 14.6）。

■ 图 14.4 机器人相扑比赛场地外观

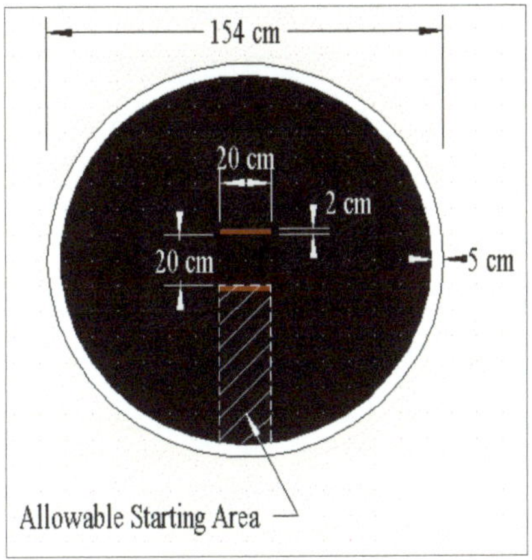

■ 图 14.5 机器人相扑比赛场地尺寸

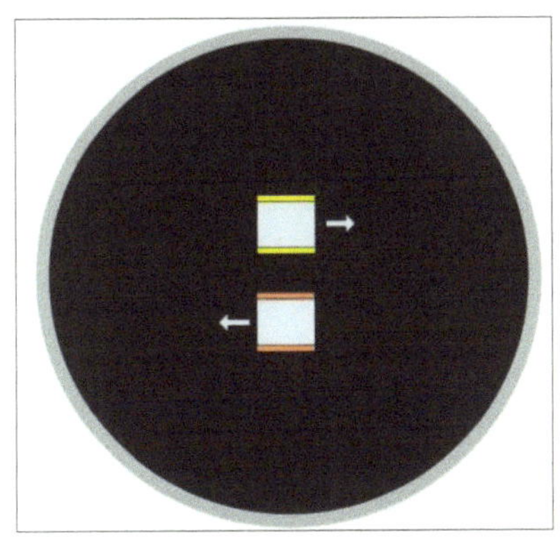
■ 图 14.6 机器人相扑比赛起始位置及方向

比赛一般采用小组积分赛 + 决赛的形式进行，首先通过抽签来分成几个小组，然后进行小组循环赛，每两个相扑机器人之间均进行3局比赛，赢一局积2分，平一局积1分，负一局积0分，小组积分第一名直接晋级半决赛，最后进行半决赛和决赛。半决赛和决赛都采用3局2胜制，单场比赛时间一般控制在3min以内，若3min之内不分胜负，则判为平局。为了增加趣味性，还会为小组赛中被淘汰的机器人加赛多个机器人的群殴赛，最后的获胜者晋级半决赛。

相扑机器人使用的超声波传感器、触觉传感器等成本较低，保证制作相扑机器人的费用不太高，而且竞技过程是双方机器人“身体”之间的直接较量，现场气氛紧张、比赛竞争激烈，进而使得相扑机器人快速发展，也让机器人相扑比赛受到了非常广泛的欢迎（见图14.7）。

图14.7 机器人相扑比赛现场

14.2 形形色色的相扑机器人

机器人相扑比赛中常采用的策略是找到对手并使用铲子将对手铲起来，使其车轮离开比赛台面而降低或丧失行动能力，通过自身的动力将其推出比赛区域的边界，最终取得本局比赛的胜利（见图14.8）。

图14.8 将对手铲起来

所以，很多的相扑机器人都会做一个可以将对手铲翻或降低其行动能力的铲状物，图14.9和图14.10所示为两个带有铲子的相扑机器人。铲子一般由一个舵机来控制距离台面的高度，起始位置一般紧紧地贴近台面，当测距传感器判断对手机器人在铲子上面时，相扑机器人上的控制器就会控制舵机，使得铲子向上移动，离开原先紧贴的台面，将对手铲翻或使其车轮离开地面，丧失部分行动能力。图14.9所示的机器人用电机带动车轮来驱动车体运动，图14.10所示的机器人用电机带动履带来实现车体运动，相比而言，履带的抓地能力较强，不会出现车轮打滑的现象。

图14.9 两轮式带铲子机器人

■ 图 14.10 履带式带铲子机器人

图 14.11 所示为使用乐高积木搭建的相扑机器人，使用 LEGO NXT 作为控制器，在前方使用了一个带有一定角度的平面来实现铲子的功能。图 14.12 所示为带有铲状物的履带式相扑机器人，其铲子上下移动的角度较大，采用双舵机来驱动铲子，其功率足够将对手铲翻，有点类似工程机械中的铲车。

■ 图 14.11 使用乐高积木搭建的相扑机器人

■ 图 14.12 类铲车式的相扑机器人

图 14.13 所示的机器人使用宽履带来增大与台面的摩擦力，提高相扑机器人的抓地能力，以保证与对手对峙时不会打滑而使不上劲儿。图 14.14 所示的机器人带有超声波测距传感器，用以探测对手机器人的位置，以主动发起进攻，同时采用一个 1/4 圆的内曲面来实现铲子的功能，而且安装数个子弹头，给人的感觉非常酷。

■ 图 14.13 宽履带式相扑机器人

■ 图 14.14 超声波探测相扑机器人

图 14.15 所示的机器人，乍一看感觉像个翻过来的簸箕，正是这种斜面铲子的结构，

使其拥有很强的防御能力，只剩驱动轮暴露在外面，真所谓“武装到牙齿”了。其斜面中间位置的窗口中安装的测距传感器，使其能够时刻探测到对手的位置，利用紧贴台面的斜面发起猛烈的进攻。

■ 图 14.15　簸箕式相扑机器人

图 14.16 所示的机器人在斜面铲的后方放置了大块的电池，以增加机器人前方的重量，从而使得整个机器人的重心向前移动，不容易被对手铲倒。若制作完成后的机器人明显低于所参加比赛要求的重量，可以采用这种方法来增加机器人的自重，能在一定程度上增加机器人与台面的摩擦力。

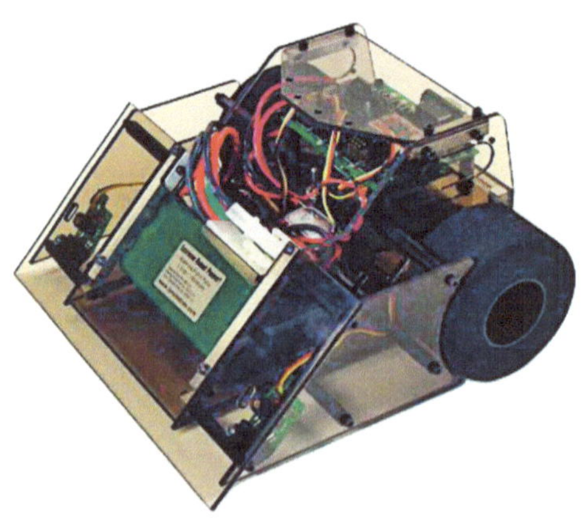

■ 图 14.16　前置重物的相扑机器人

图 14.17 所示的机器人为微型相扑机器人，采用橡胶履带驱动，以获得较强的抓地能力，受到尺寸及重量的限制，上面安装了用于边界线探测的传感器和保护性挡板。

■ 图 14.17　微型相扑机器人

图 14.18 所示为一个武装得密不通风的机器人，斜面铲下方设计了 3 个安装探测传感器的窗口，可以通过 3 个传感器的数据进行数据融合，最终确定对手的具体位置，先发制敌，取得进攻的主动性。

■ 图 14.18　全副武装的相扑机器人

图 14.19 为利用相扑机器人套件制作的相扑机器人，非常适合初学者和中小学生制作，它提供了非常好的编程和科技制作的学习平台，而且可以进行适当的改

造，添加相关的传感器即可实现更复杂的功能。图 14.20 和图 14.21 所示的相扑机器人考虑了机器人与比赛台面之间的摩擦力，前者采用了发泡的车轮，而后者在橡胶车轮的表面包裹了一圈增加车轮抓地能力的材料。

图 14.19　标准套件相扑机器人

图 14.20　采用发泡车轮的相扑机器人

图 14.22 所示的 3 个机器人均为基于开源硬件的相扑机器人，其中：a 采用两轮圆形车轮驱动且没有安装类似铲子的装置，通过两个红外传感器实现对对手的位置探测；b 采用了四轮橡胶履带驱动并安装有斜面铲；c 采用了四驱车的防触碰装置，可以一定程度上躲避对手的驱逐。

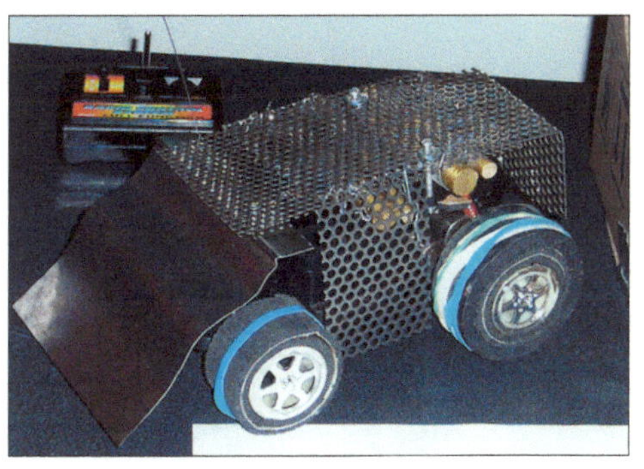

图 14.21　改造车轮的相扑机器人

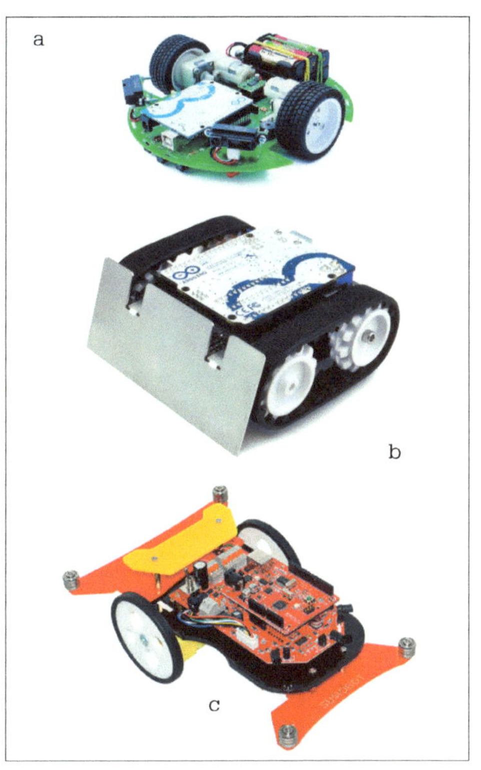

图 14.22　基于开源硬件的相扑机器人

15 相扑机器人制作指南

◇沈金鑫 冯倩

看了上节介绍的相扑机器人，你是不是跃跃欲试，想做一个自己的相扑机器人呢?按照自己的想法亲手制作一个属于自己的机器人，是很多人儿时最大的梦想。对于大多数人而言，实现这个梦想却很难，要学会编写程序、制作复杂的机械结构，还要有能力把各种各样原始材料、传感器、舵机组装到一起，于是很多人的这个梦想渐渐地离自己越来越远，被遗忘在角落里。下面来谈谈制作相扑机器人的几个要点，部分内容同样适用于常规机器人的制作。

15.1 控制器的选择

控制器是整个相扑机器人的神经中枢和大脑，负责采集传感器的输入信号，通过预置的程序算法判断自己所处的位置和对手的位置，并驱动电机以保证自己在规定区域内行走，防止走出边界线，或者向对手机器人发起进攻，将对手推出边界线。控制器的种类很多，例如各种型号的单片机，令人眼花缭乱，而且入门要求较高，不适合爱好者制作入门，下面主要介绍 LEGO MINDSTORMS EV3 控制器和 Arduino 开源硬件控制器。

15.1.1 LEGO EV3

在孩子和家长的心目中，乐高代表的是快乐，是无限的想象，是创意的未来。

一个可编程的控制器、几个电机、几种不同的传感器、一堆形状各异且可相互连接的标准零件，会再次点燃很多人儿时制作机器人的梦想，只要经过简单的学习，便可以制作出属于自己的机器人。

乐高新一代的 NXT 主控—— EV3 如图 15.1 所示。它的按钮可以发光，可根据光的颜色看出 EV3 的状态。它具有黑白显示屏、扬声器、USB 端口、SD 读卡器、4 个输入端口和 4 个输出端口，支持通过 USB、蓝牙和 Wi-Fi 与电脑通信，还有一个编程接口用于编程和数据日志上传和下载，与移动设备兼容，由 AA 电池或专用可充电电池供电。

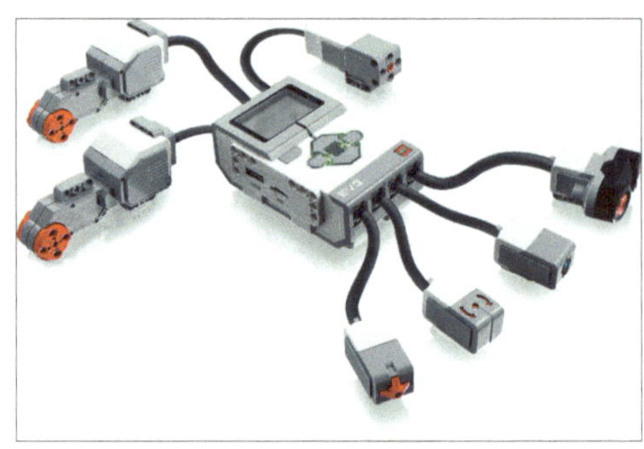

■ 图 15.1 LEGO MINDSTORMS EV3 控制器

乐高控制器适合中小学生使用乐高积木搭建相扑机器人时使用（见图 15.2）。

图 15.2　乐高相扑机器人和它们的主人

15.1.2　Arduino

自 2005 年被推出以来，随着使用者和爱好者的不断增加，Arduino 得到了快速的发展。同时，Arduino 设计团队不断推出各式各样更加强大的扩展板，以满足不同使用者的应用需求。Arduino UNO（见图 15.3）是 Arduino 控制板中使用得最广泛的型号。

图 15.3　Arduino UNO

因为 Arduino 采用开源协议，任何人或公司均可以利用 Arduino 公布的文档来生产和销售 Arduino 控制板（但是不能使用 Arduino 作为商标），所以除了 Arduino 官方设计和生产的控制板，还又产生了很多兼容控制板。CarDuino UNO（见图 15.4）是奥松机器人（RobotBase）针对智能小车制造的 Arduino UNO 兼容控制板。

图 15.4　CarDuino UNO

Zduino Summer（见图 15.5）也是一款基于 Arduino UNO 的智能小车专用控制板，它集成了 L298P 电机驱动芯片，具有两路大电流电机输出通道，还集成了传感器扩展连接口、蓝牙及 APC220 无线模块的扩展接口，此外还有独立的舵机供电接口，其资源分布如图 15.6 所示。它将传感器扩展板（部分）、电机驱动模块、Arduino 控制器 3 部分整合在一起，不需要使用 3 种扩展板叠加的方式，从而节省了大量空间。

图 15.5　Zduino Summer 控制器

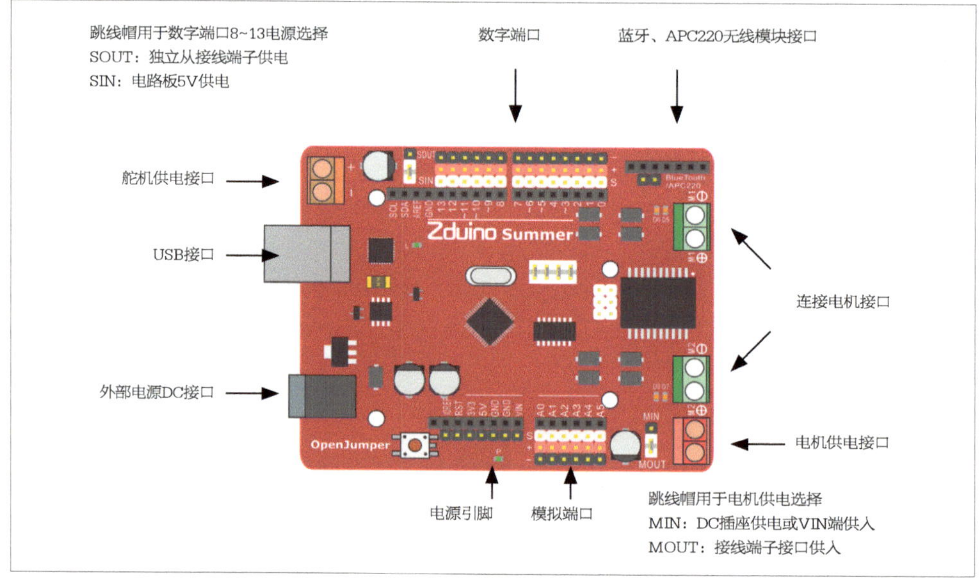

■ 图 15.6 Zduino Summer 资源分布示意

15.2 电机、车轮及电机驱动模块的选择

15.2.1 电机

电机是相扑机器人的动力来源，实现人体肌肉的功能，相扑机器人需要动作迅速且要求拥有强大的力量，这就需要选择合适的电机来实现。电机有直流电机、步进电机、无刷电机、伺服电机等种类，制作相扑机器人通常采用直流减速电机，常用的有 N20 电机（见图 15.7）、田宫减速电机齿轮箱（见图 15.8）、130 减速电机箱（见图 15.9）等。

N20 减速电机采用金属齿轮来实现减速箱，从而获得较大的扭力，而且金属齿轮比较坚实耐用，不易打齿。田宫减速电机齿轮箱带有两个直流电机，两个输出轴恰好作为相扑机器人的左、右轮的动力来源，具有使用方便的优点。130 减速电机箱是使用较为广泛的电机减速箱方案，具有性价比高、价格低廉的优点，方便安装车轮和编码盘。

■ 图 15.7 N20 减速电机

■ 图 15.8 田宫减速电机齿轮箱

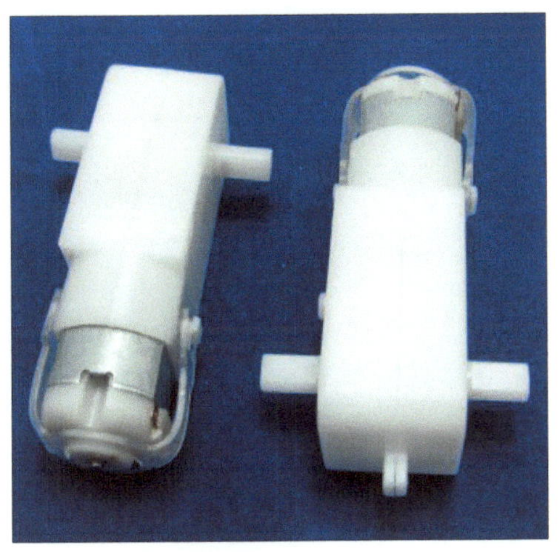
■ 图 15.9　130 直流电机

■ 图 15.11　橡胶轮胎

15.2.2　车轮

确定电机之后，紧接着需要选择配套的车轮。130 减速电机一般都有配套的车轮，安装有车轮的130 减速电机如图15.10 所示。N20 电机可以配合橡胶轮胎（见图 15.11 和图 15.12）使用，还可以配合模型轮胎使用，但是需要使用联轴器实现二者连接（见图 15.13 和图 15.14）。

■ 图 15.12　N20 电机连接橡胶轮胎

■ 图 15.10　带有车轮的 130 直流电机

■ 图 15.13　N20 电机连接 65mm 模型轮胎

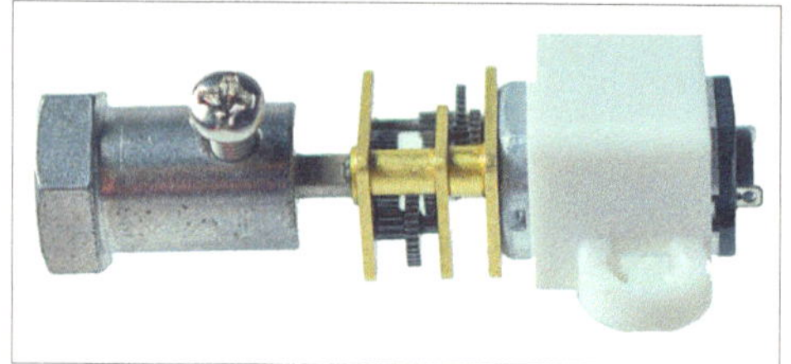

■ 图15.14 N20电机连接联轴器

15.2.3 电机驱动模块

一般情况下，直流电机需要很大的驱动电流，而像Arduino之类的控制器输出的逻辑电平无法直接驱动直流电机，特别是驱动大功率的减速电机，所以就需要通过电机驱动器件给直流电机提供工作电流。

常用的直流电机驱动模块主要有L298模块和VNH2SP30模块。L298模块主要有L298N电机驱动模块（见图15.15）和Arduino L298P电机扩展板（见图15.16）。L298电机驱动模块价格较为便宜，而且单个L298芯片可以同时驱动两路直流电机，所以在制作机器人小车时使用较多，但是其转化效率较低、发热量较大，不适合驱动大电流直流电机（容易发生芯片“假死”等故障）。VNH2SP30模块主要有Arduino VNH2SP30电机扩展板（见图15.17）和VNH2SP30电机驱动模块（见图15.18），VNH2SP30模块具有驱动电流大、转换效率高等优点，但是单个VNH2SP30芯片只有驱动一路直流电机，如果驱动两路直流电机，则需要两个芯片。

■ 图15.15 L298N电机驱动模块

■ 图15.16 Arduino L298P电机扩展板

■ 图15.17 Arduino VNH2SP30电机扩展板

图 15.18　VNH2SP30 电机驱动模块

可以根据所选择的减速电机的额定工作电压、额定功率来选择电机驱动器件，N20、130 减速电机等一般的电机选用 L298 电机驱动模块；如果选择较大功率的电机，则应选择 VNH2SP30 等大电流的电机驱动模块。

15.3　传感器的选择

传感器主要用于相扑机器人行走在内部区域内和寻找对手。机器人相扑比赛的场地边界线与内部区域分别采用黑白两种颜色，为了保证相扑机器人在内部区域内，需要使用红外巡线传感器来探测是否接近边际线。为了占据进攻的主动权，及时发现对手，主动发起进攻，则需要使用红外测距传感器或者超声波传感器来探测对手机器人的距离和位置。

红外巡线传感器模块（见图 15.19）利用红外对管检测模块本身发出的红外线的反射光（深色反射弱，浅色反射强），从而可以为相扑机器人提供白色区域或者黑色区域的识别，若检测到白色则输出高电平，若检测到黑色则输出低电平。

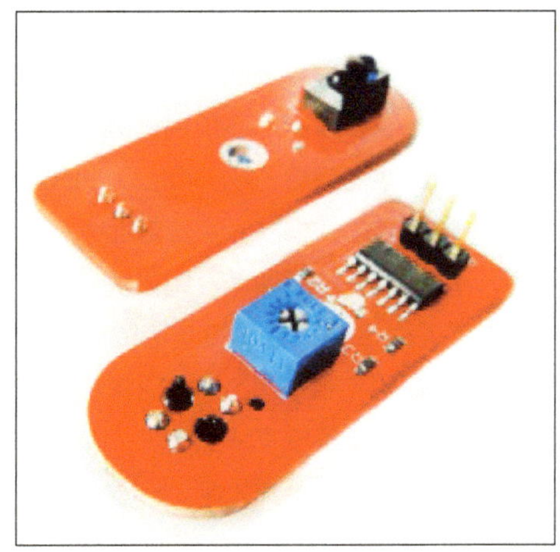

图 15.19　红外巡线传感器模块

红外测距是一种非直接接触的测量方式，由于其结构简单、抗干扰性强、成本低，在测量测绘上得到广泛的运用。GP2D12 传感器（见图 15.20）是夏普公司出品的红外测距传感器，工作电压为 4 ~ 5.5V，输出为模拟电压，探测距离为 10 ~ 80cm，最大允许角度 > 40°，刷新频率为 25Hz（40ms）。传感器利用高频调制的红外线在待测距离上往返产生的相位移推算出光束的穿越时间 Δt，再根据 $D=c\times\Delta t/2$ 得出距离。

图 15.20　GP2D12 传感器

超声波测距是一种传统而实用的非接触

测量方法，和激光、涡流和无线电测距方法相比，具有不受外界光及电磁场等因素影响的优点，在比较恶劣的环境中也具有一定的适应能力，且结构简单、成本低，因此在工业控制、建筑测量、机器人定位方面有广泛的应用。HC-SR04 超声波测距模块（见图15.21）可提供 2~400cm 的非接触式距离感测功能，测距精度达 3mm；模块包括超声波发射器、接收器与控制电路。

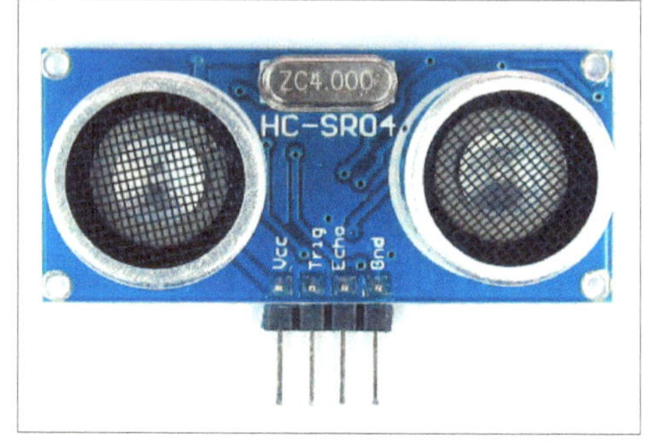

图 15.21　HC-SR04 超声波传感器

下一节我将手把手教大家制作一个桌面相扑机器人。

16 一起来制作自主式相扑机器人

◇沈金鑫　冯倩

上一节介绍了制作自主式相扑机器人所需的部件，这一节我将和大家一起动手制作一个属于自己的自主式相扑机器人。带上你的机器人去和小伙伴们一决高下，想想是不是有点激动呢？

16.1　相扑机器人车身的制作

首先，我们来完成相扑机器人车身的制作。俗语说，巧妇难为无米之炊，想制作相扑机器人的车身，我们需要如图 16.1 所示的材料。

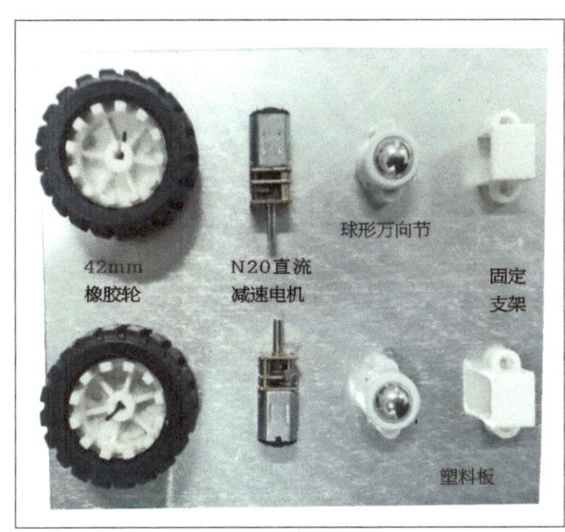

图 16.1　相扑机器人车身材料

同时，还需要准备一些工具来帮助我们快捷地实施具体的工作：电烙铁、焊锡丝、焊锡膏、镊子、螺丝刀和手持式手电钻（见图 16.2、图 16.3）。

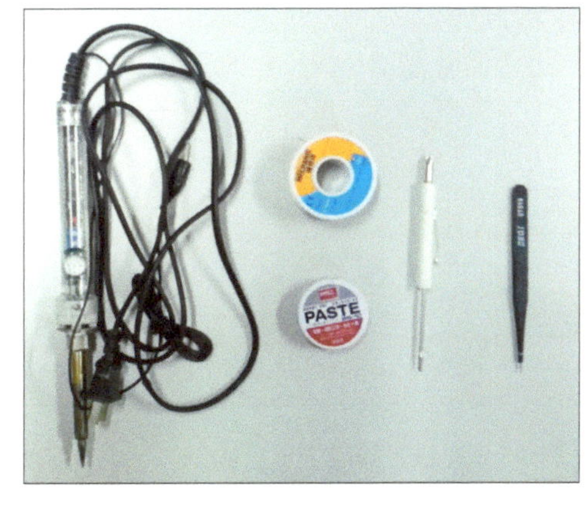

图 16.2　焊接工具及螺丝刀

图 16.3　手电钻

❶ 在塑料板上规划出电机和万向轮的安装位置，最好用记号笔划线来确定位置，然后用手电钻在塑料板上钻孔。

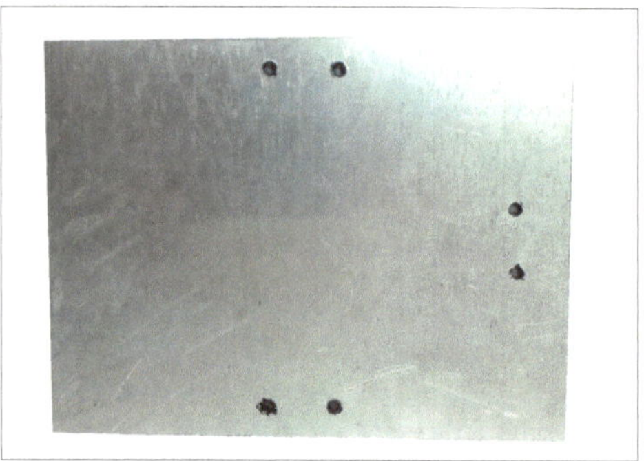

❷ 钻孔之后，使用螺丝将万向轮安装在塑料板上。

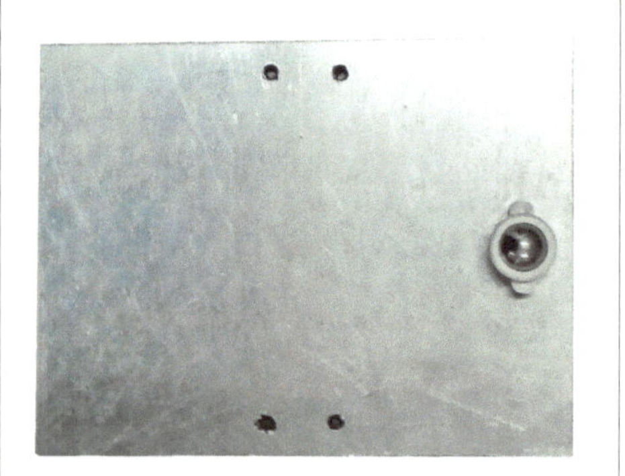

❸ 将塑料板反过来，使用螺丝将两个电机支架固定在塑料板上。

❹ 将 N20 电机放置于电机支架内，并将其固定牢靠。

❺ 把与 N20 电机配套的橡胶轮安装至 N20 电机上。

❻ 至此，塑料板的 3 面均安装有车轮，相扑机器人就可以站立起来了，但是还有点不完美的地方，就是缺少具有攻击性的铲子，那就将没有装车轮的那一侧向下弯折一下，使其能够接触到地面。

❼ 使用电烙铁将公母杜邦线公的一端焊接至电机的两个接线端。

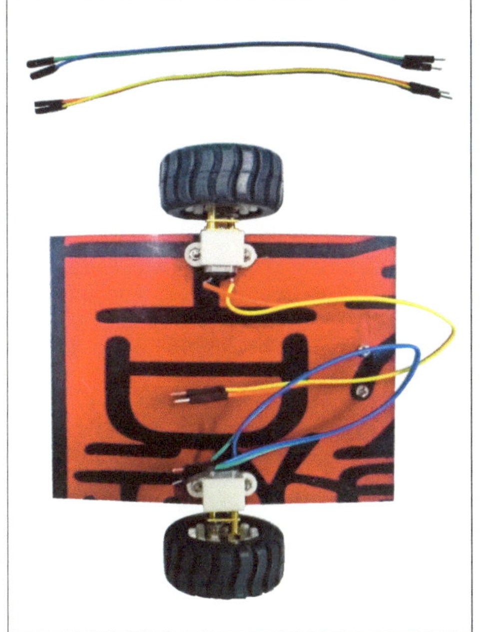

❽ 看了光秃秃的相扑机器人，你是不是在思考控制器和电池等物品放置在何处呢？那就需要安装一个亚克力支撑板。在塑料板上规划出合适的位置，并使用手电钻打孔，使用螺丝刀、铜柱和螺丝将亚克力支撑板安装至塑料板上。

❾ 下面安装相扑机器人的大脑部分——Arduino 控制器，这里用的是集成 L298P 电机驱动芯片、传感器扩展接口舵机和供电接口，完全兼容 Arduino UNO 引脚位置的 Zduino Summer。使用铜柱将 Zduino Summer 固定在亚克力支撑板上，并将左、右两个电机的引线分别接至控制器上的电机接线端子 M1 和 M2 上。

⑩ 下面安装防止相扑机器人出界的感知部分——红外寻线传感器。在塑料板弯曲成铲子的那部分，用美工刀挖出 10mm × 6mm 的区域，以放置 mini 红外寻线传感器。此时，还要看一下红外寻线传感器的探头部分是否接触到底面，调整至离底面 5mm 左右。将相扑机器人左、右两侧红外寻线传感器使用 3pin 的杜邦线连接至 Zduino Summer 控制器的数字引脚端口 2 和 3 上，注意 S、+ 和 - 的顺序，以防接反而损坏传感器。

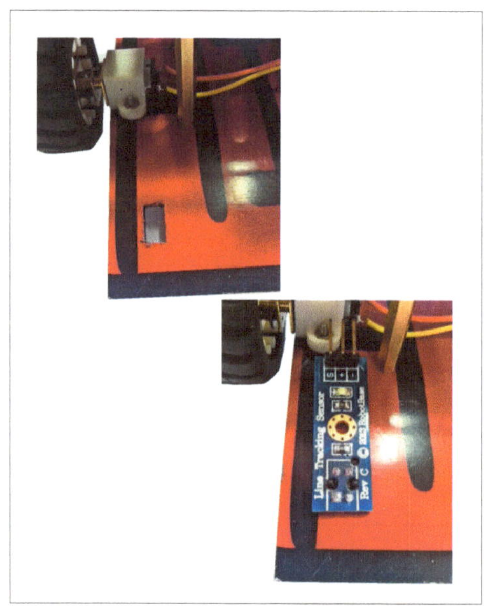

⑪ 红外寻线传感器是根据反射式光电传感器原理开发的，可以实现白线或黑线跟踪，既可以检测白底中的黑线，也可以检测黑底中的白线。寻线反馈信号可以提供稳定的 TTL 电平输出（开关量），检测黑线时输出低电平，检测白线时输出高电平。

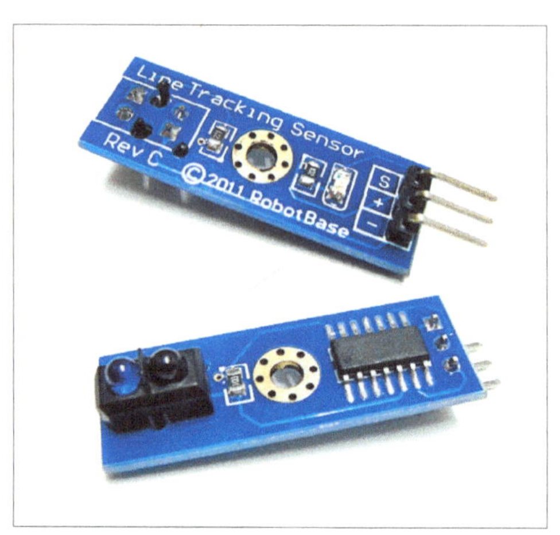

16.2 编程要点

至此，车身结构部分就基本完成了，下面对相扑机器人的控制器进行编程，赋予相扑机器人生命吧！

首先，我们来控制相扑机器人的手足——直流电机，让电机转起来。在 Zduino Summer 控制器上，电机驱动芯片通过跳线帽连接到 Arduino UNO 控制器上的 I/O 口 4、5、6、7。数字端口 4 和 5 分别输出数字信号和 PWM 信号，用于控制电机 1 的转向和转速；数字端口 6 和 7 分别输出 PWM 信号和数字信号，用于控制电机 2 的转速和转向。Zduino Summer 控制器的接口引脚功能如表 16.1 所示，控制信号真值表如表 16.2 所示。

表 16.1 接口引脚功能表

板上标示符号		名称	功能
+		电机供电接口	为电机提供电源的接口，需对应你的电机参数选择输入电源，且输入电源不应高于 25V。VIN 接电源正，GND 接电源地
−			
M1	+	电机接口 1	连接直流电机 1 的端口
	−		
M2	+	电机接口 2	连接直流电机 2 的端口
	−		
接上使能跳线帽后方可使用本扩展板的功能（出厂默认使能）			
INA		使能跳线帽	电机 A 正、反转控制
PWMA			电机 A PWM 输出控制
INB			电机 B 正、反转控制
PWMB			电机 B PWM 输出控制

表 16.2 控制信号真值表

INA	PWMA	功能	INB	PWMB	功能
X	L	电机 1 控制禁止	X	L	电机 2 控制禁止
非 PWM 模式					
H	H	电机 1 反转	H	H	电机 1 反转
L	H	电机 1 正转	L	H	电机 1 正转
L	L	电机 1 停止	L	L	电机 1 停止
PWM 模式					
H	PWM	电机 1 反转（调速）	H	PWM	电机 1 反转（调速）
L	PWM	电机 1 正转（调速）	L	PWM	电机 1 正转（调速）

下面编写 Arduino 代码，来测试一下直流电机的接线是否正确，这段代码的功能是设置两个电机均正向旋转，然后对两个电机的速度进行控制。如果某个电机转向相反，则将电机的两端接线对调一下。

```
int INA = 4; // 电机 A 正反转控制信号
int PWMA = 5; // 电机 A 调速信号
int INB = 7; // 电机 B 正反转控制信号
int PWMB = 6; // 电机 B 调速信号
void setup(){
  pinMode(INA,OUTPUT);
  pinMode(INB,OUTPUT);
  digitalWrite(INA,HIGH);
  // 设置电机 A 为正向旋转
  digitalWrite(INB,HIGH);
  // 设置电机 B 为正向旋转
}
void loop(){
  int value;
```

```
  for(value = 0 ; value <= 255;
value+=5){
    analogWrite(PWMA,value);
    //调整电机 A 的转速
    analogWrite(PWMB,value);
    //调整电机 B 的转速
    delay(50);
  }
}
```

然后编写一个 Arduino 程序，以防止相扑机器人走出边界。程序的思路为：不断读取左、右侧的红外寻线传感器的状态，然后控制相扑机器人上的左、右侧电机，使其方向发生改变，从而保证在指定区域内行走。

```
int INA = 12;
//电机 A 正、反转控制信号
int PWMA = 3; //电机 A 调速信号
int INB = 7;
//电机 B 正、反转控制信号
int PWMB = 6; //电机 B 调速信号
int Sonser_A = 2;
//左侧红外寻线传感器的端口
int Sonser_B = 3;
//右侧红外寻线传感器的端口
void setup()
{
  pinMode(Sonser_A,INPUT);
  //将传感器连接端口设置为输入状态
  pinMode(Sonser_B,INPUT);
  pinMode(INA,OUTPUT);
  //将电机控制端口设置为输入状态
  pinMode(INB,OUTPUT);
  analogWrite(PWMA,0);
  //关闭两路电机
  analogWrite(PWMB,0);
}

void forward(int speed_value)
//前进子函数
{
  digitalWrite(INA,HIGH);
  //设置电机 A 为正向旋转
  digitalWrite(INB,HIGH);
  //设置电机 B 为正向旋转
  analogWrite(PWMA,speed_value);
  //设置电机的转速
  analogWrite(PWMB,speed_value);
}
void back(int speed_value)
//后退子函数
{
  digitalWrite(INA,LOW);
  //设置电机 A 为反向旋转
  digitalWrite(INB,LOW);
  //设置电机 B 为反向旋转
  analogWrite(PWMA,speed_value);
  //设置电机的转速
  analogWrite(PWMB,speed_value);
}
void turn_Left(int speed_value)
//左转子函数
{
  digitalWrite(INA,LOW);
  //设置电机 A 为反向旋转
  digitalWrite(INB,HIGH);
  //设置电机 B 为正向旋转
  analogWrite(PWMA,speed_value);
  //设置电机的转速
  analogWrite(PWMB,speed_value);
}
void turn_Right(int speed_value)
//右转子函数
{
  digitalWrite(INA,HIGH);
  //设置电机 A 为正向旋转
  digitalWrite(INB,LOW);
  //设置电机 B 为反向旋转
  analogWrite(PWMA,speed_value);
  //设置电机的转速
   analogWrite(PWMB,speed_value);
}
void stop_car(void)
//停止子函数
{
   analogWrite(PWMA,0);
   //设置转速为 0，关闭电机 A 和 B
   analogWrite(PWMB,0);
}

void loop()
{
  int Sensor_Value;
  Sensor_Value=digitalRead(2)*2+
digitalRead(3);
  switch(Sensor_Value)
```

```
  {
    case 3:// 左、右两侧均遇到边界线，
则先后退再左转
    back(150);
    delay(200);
    turn_Left(150);
    delay(100);
    forward(200);
    break;
    case 2:// 左侧遇到边界线，则右转
    turn_Right(150);
    delay(100);
    forward(200);
    break;
    case 1:// 右侧遇到边界线，则左转
    turn_Left(150);
    delay(100);
    forward(200);
    break;
    case 0:// 没有遇到边界线，则全速前进
    forward(250);
    break;
  }
}
```

第 5 章

低成本开源互动机器人BOXZ

17 “盒仔”家里造

18 通过 Android 手机控制 BOXZ

19 BOXZ Mini 制作全过程

20 通过网页无线遥控盒仔

21 DIY 项目从原型到量产的成长历程

17 “盒仔”家里造

◇朱广俊 郭强 赵慰

各位喜欢做机器人、智能车的爱好者们，大家制作的机器人和智能车都是什么样子的呢？我见过很多种，有的有创意，有的高科技，有的简约而不简陋，有的高大魁梧，有的小巧精致。可是，大家有没有想过，我们为什么要做机器人？为什么要做智能车？在这里，我可以给你一个答案：“为了互动！”交流是人类的天性，智能车和机器人也是一样的。我们设计的BOXZ互动机器人就是这样一个平台，让大家可以很轻松地制作一个属于自己的互动机器人！即使你是一个小学生，都不会有任何困扰，因为我们设计的BOXZ机器人的组装实在是太简单了，它只有6根连接小电机和电池盒的连线。如果你已经有了Arduino控制板，只需要买一张2mm厚的硬纸板和一些小零件就可以开始啦，总成本会低于50元，而你需要的工具只是一把裁纸刀和小尺，然后在某个周末，占用一天时间即可完成一款独一无二的BOXZ互动机器人！

BOXZ，昵称“盒仔”，是一款开源的互动娱乐平台。我们将Arduino、压克力板和纸模型创意结合在一起，让大家可以快速搭建自己的遥控玩偶，开展互动体验。盒仔的组装就像搭乐高积木或者宜家家居一样简单，而它的外形和功能完全取决于你的创意。我们可以用它来搞足球比赛、角色扮演、赛车或对战，甚至拍MV！

我们希望通过盒仔，让大家把更多的精力放在创意和互动上，让每个喜欢DIY的人都能拥有自己的小机器人，最最重要的是，可以拿出来与大家进行互动，分享快乐，而不是静静躺在实验室里。

本教程向大家介绍的是BOXZ Base，这个版本的特点是上手简单，制作容易，而且对材料没有什么要求，可以是硬纸板、PVC塑料等任何2mm厚度的材质。我们推荐使用2mm厚的硬纸板，因为其价格便宜且加工容易，美术用品商店就有，大概10元一张。

同时，我们还有BOXZ Pro，这会是一个更强大的版本，它在互动和PK这两个方面都融入了很多创新元素，增加了更多的扩展板、孔位和槽位，以便支持各种传感器和执行器，从而实现丰富多彩的互动效果。

本文主要给大家介绍BOXZ Base的制作过程，关于Arduino的主程序和操控方法只做简单的介绍。

17.1 工具和材料

制作所需的工具见图17.1，制作所需的材料见图17.2.

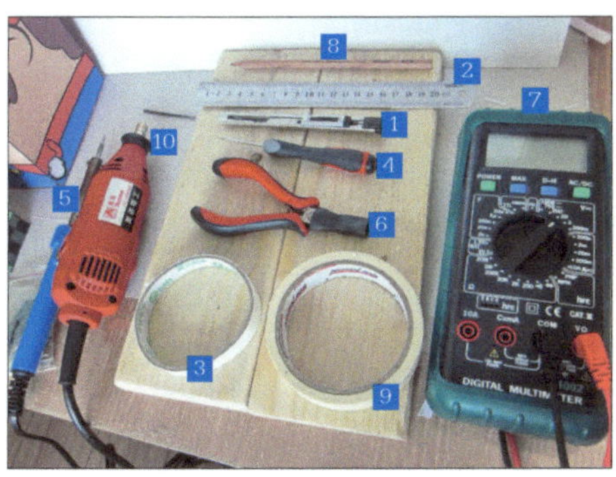

1 美工刀（最好用小款窄刀片，宽刀片切槽费劲）
2 钢板尺
3 双面胶（5mm宽度最佳）
4 螺丝刀（小号一字和十字各一个）
5 电烙铁和焊锡丝（如果没有，就多缠几圈线然后绑胶带吧）
6 斜口钳
7 万用表
8 铅笔（可选）
9 纸胶带（备用，当购买的硬纸板厚度不足2mm时，可用此紧固）
10 电钻（如果没有，就用美工刀吧）

■ 图 17.1 制作所需的工具

■ 图 17.2 制作所需的部分材料

1 Arduino控制板 1块
2 Arduino电机驱动板（要求可堆叠，极力推荐ladyada.net设计的Arduino兼容全功能电机驱动板） 1块
3 Arduino蓝牙控制板（要求可堆叠，当然也可以采用传感器扩展板加蓝牙板，或者Zigbee板，本文只介绍蓝牙） 1块
4 TT减速齿轮箱 2个
5 130电机 5V x 2
6 65mm塑料车轮 2个
7 4节5号电池盒 1个
8 面包线 4根
9 Arduino USB线缆（用于下载程序） 1根
10 5号电池（如为1.2V充电电池，需要5节） 4节
11 2mm厚白色硬纸板（厚度尽量是2mm，虽然1.6mm也勉强可以，但是硬度不够，需要用纸胶带加固）
12 M1.0 × 30mm 螺丝+螺母 6对
13 M3六角铜柱(长度可以是5~20mm，推荐用10mm长的)+M3螺母 3对

需要打印的部分：

》BOXZ Base图纸（PDF格式，打印时注意使用原始尺寸，不要比例缩放） 1份
》BOXZ皮肤（外观） 任选1款

设计图纸发布地址：

https://github.com/leolite/BOXZ

尺寸信息：

盒仔方盒整体尺寸：128mm × 128mm × 128mm
盒仔皮肤的基本尺寸：130mm × 130mm × 130mm

17.2 BOXZ 板块的制作

❶在开始制作之前，先来了解一下盒仔的机械结构吧。盒仔是由大小不等的板块构成的，板块和板块之间采用插入式连接，因此不需要任何螺丝等紧固件。但是盒仔和其他部件，例如电机之间的连接，就只能通过螺丝、螺母了。这里面最大的板子，外围尺寸为 128mm × 128mm，也是盒仔的外壳尺寸。这样的板子一共有 5 块，包围了整个盒仔，我们称之为“大板”。其中还有些尺寸各异的支撑板，用来支撑盒仔内部的 Arduino 模块和电机。值得一提的是，我们一直致力于让大家可以用最简单的方式快速构建盒仔，就像搭积木一样简单，因此在最新的 Base 图纸中，已经优化掉了 P006。

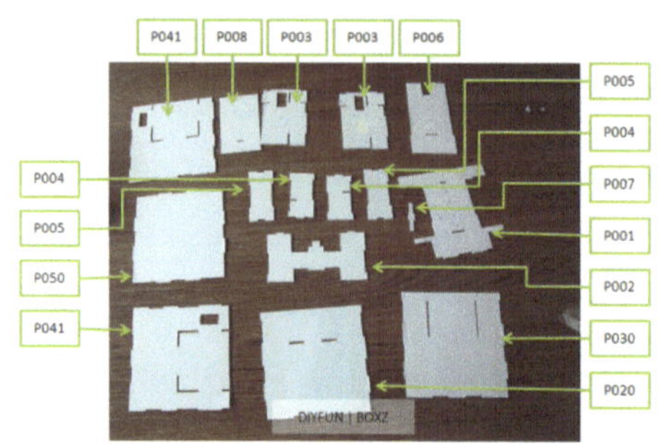

❷ 首先将下载好的 BOXZ Base 图纸和皮肤打印到 A4 纸上。

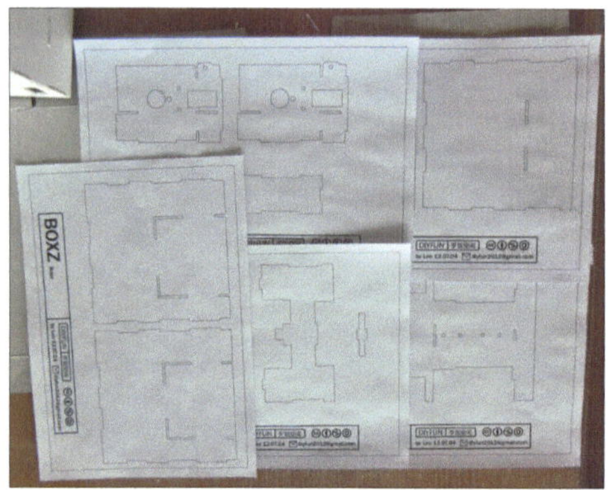

❸ 先把皮肤放到一边，我们需要把图纸裁剪到合适的大小，距离边线 10mm 左右即可。

❹ 然后把图纸进行简单的排版，用双面胶带把裁减好的图纸粘贴到硬纸板上，注意双面胶带要粘贴在板块的线框以内，每个大板 4 个，其他 2 个即可，主要是起固定作用。图纸在裁切完后是要撕掉的，因此粘贴时间不能过长，太久了的话，双面胶会固化，图纸撕下来时可能会影响硬纸板的效果。

❺ 先用美工刀将各个板块裁成一块一块的，然后对需要开孔的板块用电钻进行开孔，如果没有电钻，就还用美工刀吧，但是注意孔不能开大了，否则螺丝就固定不住了。开完孔后，就可以对边角进行修正、开槽。等一个板块的所有边线都裁切完成，就可以揭去图纸了。至此，一块纯手工打造的盒仔板块就算完成啦！

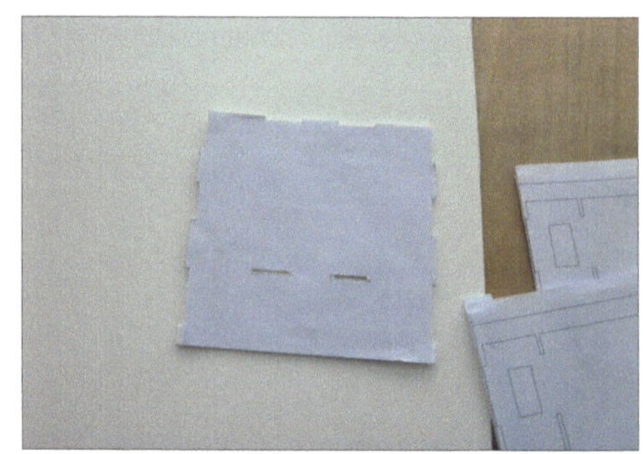

❻ 裁切所有板块，整个过程大概会占用你 4~5 小时。

17.3 盒仔的组装

❶ 列表中每一个板块的编号和名称都有定义，如果你对于第一次组装盒仔感到困扰，我们有一个建议，就是根据定义过的 P0xx 的编号，用铅笔对每一块进行标注。下图为盒仔的结构示意图，从图中可以大致了解各个板块之间的连接关系。我们的板块采用了对称设计，因此你几乎可以忽略安装时上下左右的方向问题，它们之间不分正反，可以相互替换。即使第一眼你觉得很复杂也没关系，只要按照教程一步一步操作即可。

BOXZ Base 模块一览表

编号	名称	数量
P001	主支撑横板	1
P002	前支撑竖板	1
P003	电机支撑侧板	2
P004	轮侧竖挡板	2

续表

编号	名称	数量
P005	轮上横挡板	2
P006	电机下托板	1
P007	主控辅助板	1
P008	主控平台板	1
P020	外围前板	1
P030	外围后板	1
P040（P041）	外围侧板	2
P050	外围顶板	1
小记		16

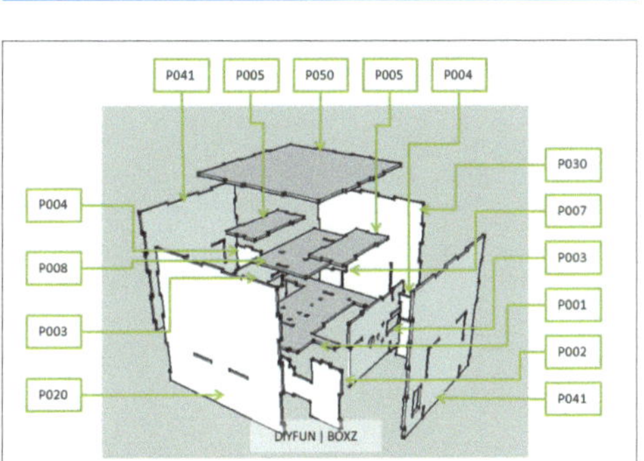

❷ 下面开始介绍盒仔的组装。为了让大家更熟悉安装过程，我们配合 SketchUp 效果图给大家解释整个组装过程。首先用到的是 P003，我们一共有两块电机支撑侧板，用于连接和固定 TT 减速箱电机。在开始安装电机之前，大家可以先把 P003 实验性地插入 P001，从而定义好一个方向，然后就可以用紧固件（每个电机用两个 M1.0×30mm 的螺丝）分别把两个电机固定在 P003 的内侧。

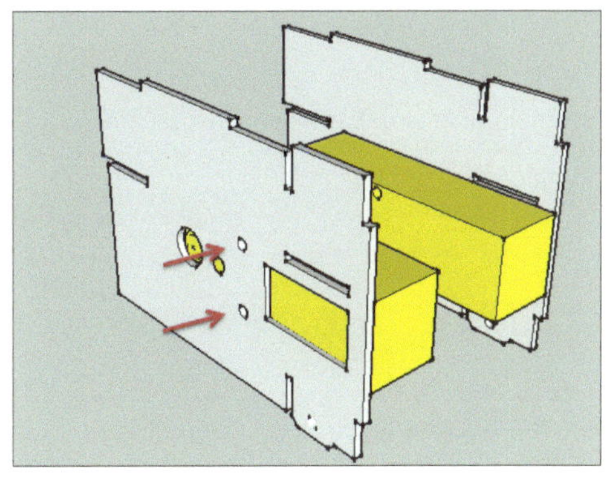

❸ 将安装好电机的两块 P003 插入 P001，然后把 P002 插入 P001，此时整个盒仔的支撑结构已经完成。这里要强调一点，一定要注意安装的先后顺序，这很重要！

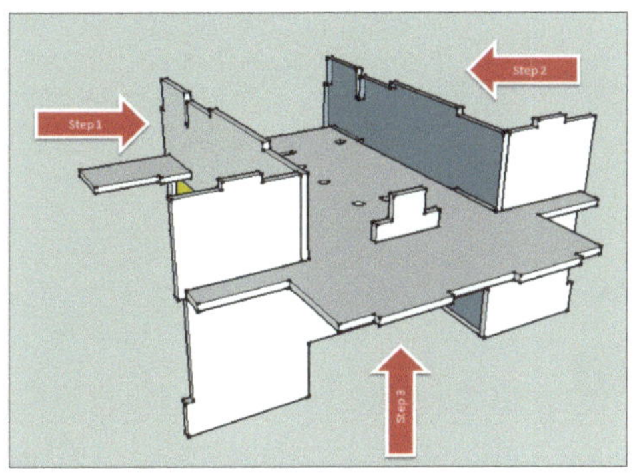

❹ 把电池盒用紧固件固定在 P001 上，这样电机便牢牢固定在了支撑板上。你可能会发现，此时的支撑结构还不是很稳定，在外力作用下依然有晃动。不要担心，我们还有很多板块没有安装，等你把盒仔板块全部组装完成之后，你就会发现它是多么坚固、稳定了。对于电池盒，我们要额外说明的是，推荐大家使用 4 节 5 号普通电池，其电压为 1.5V，如果你使用的是 1.2V 的充电电池，那么就需要更换成 5 节 5 号电池盒。

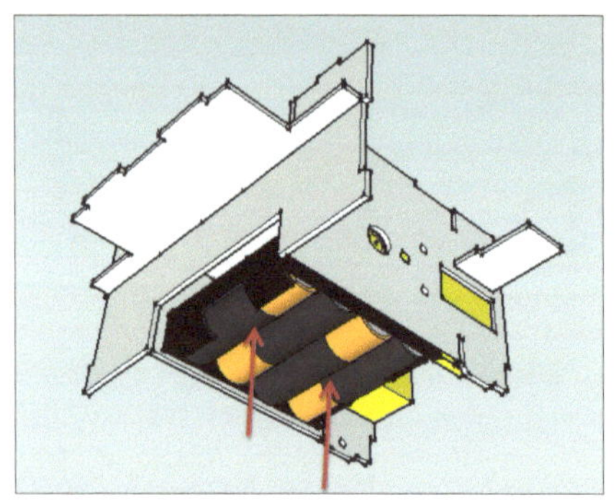

5 将车轮安装在P003的两侧，此时一个盒仔的最小系统已经出来了。你可以直接用面包线将电机连接到电池盒上，就做成了一个简易的小赛车。

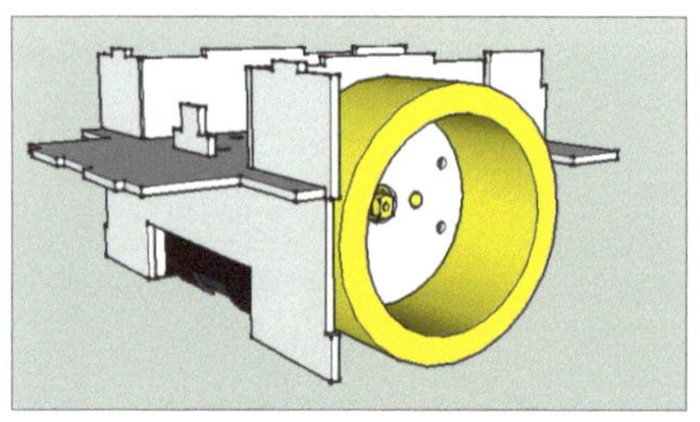

6 将两块P004分别插入P001的两侧，然后装入两块P005，它们负责连接P002、P003和P004。此时你的小车应该已经非常牢固了。如果你所购买的硬纸板厚度不足2mm或者比较软，我们建议你用纸胶带对P002、P004和P005进行整体加固，这会让你在安装外围板块时更为轻松。

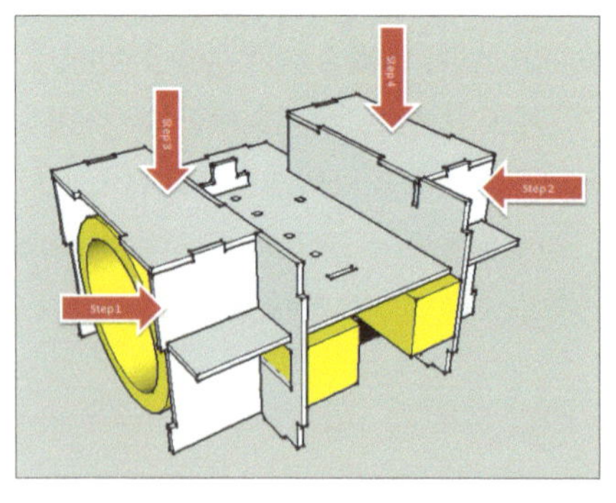

7 现在盒仔的底板已经全部完成。这里我们要用到编号为P008的主控平台板，可以看到它一共有3个孔位，对应着Arduino主控上的3个固定孔。通过3个紧固件将Arduino控制板固定在P008上，这里需要注意一下方向，两个孔的一侧冲向盒仔的正前方。P008还有一个人性化的功能，即使你要用Arduino做其他有趣的事情，只要将P008向上一推即可取出，然后作为平台板放置到桌子上，不但方便大家调试，更重要的是安全，因为桌子上的细小的铜丝或其他金属物可能会导致Arduino短路。

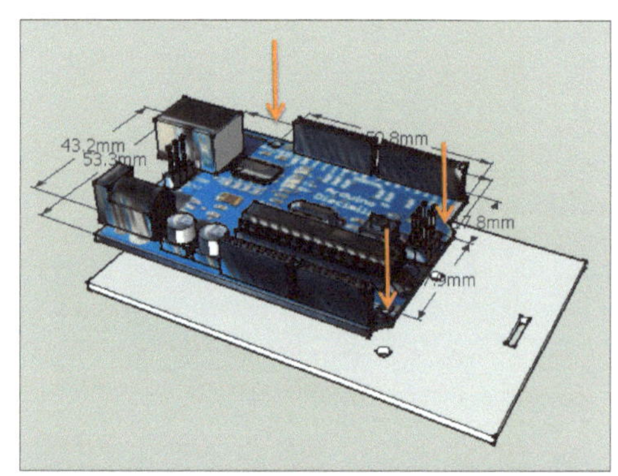

8 下面我们可以通过USB线缆对Arduino的程序进行下载了。此时一定要确认蓝牙控制板没有插在Arduino控制板上，因为下载会和蓝牙占用相同的端口，导致下载失败。

9 在打开Arduino IDE之前，我们要做一件重要的事情，就是把ladyada.net的AFMotor库文件解压缩，复制到Arduino的扩展库文件夹下。这里我们使用的是Arduino 0022版本，使用Arduino 1.0的用户也请放心，AFMotor库不需要进行任何配置，系统会自动识别软件版本。

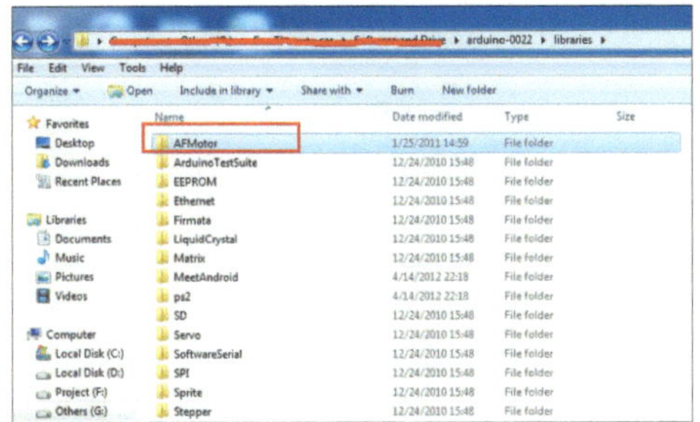

10 双击 BOXZ 程序，Arduino 界面便会自动打开。

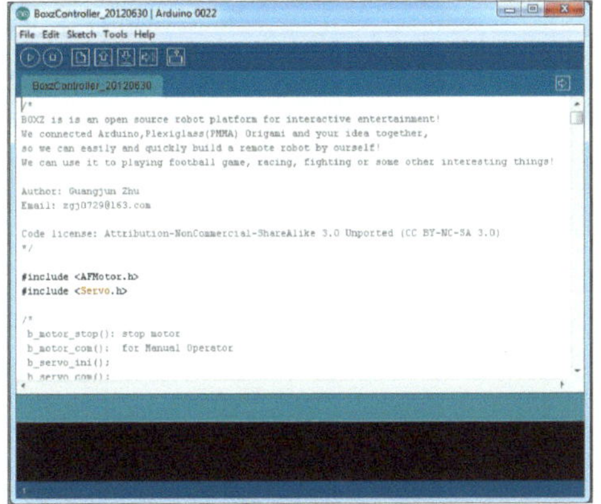

11 选择控制板型号，这里选择的是 Arduino Duemilanove，请根据实际使用的型号来选择。

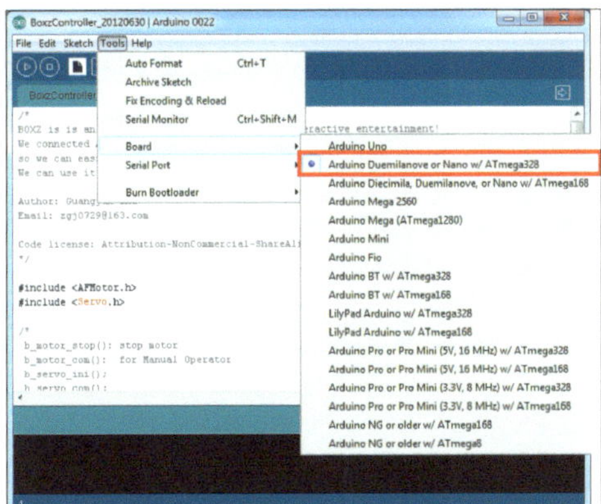

12 下面要选择通信端口，这里选择的是 COM4，如果大家不确定自己的端口号的话，Windows 用户可以在设备管理器查找 Arduino 的端口号。

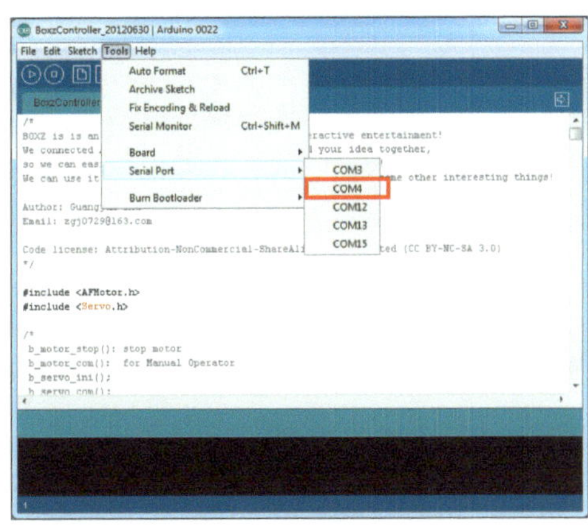

13 最后点击下载按钮，稍等片刻，程序就下载完成了。

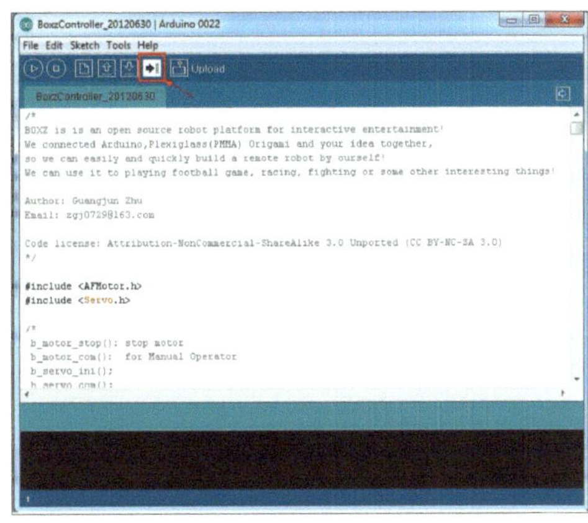

14 好的，大家可以休息片刻，其实我们的控制程序也很简单，相信绝大部分人都能够看明白代码。本来制作一个互动机器人是一件非常复杂、非常有技术难度的事情，就拿 BOXZ 来说吧，它应用到了串口数据通信、AVR 单片机控制、信号锁存器、H 桥电机驱动等一系列技术，当然我们还需要设计各种连接结构和各种各样

的接口，但正是因为有一些高手在开源项目平台上的积极努力，将很多复杂的问题封装好，让我们可以简单到只需要6根线的连接就能实现一个互动机器人，这在以前是件多么不可思议的事情啊！这也正是Arduino电子积木的魅力所在，它可以让我们快速实现创意，而不需要过多地理解各种复杂的技术。同时，我们也希望通过Arduino和BOXZ的结合，让大家能够快速拥有自己独一无二的互动机器人。

⑮ 下面继续盒仔的组装过程，将装好Arduino的P008插入盒仔底盘，插入P002，这里需要使用P007作为支撑垫板先插入P001中。

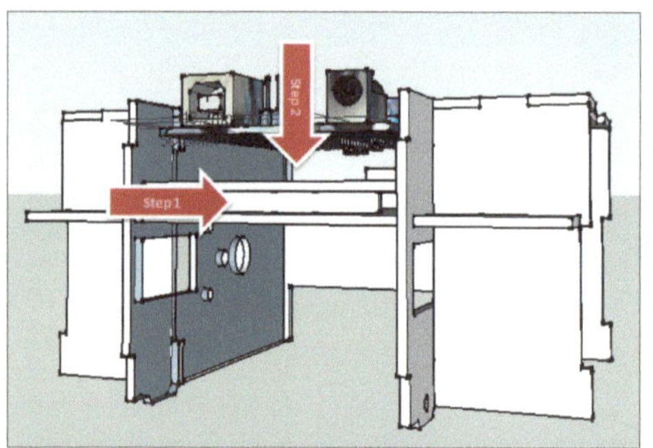

⑯ 然后将电机驱动板叠加到Arduino控制板上，下面就要连接各个电路部分了，不要慌，我们只有6根线哦！第一步，先将电池盒的红线连接到电机驱动板的M+，然后将黑线连接至GND，电源部分就完成了。第二步，将电机连接到电机驱动板上，连接方法为：P1接M1.1，P2接M1.2，P4接M2.1，P5接M2.2，P3是悬空的。第三步，确认电机驱动板的跳线为短接状态（在电源端子旁边，默认为短接状态，如果取下跳线帽，则电机驱动板和Arduino将需要独立供电）。

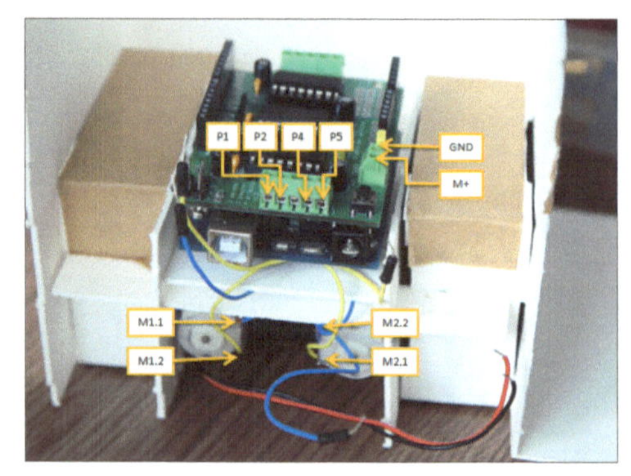

⑰ 最后将蓝牙控制板也叠加在电机板上，电路部分就基本搭建完成了。这里需要注意，教程中使用的蓝牙板有切换软硬串口的跳线功能，而板子的默认位置需要大家确认一下，只要按照图中2个红色方块所示调整好跳线即可。

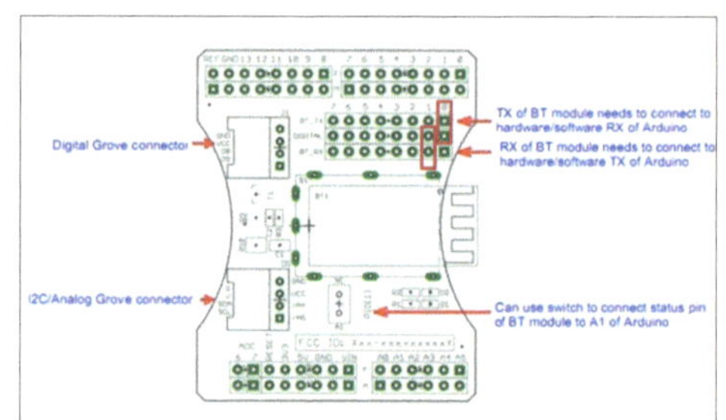

⑱ 最后将P020、P030和两块P040，共4块外围板依次安装（这只是一张安装效果示意图，图中两根我们做Pro版本测试的舵机线、蓝牙跳线的位置是错的，请大家注意）。

⑲ 最让人激动的时刻马上就要到了，盖上P050 顶板，插入电池，一个 Base 版的盒仔就诞生了！

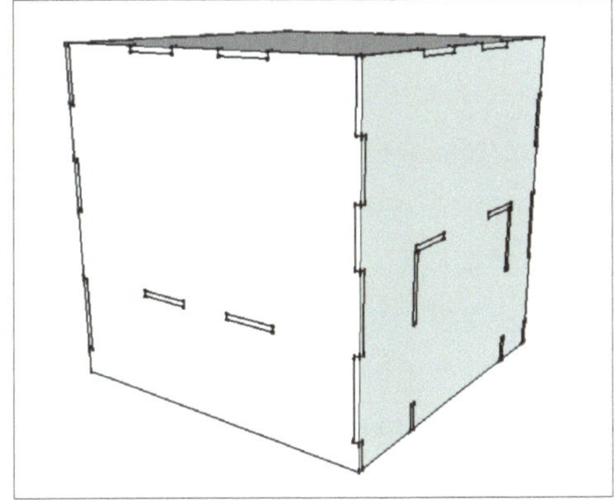

⑳ 测试通过的话，我们就可以开始制作皮肤了，关于皮肤的制作，本教程不多介绍，赶快给盒仔套上皮肤，和你的家人朋友一起用盒仔 PK 吧！

17.4 Arduino 程序和调试

关于程序要强调的一点是，我们使用了ladyada.net 设计的电机驱动库 AFMotor，大家需要把解压后的文件放到 Arduino 安装目录 libraries 的文件夹下。

从中我们可以看出，盒仔的主程序很少，调用了不同的功能子程序来实现其功能。盒仔通过 Arduino 的串口将数据发送给蓝牙控制板，由笔记本电脑或者手机接收蓝牙串口数据，大家可以使用任何串口终端来控制它。目前我们用装有 Windows 7 系统的笔记本、MacBook 和 iPhone 三种终端测试通过了蓝牙和 Zigbee 两种通信模块，将来也会推出 Wi-Fi 通信和客户端。目前大家可以用串口助手实现操作，就像我们发布的视频中一样，操作也很方便。

盒仔 Base 的程序是通过接收键盘按键来进行动作判断的，只支持单个的字符，而在盒仔 Pro 中，我们将采用更强大的字符串通信方式，让大家拥有更棒的互动体验。盒仔的操作方式就像打电脑游戏一样，按键定义如下：“w”为前进，“a”为左转，“s”为后退，“d”为右转，空格为急刹车。如果你按下键盘的 Shift 键，将会激活点动模式，配合相应的方向键，例如“w”为向前一小步，“a”为向左转 90°。

当然，在我们提供的代码里还包括舵机部分的控制，你可以用舵机控制左右手臂的摆动、点动等多种动作，具体定义大家可以看程序的注释，本教程以介绍盒仔 Base 的安装为主，就不过多描述了。

17.5 盒仔的更多故事

盒仔 2 号原型机的作者是我们团队的

视频后期高手，他的儿子很喜欢《愤怒的小鸟》，于是他爹就给他做了个红色小鸟的盒仔皮肤，套在盒仔上面和儿子一起玩互动（见图17.3）。想象一下，你和家人在一起，控制一只愤怒的小鸟冲向一堆贴有钢盔猪的饮料瓶或者积木时的开心景象吧！

图17.3 “红色小鸟”皮肤

细心的读者可能会发现文章里的照片实际使用的是P041板块，而不是BOXZ Base标配的P040。P041在P040基础上增加了舵机扩展槽，可以让大家安装9g舵机，将会出现在BOXZ Pro版本中。由于目前我们还需要验证其开槽位置是否恰当，所以暂时没有发布。

盒仔的版权基于Creative Commons（知识共享）协议 [CC BY NC SA]，你只需在作品中注明“BOXZ”或“盒仔”字样，即可基于非商业目的使用和修改盒仔及其设计。

■ 相关程序请到《无线电》杂志网站www.radio.com.cn下载。

通过 Android 手机控制 BOXZ

◇朱广俊 尚春明 郭强 刘定杨

本节将以《愤怒的小鸟》为主题，详细介绍盒仔的 Arduino 软硬件控制部分，以及如何通过 Android 手机来控制我们的盒仔。

这一次，盒仔化身成《愤怒的小鸟》里面的绿皮猪（见图 18.1），玩家通过 Android 智能手机控制绿皮猪的运动，躲避来自愤怒小鸟的疯狂攻击。如果绿皮猪不幸被小鸟击中，身体会发出闪烁的红光，表示受到了伤害。如果大家发现可怜的猪猪身体不再发光了，就说明猪猪“挂掉”了。如果猪猪不再跑动了，那就是电池没电了。

图 18.1 用盒仔扮演《愤怒的小鸟》里的绿皮猪

我们在设计 BOXZ（“盒仔”是它的昵称）之初就制定了一个目标，就是通过一套模块化的开源方案来吸引更多的爱好者和玩家加入我们，一起来开发一款有意思的互动机器人。因此 BOXZ 的整体架构都采用了模块化设计，并且各个接口也是开放的。大家可以在它的基础之上任意发挥，搭建属于自己的互动机器人或是战车。这里顺便提一下我们制作的亚克力版本 BOXZ Pro，部分板块被优化掉了，同时增加了对传感器的支持，而整体架构依然保持不变，其内部结构如图 18.2 所示。

图 18.2 BOXZ Pro 的内部结构

18.1 BOXZ 的控制原理

BOXZ 的硬件架构如图 18.3 所示，它由 Arduino 主控板、电机驱动板、传感器控制板和蓝牙通信板构成，通过蓝牙协议传输控制字，而上位机控制端可以是 Android 手机、笔记本电脑等任何支持蓝牙通信的设备。本文重点讲解如何通过 Android 智能手机用蓝牙控制 BOXZ。当然，大家也可以根据自己的需要把蓝牙控制板换成 Wi-Fi、XBee 或者 2.4GHz 等其他通信板，而 BOXZ 的其他硬件并不需要任何变更，甚至程序也不用更改。

这也是模块化设计的好处，增加适量的成本，实现最大的灵活性。

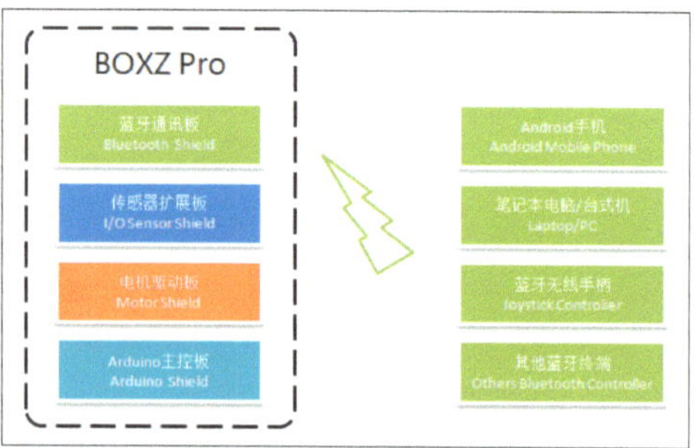

■ 图 18.3　BOXZ 的硬件架构

标准蓝牙通信拥有通信距离较近（10m之内）、低速率、低功耗、点对点通信的特点，而且几乎所有的智能手机都支持蓝牙功能，所以如果是桌面游戏或者室内娱乐，蓝牙可以说是 BOXZ 的最佳选择之一。关于蓝牙模块的详细介绍和设置，我们在下面的 Arduino 章节会做详细的介绍。

BOXZ Pro 采用双向串口通信，Android 手机会将玩家的控制指令发送到 BOXZ，同时 BOXZ 也会向上位机反馈其当前的状态。由于通信只是单字符，就像键盘的按键事件一样简单。例如你按下键盘的“u”键，Android 手机就会通过蓝牙发送一个字符“u”到 BOXZ 的 Arduino 主控板中，而字符“u”在我们的控制字定义中是激活摆动手臂，然后 BOXZ 就会执行一次该动作。如果玩家连续点击该按钮，就会实现类似向大家招手的效果啦。

下面给大家简单介绍一下 BOXZ 的控制字符，由于我们定义 BOXZ 的目标是互动娱乐与 PK，因此其定义参考了《拳皇》和《魔兽世界》的键盘定义，如图 18.4 所示，其中空格表示急停，相当于刹车。在我们的 Android 客户端中并没有方向键，而是通过重力感应发送对应的方向字符到 Arduino。

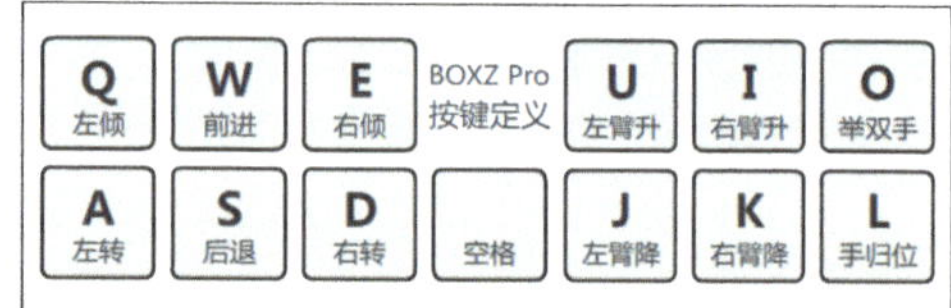

■ 图 18.4　BOXZ 的控制按键定义

18.2　Arduino 硬件部分

BOXZ 采用了开源的 Arduino 平台，同时也具备了高度的灵活性。本次 BOXZ 的 Arduino 硬件全部来自 DFRobot，其整体硬件接线如图 18.5 所示，电机驱动板、传感器和蓝牙板以叠加的方式连接。TT 减速电机接线 4 根，电池盒引出线接到传感器扩展板的电源输入端子即可。另外这里需要两个 9g 舵机作为手臂，左、右手分别插入到传感器扩展板的数字端口 9 口和 10 口。两个食人鱼 LED 使用了 PWM 控制，分别接于数字端口 3 口和 11 口，用于显示被击中的状态。压电陶瓷压力传感器接于模拟端口的 0 口，用于检测外部碰撞。这也是我们参加上海创客嘉年华时所使用的硬件结构，组装好的效果如图 18.6 所示。

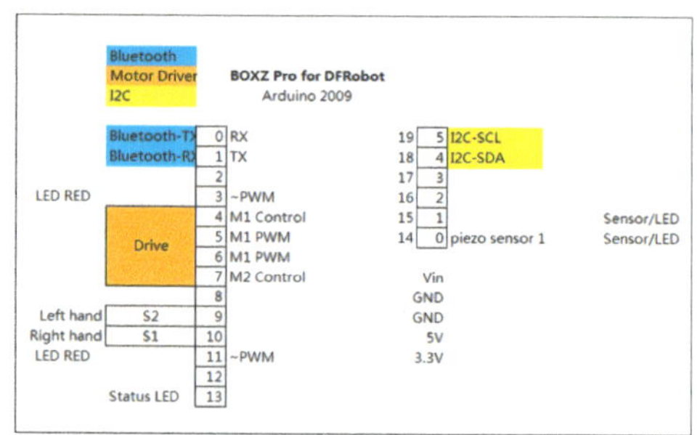

■ 图 18.5　BOXZ 的硬件接线

■ 图 18.6 组装好的 BOXZ

传感器部分这里就不做过多说明，主要给大家介绍一下所使用的 Arduino 模块，如图 18.7 所示。

■ 图 18.7 所使用的 Arduino 模块

1 Arduino UNO
2 Arduino L298P Shield 2A大电流双路直流电机驱动板
3 Arduino XBee传感器扩展板V5（含RS485无线数传蓝牙接口）
4 Arduino DF-BluetoothV3蓝牙串口模块（可改主从机）

全部模块都使用默认的跳线设置，只要叠加在一起就可以了，这也体现了模块化设计的思想。在组装模块的过程中有以下几点值得大家注意。

❶ 确认电机驱动板的跳线控制方式选择为 PWM 模式，且电源管理的 2 个短路帽插到右边（VIN），即电机电源使用 Arduino 板上 VIN 端输入的电源。

❷ 将 TT 减速电机的接线按照线号一一对应接到电机驱动板的输出口上。

❸ 注意传感器扩展板的数字量（DIO、VCC、GND）和模拟量（S、GND、VCC）针脚定义是不一样的，而且连接传感器和舵机的时候需要小心。常见的舵机接线颜色定义有两种，接线时需要注意避免反插。

Servor Pin	Color1	Color2
Signal	White	Orange
Power 5V	Red	Red
GND	Black	Brown

❹ 蓝牙模块上面有两个 DIP 开关，1 表示指示灯显示开关，可以根据需要自己设置；2 为模式开关，默认关闭。BOXZ 使用模块默认的波特率（9600），因此不需要使用模式开关进行配置。蓝牙模块与 Arduino 通信的关键的引脚有 4 个，分别是 VCC、GND、RXD 和 TXD，其中 RXD、TXD 与 Arduino 是交叉连接。如果大家使用别的厂家的蓝牙模块，一定要注意其引脚与传感器扩展板是否兼容。

❺ 这里我们为了开关电源方便，自制了一个电源开关模块，安装于 BOXZ 的底部。这样就不用在每次游戏结束之后痛苦地卸电池了。

❻ BOXZ 的供电单元使用了 5 节 5 号（AA）电池盒给 Arduino 供电，也就是说总电压为 7.5V。因为在调试过程中，我们发现当电源供电的总电压低于 7V 的时候，BOXZ 的电机动作可能会导致 Arduino 主控重启。

18.3 Arduino 软件部分

这里主要根据《愤怒的小鸟》主题和大家说明一下 Arduino 代码的参数设置和主要的程序块。需要注意的是，本程序使用的是 Arduino 0022 版本，如果大家使用的是 Arduino 1.0 以上版本，需要对部分语法进行修改。

如果大家觉得绿皮猪的躲避速度太快，可以通过修改 motor_speed 降低速度，值越低，速度越慢。255 为最大速度，最低建议设置为 200。如果该数值低于 150，电机可能会发出高频的响声，此时应及时断电，提高该参数。

通过修改 value_health 可以修改绿皮猪的最大生命值，当前为 10，表示绿皮猪被击中 10 次后会挂掉。而绿皮猪是否皮糙肉厚，可以通过修改 piezo_min 参数来调节压电陶瓷压力传感器的灵敏度。这个值越大，传感器感应外部的振动或压力的灵敏度就越低。如果大家把值设定成了 500+，那么这只猪基本就无敌了。

在 Arduino 代码的主程序中，包含 setup( ) 和 loop( ) 两部分（见图 18.8）。其中 Setup( ) 是配置函数，负责对各项功能进行初始化配置，然后在 loop( ) 中循环调用需要执行的子程序。从中可以看出，我们将主程序尽可能简化，全部通过调用子程序来实现，根据不同的需要调用不同的子程序，不仅提高了程序的灵活性，也避免了对 Arduino 存储空间的浪费。

```
void loop()
{
  int  key;
  if(Serial.available() > 0) {
    key = Serial.read();
    if(key >= 30 && key <= 122) {
      b_motor_com(key);
      b_servo_com(key);
    }
  }
  b_pro_function();
  // servo_test();
}
```

```
void setup()
{
  Serial.begin(9600);
  motorInit();
  b_motor_stop();
  b_servo_ini();
  b_ini_function();
  Serial.println("Hello! BOXZ!");
}
```

图 18.8　主程序中的 setup( ) 和 loop( ) 函数

在 setup( ) 中有一条 Serial.begin(9600); 命令，就是负责控制 Arduino 通过蓝牙与外部通信的关键，这句命令将串口通信的速率设置成 9600bit/s，在 BOXZ 的整个 Arduino 程序中只有这条命令负责配置通信端口，剩下的都是向串口发送字符串的 Serial.println( ) 命令。蓝牙模块负责将来自于 Arduino 的数据透传给 Android 手机，在本应用中并不需要进行任何配置。

主程序调用的子程序的功能，简单介绍如下，如需了解更多，大家可以看代码中的注释。

motorInit()：电机模块初始化
motorLrun(cmd,spd)：左侧电机控制
motorRrun(cmd,spd)：右侧电机控制
b_motor_stop()：电机停止运行
b_motor_com(keyword)：电机控制命令，其中 keyword 是来自 Android 客户端的控制字符
b_servo_ini()：舵机模块初始化
b_servo_com(int= keyword)：舵机控制命令，其中 keyword 是来自 Android 客户端的控制字符
b_ini_function()：传感器功能模块初始化
b_pro_function()：传感器功能应用，负责实现碰撞检测、LED 闪烁等互动效果

18.4　BOXZ Android 客户端

通过 BOXZ Android 客户端，大家可以像玩游戏一样控制 BOXZ，它支持搜索新设备（手机蓝牙配对后自动更新蓝牙设备清单）、按键自定义、重力感应控制、屏幕尺寸自适应等功能。当然，用这种方法，大家不仅仅可以控制 BOXZ，还可以控制任何使用单字符通信的蓝牙设备。

大家不要急着运行程序，先来了解一下建立蓝牙通信的操作基础。蓝牙设备是点对点通信的，并且在任何设备通信之前，都需要进行配对的认证操作。而常见的配对方式大致有 3 种：第一种是主机发出一个随机的认证码，从机对认证码进行确认；第二种

是用户在一个设备上输入自定义的配对认证码，然后由另一端的设备再次输入相同的配对认证码；第三种是已知从机的配对码，主机发出配对申请并输入该配对码。前两种方式都需要操作界面，因此这里我们使用第三种方式，这也是蓝牙默认的模式。当然，为了安全起见，大家也可以通过设定模式修改默认密码和设备名称。

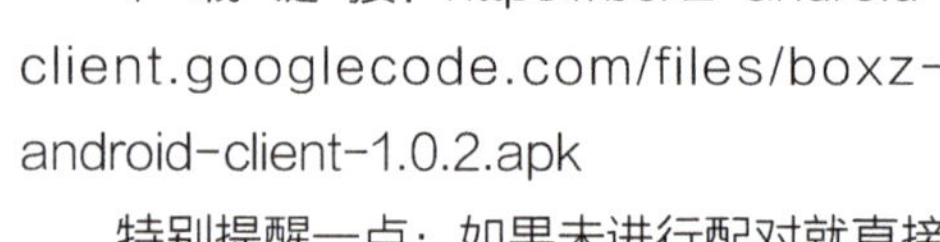

下载链接：https://boxz-android-client.googlecode.com/files/boxz-android-client-1.0.2.apk

特别提醒一点：如果未进行配对就直接打开 BOXZ 客户端，我们是无法在蓝牙设备列表里面发现 BOXZ 的蓝牙设备的，这也是目前反映比较多的问题。

❶ 由于手机型号不同，操作界面也有所不同，但 Android 系统的结构大体上是一样的，所以大家可以参考以下操作来进行蓝牙配对。首先是打开手机设置→无线和网络→蓝牙设置→打开蓝牙。

❷ 附近的蓝牙设备会出现在下面的列表里，BOXZ 的设备名称是“Bluetooth_V3”。如果列表中没有，可以尝试点击“扫描查找设备”按钮，让系统重新搜索。

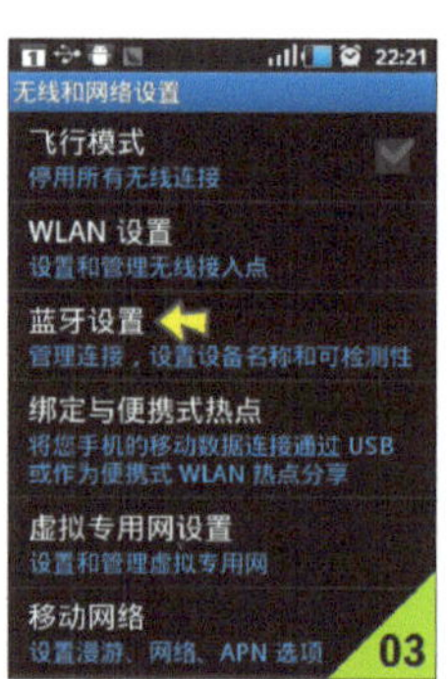

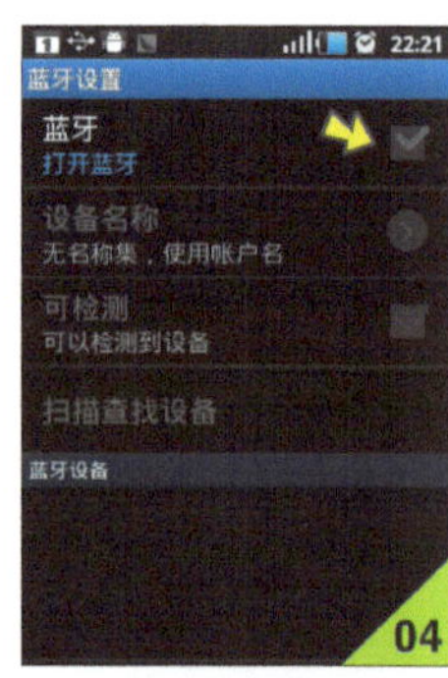

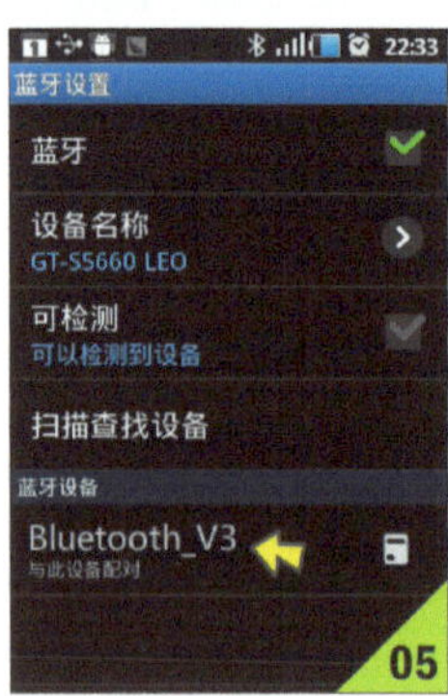

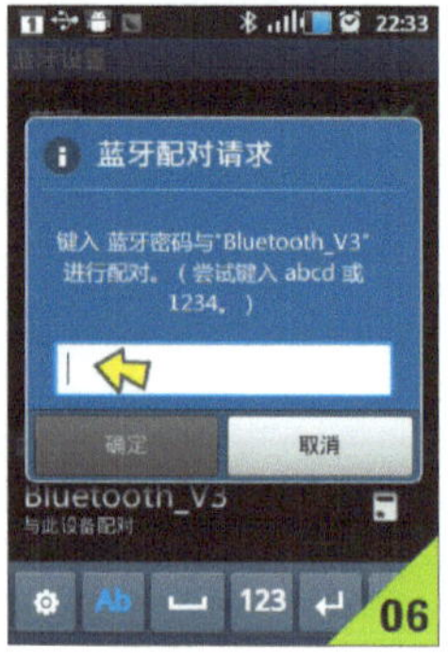

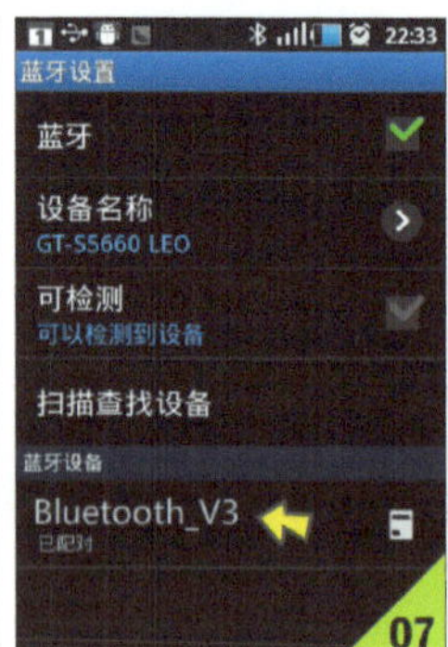

③ 点击“Bluetooth_V3”会弹出配对请求界面，在其对话框中输入默认密码“1234”并确认。这时大家会发现 Bluetooth_V3 的状态已经由之前的“与此设备配对”变成了“已配对”，这样，蓝牙配对操作就完成了。

④ 正确配对之后，返回到手机目录，找到 BOXZ 客户端图标，打开 BOXZ 的 Android 客户端软件，在启动菜单中就会出现 BOXZ 设备了，选中后进入操作界面。

09

10

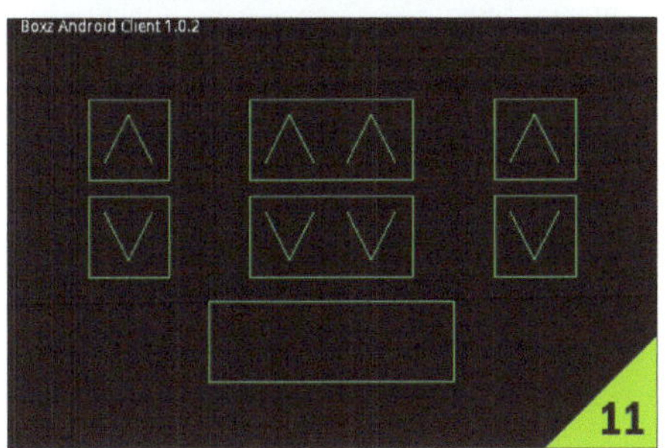

11

⑤ 操作界面里一共有 7 个按键，左侧两个按钮控制左臂的上下运动，右侧两个按钮控制右臂的上下运动，中间的两个按钮控制手臂抬起与放下，最下面的大按钮是技能键，大家可以自定义一个技能。界面中并没有方向键，这是因为 BOXZ 的移动是通过手机的重力感应来实现的。顺便扩展一下思路，大家也可以用我们的 Android 客户端来做智能家居的开关灯管理。

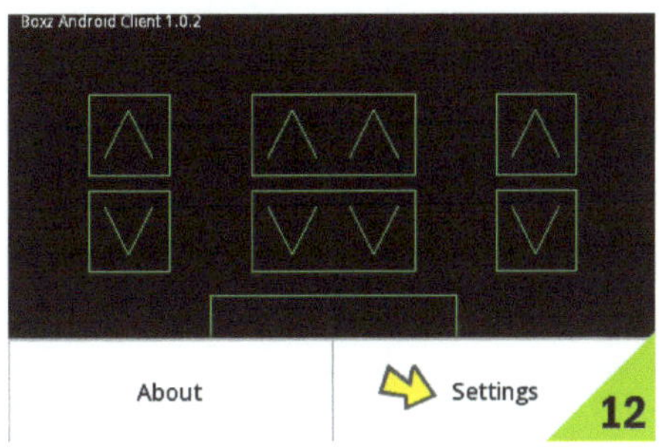

12

⑥ 如果大家需要自定义按钮，可以通过手机的菜单键调出控制面板，点击“Settings”，里面会有全部的按键设置（共计 22 个按键），大家可以根据需要进行调整。

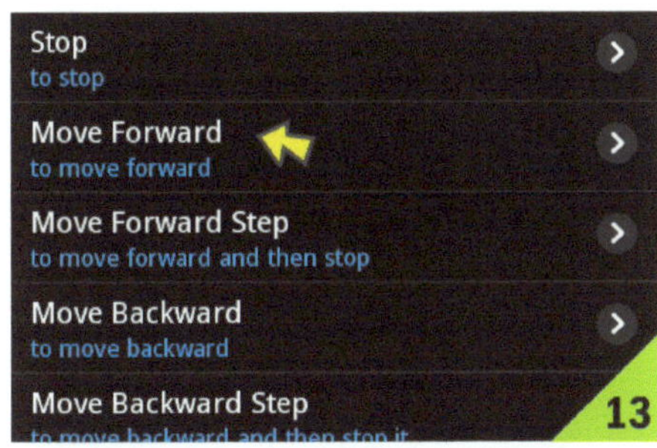

13

14

18.5 Android 开发环境搭建及 BOXZ 源代码介绍

非常期待大家能利用我们提供的源代码进行发挥，做出属于自己的 Android 客户端来。大家互相学习和交流，共同推动开源社区的发展。在介绍 BOXZ 源代码之前，让我们先来简单了解一下 Android 系统。

Android 是一种以 Linux 为基础的开源操作系统，主要用于便携设备。其编程语言环境为 C/C++（底层）和 Java（应用层）等，生成的软件格式为 APK。从 Android 1.5 版开始，谷歌开始将 Android 的版本以甜品的名字命名，代表每个版本的甜点的尺寸越变越大，并按照 26 个字母排序：Cupcake 纸杯蛋糕（1.5）、Donut 甜甜圈（1.6）、Eclair 松饼（2.0/2.1）、Froyo 冻酸奶（2.2）、Gingerbread 姜饼（2.3）、Honeycomb 蜂巢（3.0）、Ice Cream Sandwich 冰激凌三明治（4.0）、Jelly Bean 果冻豆（4.1）。

相信很多玩 Arduino 的读者跟笔者一样，第一次遇到 Android 的开发环境时，如同进入了一个陌生世界，完全摸不着头脑。下面我们针对 Windows 用户，向大家简单介绍 Android 的开发环境的搭建和 BOXZ 的 Android 代码。

在 Windows 上搭建基于 Eclipse 的 Android 的 JAVA 开发环境，基本操作步骤如下。

❶ 从 Sun 官方网站下载最新版本的 Java 开发包 JDK（Java SE Development Kit），可以不下载 JRE。

■ 下载链接：http://www.oracle.com/technetwork/java/javase/downloads/index.html

❷ 到 Google 的官方网站下载 Android 开发包——Android SDK for Windows。需要注意的是，这并不是一个完整的 SDK 包，Android SDK Manager 只是一个管理器，要通过它来下载所需 Android 版本的程序包。

■ 下载链接：http://developer.android.com/sdk/index.html

❸ 到 Eclipse 官方网站下载 JAVA 的 IDE 开发工具 Ecplise For Java EE 的 Windows 版本。

■ 下载链接：http://www.eclipse.org/downloads/

❹ 依次安装上述软件。

❺ 启动 Android SDK Manager。大家可以根据需要安装相应版本的 Android 程序包，其中 Tools 和 Platform-tools 是必须安装的。在左侧列表中，“Available packages”显示了可用更新，也可以直接在图示界面下方点“Update All”。这里，大家需要注意的是 SDK 的存放路径（图中为“F:\FreeTime\Android\android-sdk-windows”），我们在后面会用到。

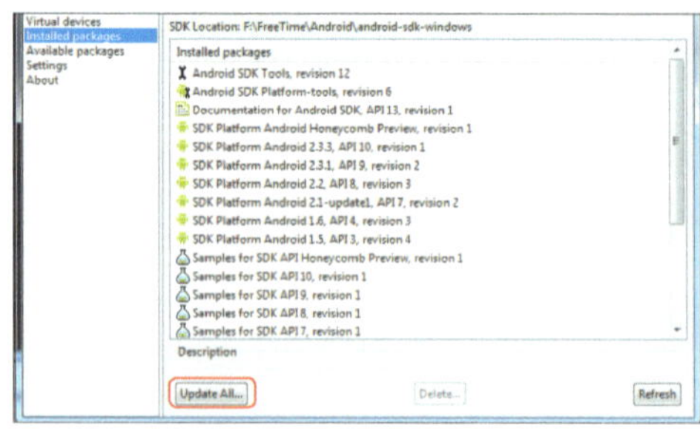

6 安装 Eclipse ADT（Android Development Tools）插件。启动 Eclipse，选择 Help→Install New Software，单击“Add”。

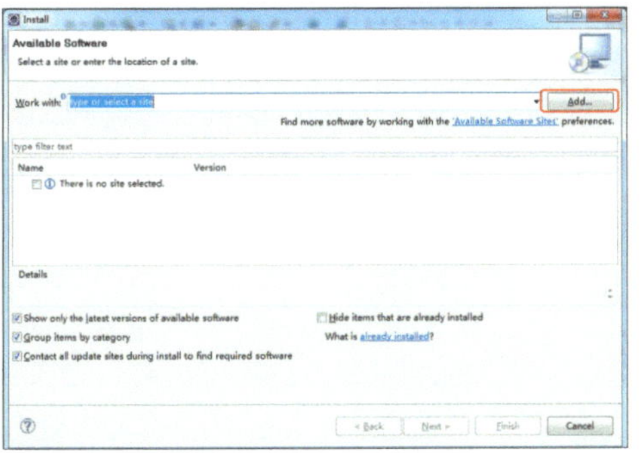

7 在 Name 处输入“Android”，然后在地址栏中输入“https://dl-ssl.google.com/android/eclipse/”，单击“OK”按钮。

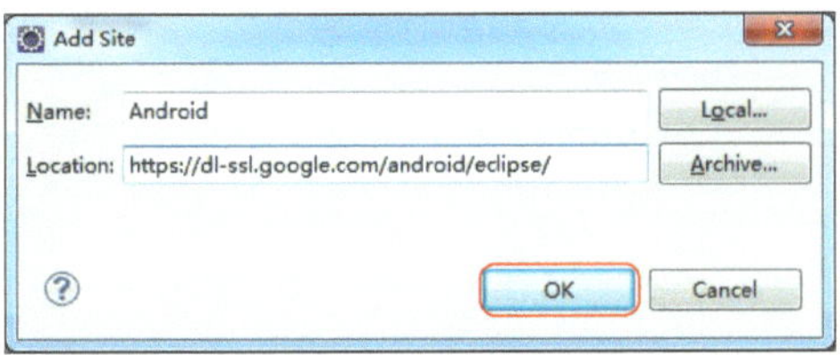

8 稍等一会，会出现图中所示列表，全部选择后单击“Next”进行安装。

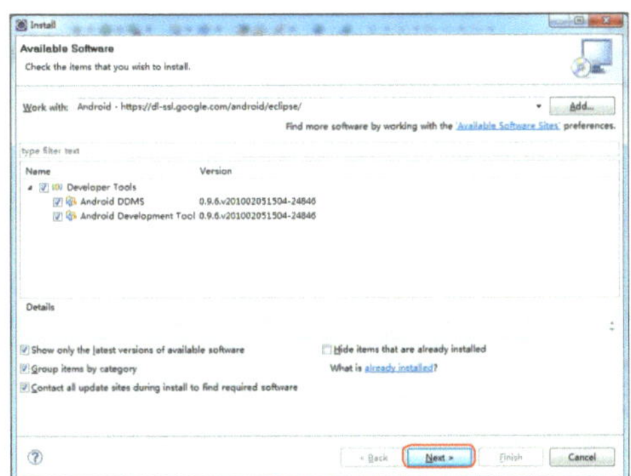

9 安装完毕后，重启 Eclipse。配置 Android SDK 路径，选择 Windows→Preferences→Android，选择 Android SDK 的位置，也就是我们在第 5 步强调的路径，然后单击“Apply”按钮，就会出现所有下载的 Platform 了。

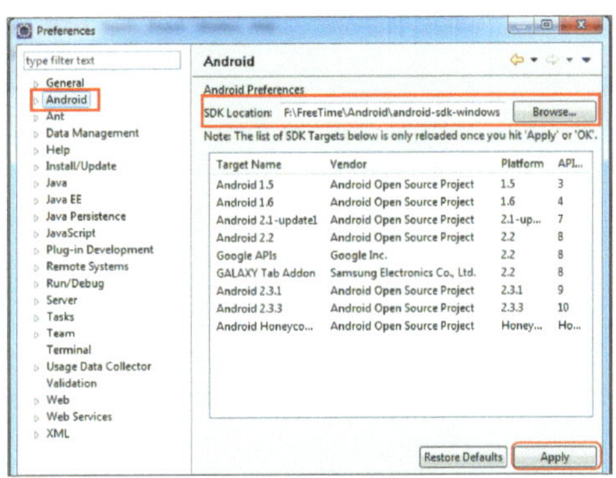

10 在 Eclipse 中选择 Window→Android SDK and AVD Manager→Virtual Devices。有了前几步的配置操作，我们之前在第 5 步进行的 SDK 的更新操作，以后就可以直接在 Eclipse 中完成了。

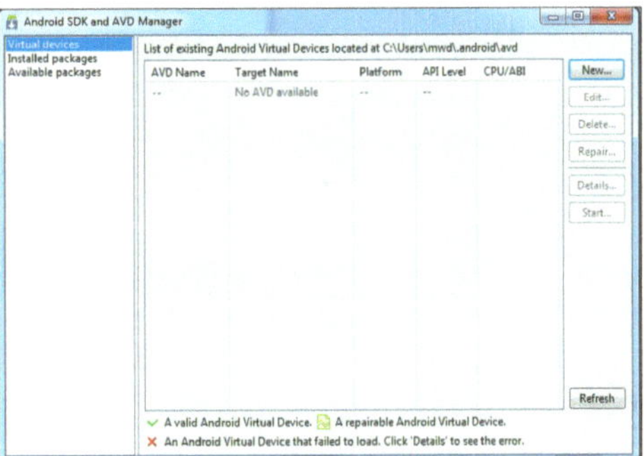

11 下面我们要创建 AVD（Android 虚拟机）。单击“New”按钮，输入名称，并选择“Android 2.2”（请确认你已经下载的版本），在“SD Card”处输入你想要的大小，其他按默认就可以了，完后单击“Create AVD”。

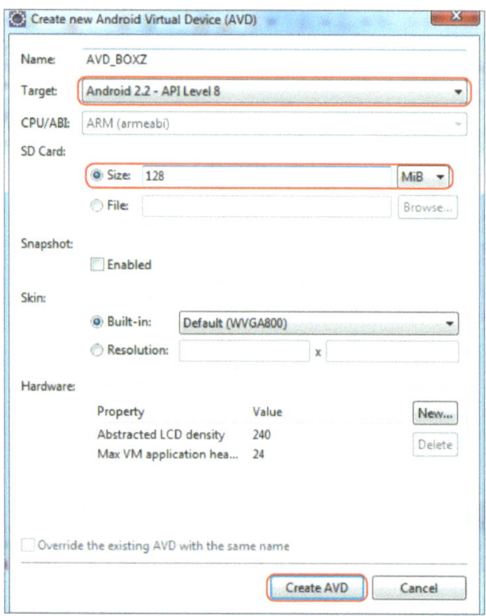

⑫ 创建好的 AVD 如图所示。

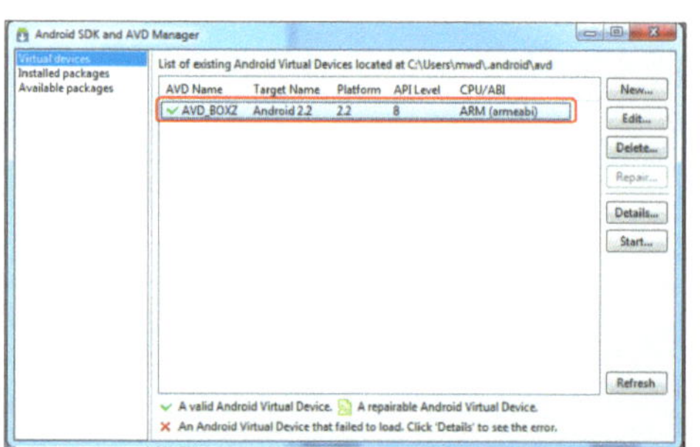

⑬ 如图所示，boxz-android-client-src 是 BOXZ 客户端的 Android 源代码的压缩包，先将其解压缩。

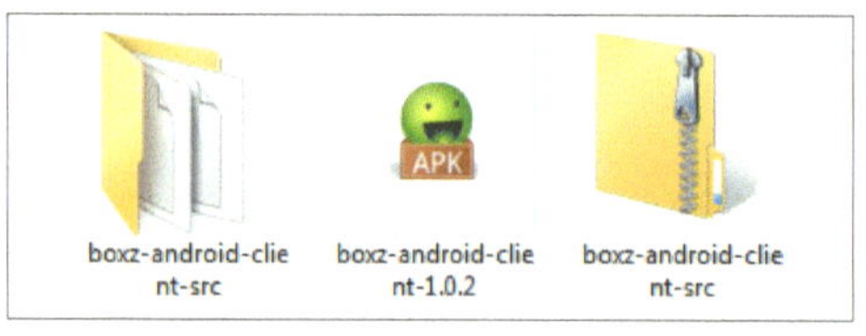

⑭ 下面我们在 Eclipse 中导入 BOXZ Android 源代码，在 Package Explorer 的空白区域单击鼠标右键，在弹出的菜单中选择 New → Android Project。

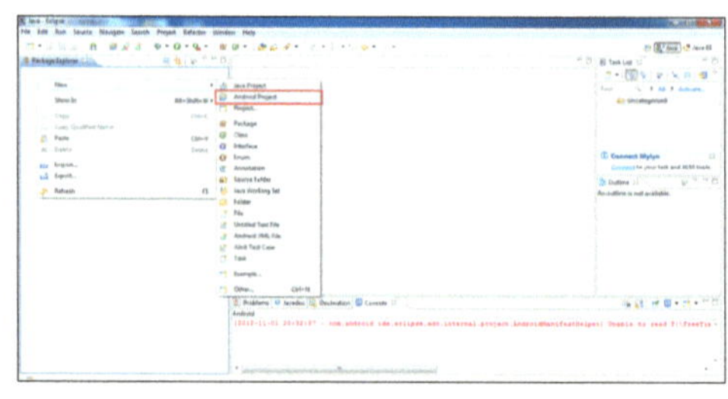

⑮ 在新建 Android 项目页面输入项目名称，并选择“Create project from existing source”。单击“Browse”按钮选择 BOXZ 源代码的路径，然后单击“Next”完成导入。

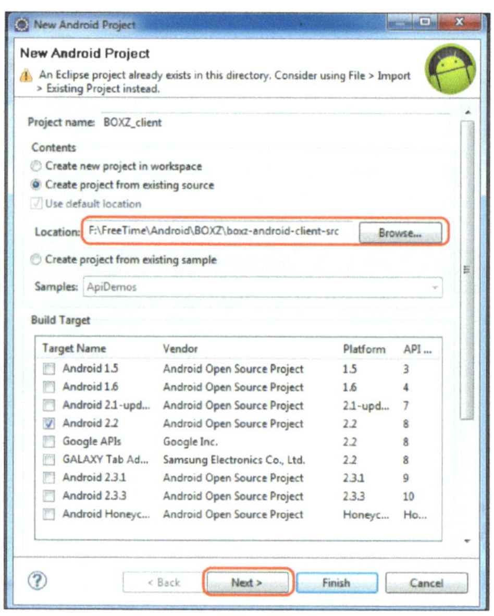

⑯ 成功导入以后，就可以看到整个 BOXZ 客户端源代码的目录结构了。

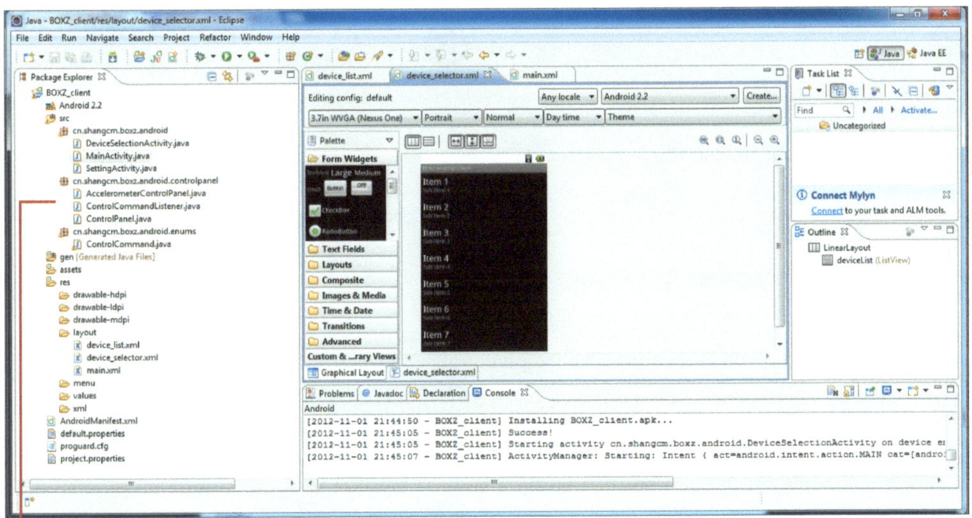

Android 开发环境的目录结构

Android2.2：Android 系统镜像（包含 Android 系统自带的一些程序样例，可以参考，不用修改）

src：主程序源代码文件夹（BOXZ 的全部源代码都在这里）

gen：运行文件（系统自动生成，禁止修改）

assests：存放文件资源（包含图片、音乐和视频等）

res：应用程序资源（包含软件图标、用户界面及元素、变量等）

AndroidManifest.xml：配置文件（包含版本管理、权限和启动服务等）

17 经过以上的操作，相信大家对 Android 的编程环境已经有了一定的了解。关于 Android 开发的更多内容，大家可以查阅有关的专业教程。可以尝试在 res → layout → main.xml 中添加一个背景图片，或者做一个更炫的按钮，抑或在 scr → cn.shangcm.boxz.android.enums → ControlCommand.java 中对按键定义进行修改。

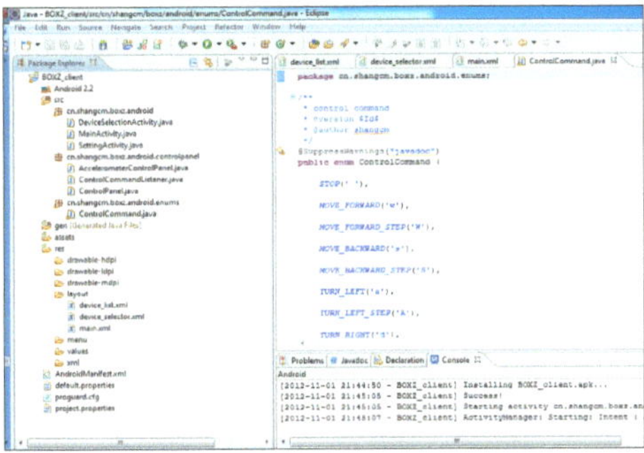

⑱ 大家可以在项目上按右键导出应用程序（Export → Android → Export Android Application），或者直接在AVD中运行自己编译过的程序。值得注意的是，由于BOXZ客户端需要蓝牙硬件通信功能，因此打开虚拟机后会报错。大家需要将导出的APK文件安装到自己的手机中进行调试，也可以尝试加入一条判断指令，判断蓝牙是否打开，并弹出提醒开启蓝牙的对话框。

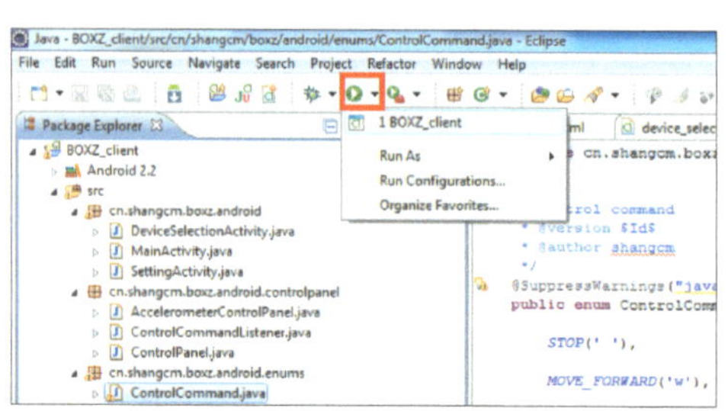

⑲ 最终的AVD虚拟机运行效果如图所示，是不是很让人心动？就跟真的Android手机一样。

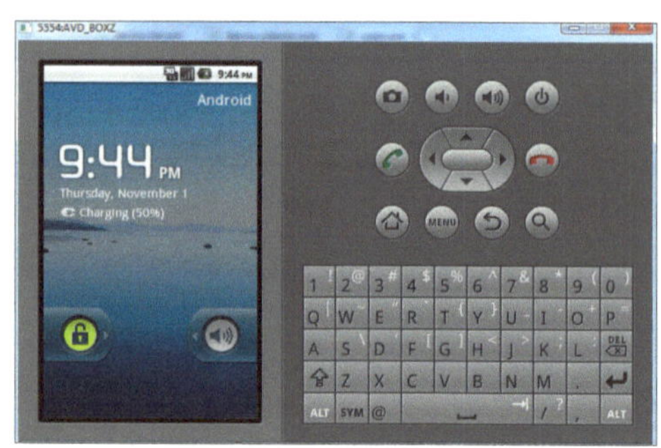

⑳ 在本节的最后，跟大家介绍一下BOXZ客户端源代码的结构，以便大家阅读。

DeviceSelectionActivity.java	蓝牙设备选择画面，用于从已经配对的蓝牙设备中选择要控制的BOXZ
SettingActivity.java	设置画面，用于调整控制命令的字符
MainActivity.java	主画面
ControlCommandListener.java	控制命令监听器，主画面通过它获取用户提供的操作指令
ControlPanel.java	操作板接口，想要实现自己的操作板，请实现该接口并替换MainActivity中所使用的实现类
AccelerometerControlPanel.java	基于重力感应的操作板（默认操作板），以图形按钮的方式呈现各种功能键
ControlCommand.java	所有控制指令和默认控制字符，想要扩展BOXZ的控制指令，请在该enum中添加

18.6 扩展应用

BOXZ结合Android的玩法还有很多，例如有款叫SECuRET LiveStream的Android软件，能把我们的智能手机变身成Wi-Fi摄像头，把手机放在BOXZ上，就可以借助摄像头所拍摄到的画面，用电脑来控制 BOXZ 了。第一人称视角的用户体验可是第三人称视角所无法匹敌的哦！而且这种玩法也十分有意思，仿佛探险一样，你永远不知道你要面对什么，而背后又有什么。另外，我们最近推出了 BOXZ 的 Flash 客户端的 Demo，希望给大家带来更好的用户体验。

■ 相关程序请到《无线电》杂志网站 www.radio.com.cn 下载。

19 BOXZ Mini 制作全过程

◇朱广俊

虽然从外表上看，BOXZ Mini 还是那个方方正正的机器人，但这一次，我们重新定义了它：全新的机械结构、全新的原创皮肤、全新的开源软件库，还有全新的 App。大家只要下载 BOXZ App 客户端，组装好盒仔套件，上电即玩，进行基础互动并不需要任何编程基础。

通过苹果和安卓手机皆可轻松玩转盒仔，丰富的功能和自定义设置让操控乐趣倍增。最典型的应用便是机器人足球赛，所以 BOXZ 所到之处必有一场火热的足球大战（见图 19.1）！

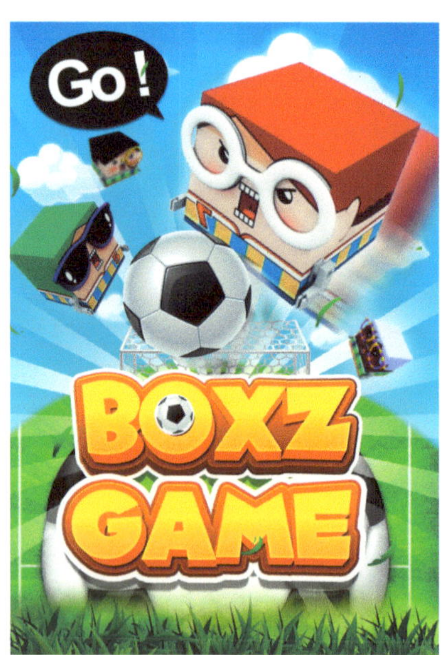

■ 图 19.1 BOXZ 足球赛

BOXZ 的外形和功能完全取决于你的创意。各种可爱的、创意的、经典的、搞怪的皮肤任你挑选（见图 19.2）。

■ 图 19.2 各种皮肤

19.1 什么是 BOXZ Mini？

BOXZ Mini 是在 BOXZ Pro 的基础上进行结构优化之后的更新换代产品，边长由之前的 130mm 缩小到了 80mm（见图 19.3）。它以更小的尺寸真正实现了 Pocketable，而且华丽转身成为了桌面级的机器人。

■ 图 19.3 BOXZ Mini

BOXZ Mini 采用了全新的电机驱动，驱动系统的减速箱也由之前的塑料齿轮升级成动力更加强劲的金属齿轮。整体外壳结构较之前的大号盒仔也有了翻天覆地的变化。新版本取消了之前烦琐的连接件结构，采用了全新卡扣结构（见图 19.4）。这也是为什么组装过程由之前的两三个小时缩减到仅需半小时，还特别适合在工作坊和小伙伴一起愉快地玩耍（见图 19.5）。下面就让我们一起走进盒仔的世界。

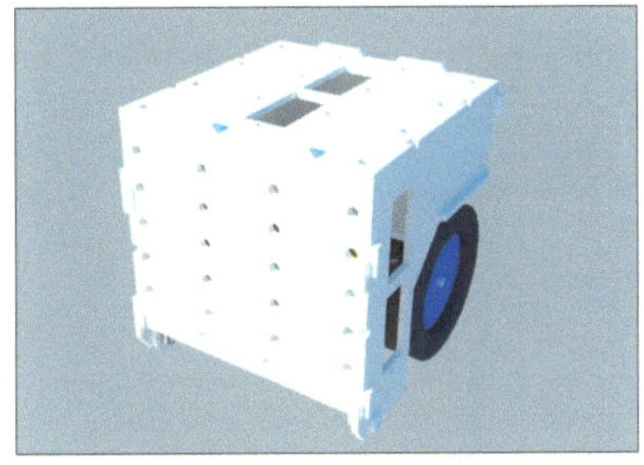

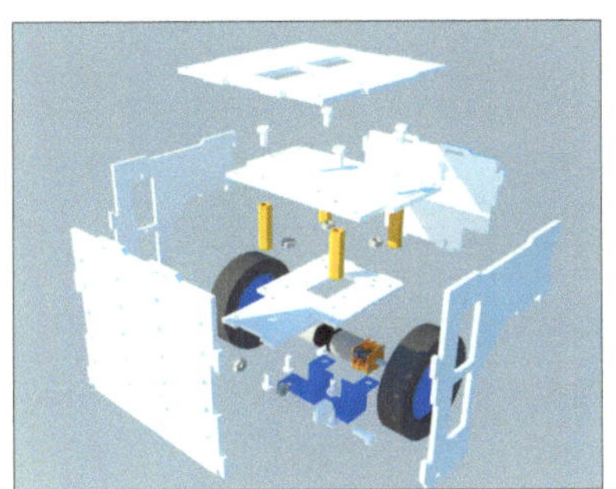

图 19.4 BOXZ Mini 采用了全新卡扣结构

图 19.5 工作坊

19.2 组装过程

整个组装过程大概需要半小时，这么快就能拥有自己的机器人，想一想都会让人激动。

❶ 首先清点一下 BOXZ Mini 的板块数量，一共有 7 块。板块对应的位置如图所示，编号即组装顺序。1 号板为盒仔的主底板，负责连接电机和支撑主体结构；2 号板是核心支撑板；3 号板是外围侧板，共有 2 块，是镜像关系；4~6 号板分别是外围后板、外围前板和外围顶板。

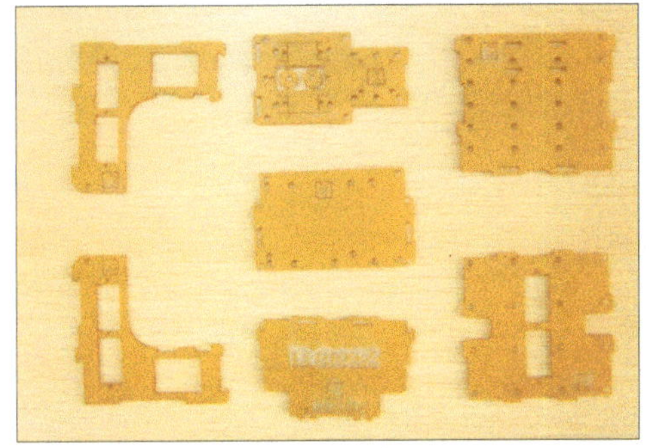

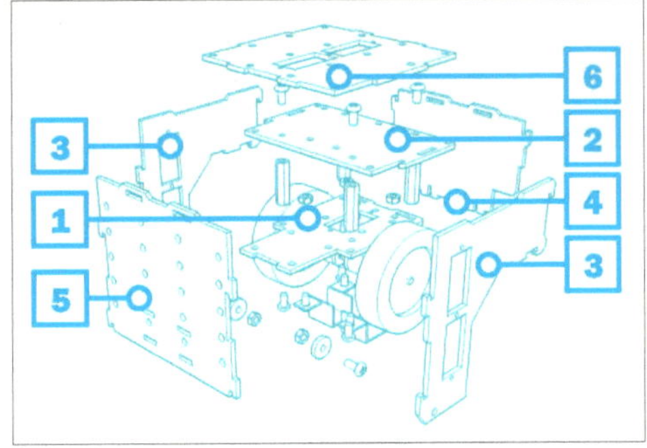

■ Boxz Mini 的板块可按图纸自行切割，图纸可到 http//github.com/leolite/boxz 下载，也可购买已配好的套件。

❷ BOXZ Mini 依然采用差速两轮驱动，图示为由 8 个零件组成的主动轮和 2 个减速电机。

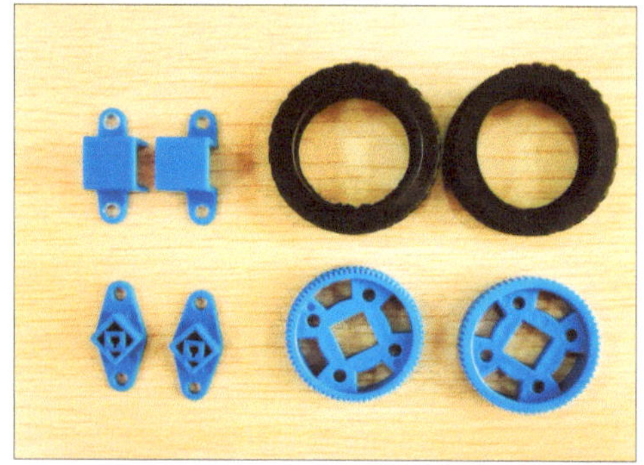

❸ 紧固件有螺丝和六角柱等，进行简单分类之后，会方便后续的组装。

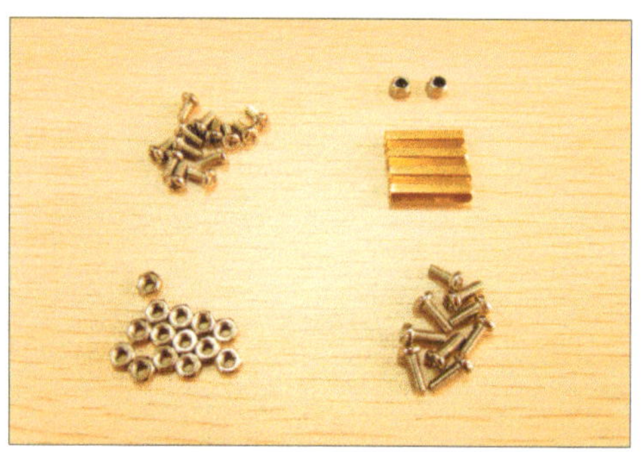

❹ 下面我们的主角要出场了，这是一款集成了BLE蓝牙和电机驱动的BOXZ主控板，也是目前首款兼容Arduino Nano和Arduino Pro Mini的机器人通用控制板。右下角是采用4PIN标准的传感器扩展接口，分别是GND、VCC、IN1和IN2。如果不用这块主控板，自己用标准Arduino+电机驱动板也可以制作，以后我们会提供相关例子。

❺ 采用Arduino Nano的BOXZ Mini引脚定义如下。如果使用Pro Mini作为核心，D2~D9、IO12和SER2引脚是一致的，但其他部分的4PIN传感器接口则需要通过引脚映射才能使用。

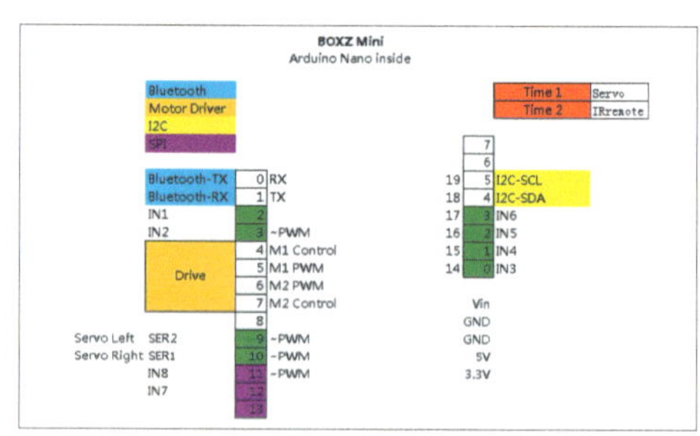

❻ 撕掉亚克力外壳上的纸质保护膜，露出晶莹剔透的亚克力板。在开始组装之前，为了去掉表面的静电，建议用清水冲洗，然后晾干。

❼ 前期的准备工作告一段落，下面开始正式组装 BOXZ Mini，首先将车轮组装好，并确保两个车轮是镜像关系。

❽ 然后将车轮插入减速电机主轴，插入时注意方向要与图示保持一致。另外电机是 D 型轴，需要调整车轮的位置才能插进去。如果车轮插入方向错误，可能会使得车轮紧贴在电机减速箱外壁上，增加车轮阻力，导致电机发热。另外电机插入过程中，可以把车轮贴在桌面，这样电机轴的深度正好（车轴会略微突出 2mm 左右）。

❾ 找到编号为 1 的亚克力板块，将中间的 2 个小圆环轻轻旋转，掰取下来。

❿ 用小锉刀对两个圆环和 1 号板内侧边缘进行修整，使其表面光滑、无凸起。两个圆环后面会作为辅助轮使用。

⑪ 将电机固定到1号板上，把电机接线穿过1号板，调整电机固定架与1号板辅助线对齐。用2个M3×6mm的螺丝和2个M3螺母对其进行固定，但暂时不要上紧螺丝。

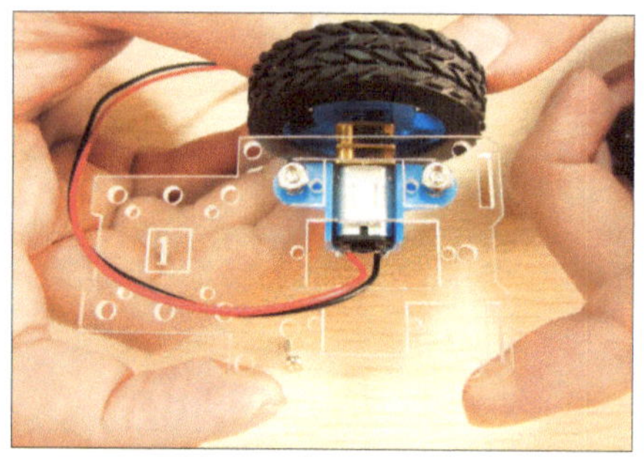

⑫ 两个车轮都装好后，调整两个车轮外侧间距为74mm，确认电机接线端子没有发生短路，并调整电机水平，这时再上紧螺丝。电机和车轮的固定非常重要，因为这直接关系到盒仔在直线上是否会跑偏。

⑬ 用M3×6mm的金属螺丝将空心六角铜柱固定在1号板上。注意六角柱与电机所在方向相反，和电机引出线方向相同。一共有4个六角柱，完成效果如图所示。

⑭ 找到2号板，四角分别用4对M3×12mm的金属螺丝和M3螺母进行固定，用于固定BOXZ主板。

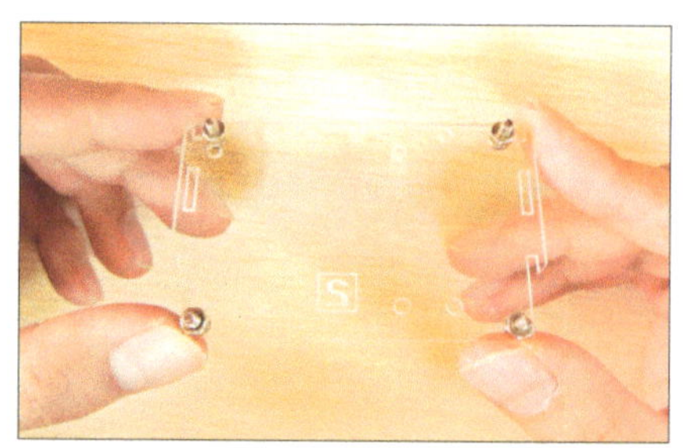

⑮ 然后用4个M3×6mm的尼龙螺丝把2号板固定到空心六角铜柱上。这里采用尼龙螺丝，是为了避免与主板底部的布线发生短路。

⑯ 将 BOXZ 主控板固定在 2 号板上，并用 M3 螺母对四角进行固定。

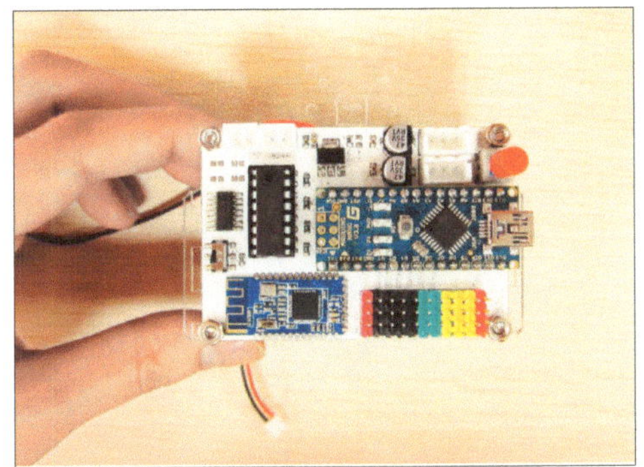

⑰ 插入电机接线，左侧电机插入 L 标识口，右侧电机插入 R 标识口。

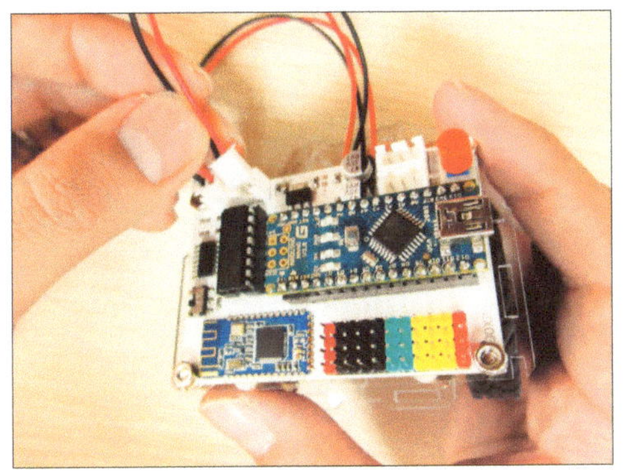

⑱ 将锂电池装入到 1 号板与 2 号板之间的电池仓，并插上 3PIN 的电源接头。

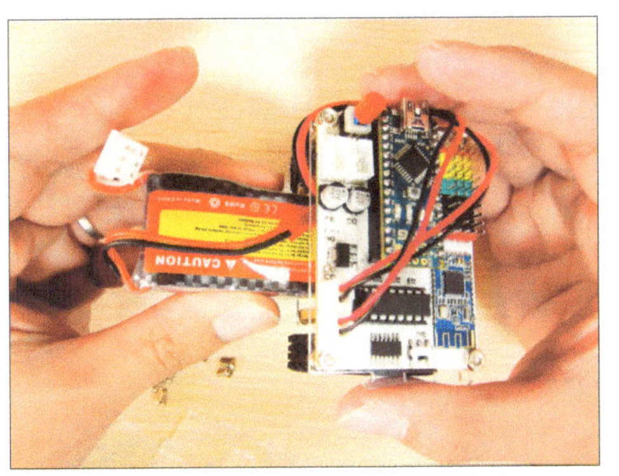

⑲ 整理一下布线，把多余的部分隐藏到电池仓内。按下红色电源按钮，指示灯亮起则表示上电成功。

⑳ 下面继续组装盒仔外壳，找到 2 块 3 号板。用 M3×8mm 螺丝和 M3 自锁螺丝将之前从 1 号板取下的圆环固定在 3 号板的内侧，安装自锁螺丝需要较大的力气，要用套筒进行操作。两个圆环辅轮安装完成后应该和图示一样为镜像关系。

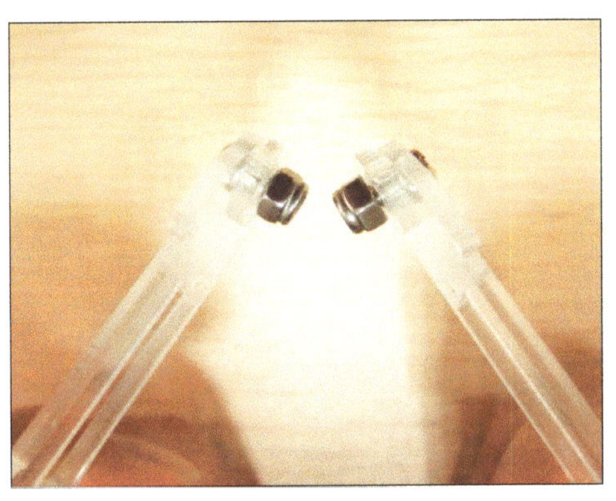

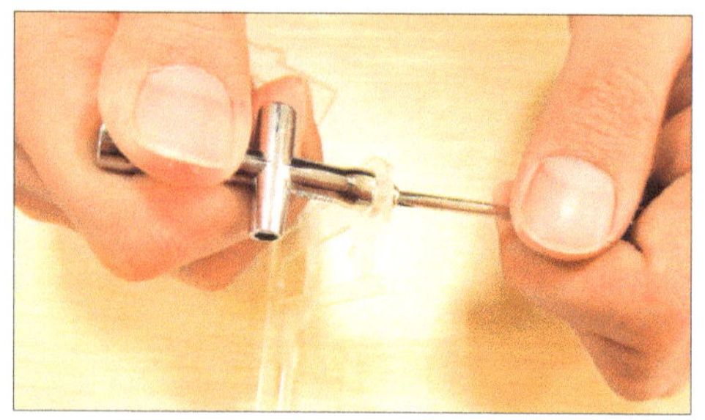

㉑将3号板的后侧扣入2号板的后侧，两块3号板都已经就位。注意如果3号板的方向反了，是无法插入2号板的，安装时请勿使用蛮力，组装过程应该都是比较顺畅的。

㉒将4号板先插入下面1号板的开槽，然后扣入两侧的3号板。注意扣入3号板时，用力要均匀，适当将3号板向上抬起，再向下按4号板卡住3号板。

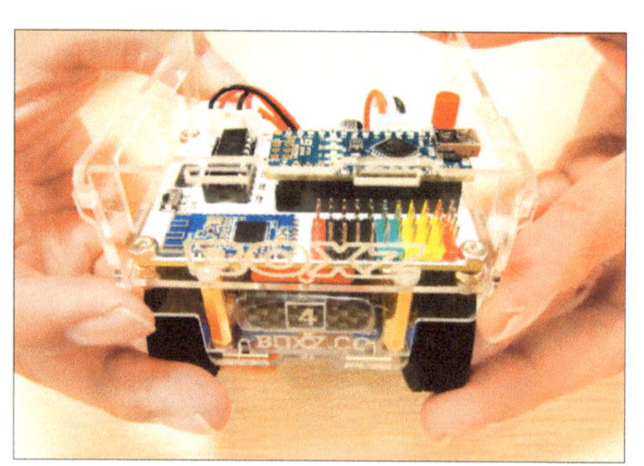

㉓先将3号板适当向上抬起一点，装入5号板（否则由于1号板挡着，无法装入），再把5号板向下拉，扣入1号板。

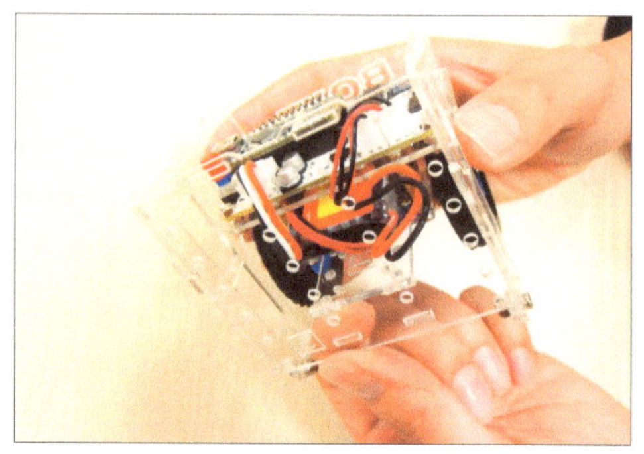

㉔先把6号板插入后侧的4号板，再轻微向前推5号板，扣入6号板。

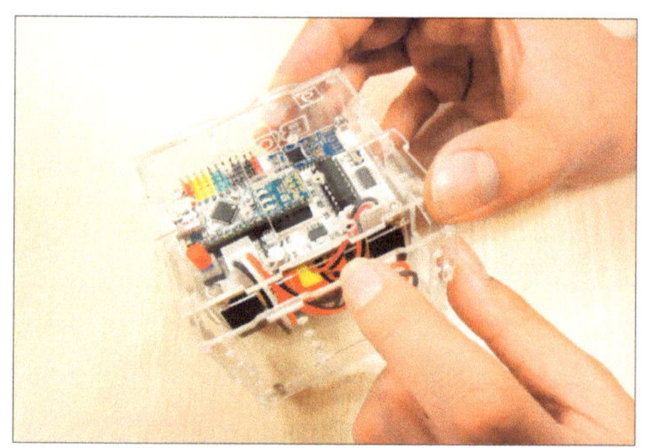

㉕组装任务结束，大功告成。按下红色电源按钮，电源指示灯亮起。将事先准备好的盒仔纸模型角色套在外壳上，就可以开始游戏啦。

这里提供一张组装流程图（见图19.6），方便大家理解迷你盒仔的结构和组装过程。

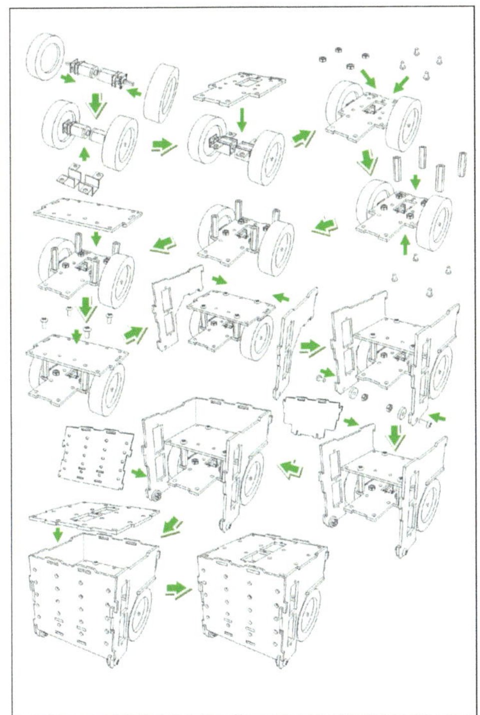

图 19.6 组装流程图

19.3 互动

我们的 iOS 版 App 已经在苹果的官方市场上架，这应该是国内迄今为止最好玩的 Arduino 互动机器人 App 之一。本 App 需要 iOS 7 或以上版本，且需要支持 BLE 功能的手机或者平板电脑。在进入 App 之前，记得先进入系统配置界面开启蓝牙。本 App 主要包含两大功能，一个是 GO 互动模式，另一个就是 DIY 编程模式。

启动 App 后，首先进入的是主界面（见图19.7）。主界面有 4 个导航按钮，左上是 DIY 编程模式，右上是 GO 互动模式，左下是蓝牙配置，右下是关于盒仔。

图 19.7 主界面

在 CONFIG 界面里会显示当前手机有效范围内的盒仔机器人（见图19.8）。如果之前这个盒仔是连接过的，在盒仔图标的右上角还会有一个圆圈标签。这样当多台盒仔踢足球时，很容易分辨出哪一台是自己的机器人。另外本界面最多支持显示 8 台盒仔，曾经连接过的盒仔会优先排在前面，然后是其他盒仔，最后才是未知的蓝牙设备。如果大家希望切换到其他的盒仔，需要进入 CONFIG 画面进行选择。

图 19.8 手机有效范围内的盒仔机器人

在 GO 互动模式下，玩家可以通过 App 对盒仔进行遥控（见图19.9）。左边是用来控制盒仔运动方向的摇杆，右边的 A、B、C、D 默认控制盒仔两只手臂的抬起和放下。A 为左手抬起，B 为右手抬起，C 为左手放下，D 为右手放下。最上面增加了能量条，可以进行更丰富的互动。

■ 图 19.9 通过 App 遥控盒仔

在 DIY 编程模式下，小伙伴们只要简单地拖曳指令，即可实现 BOXZ 的自动控制功能（见图 19.10）。这样很容易通过自编程实现机器人自动完成指定任务，例如让盒仔从 A 点达到 B 点。编程界面上面是命令菜单栏，里面有 8 条命令，分别表示上、下、左、右、A、B、C、D，这也是和 GO 互动界面的操作元素一致的。下面是 3×5 的编程区域，区域中的指令按照字母 Z 的路径依次执行。将命令栏中的指令拖曳过来即可实现编程。编程区域支持空指令，可以留空，相当于增加了延迟。编程区域中的蓝色盒仔表示当前的指令运行状态。编程任务完成以后，点击右侧的白色裁判盒仔 GO，激活编程执行。激活以后，裁判会切换到 STOP 图标，再次点击就能停止指令的运行。如果不点击 STOP 按钮，指令就会循环执行。在停止时，我们可以通过拖曳调整指令的顺序，也可以将其拖曳进右下角的垃圾桶删除。

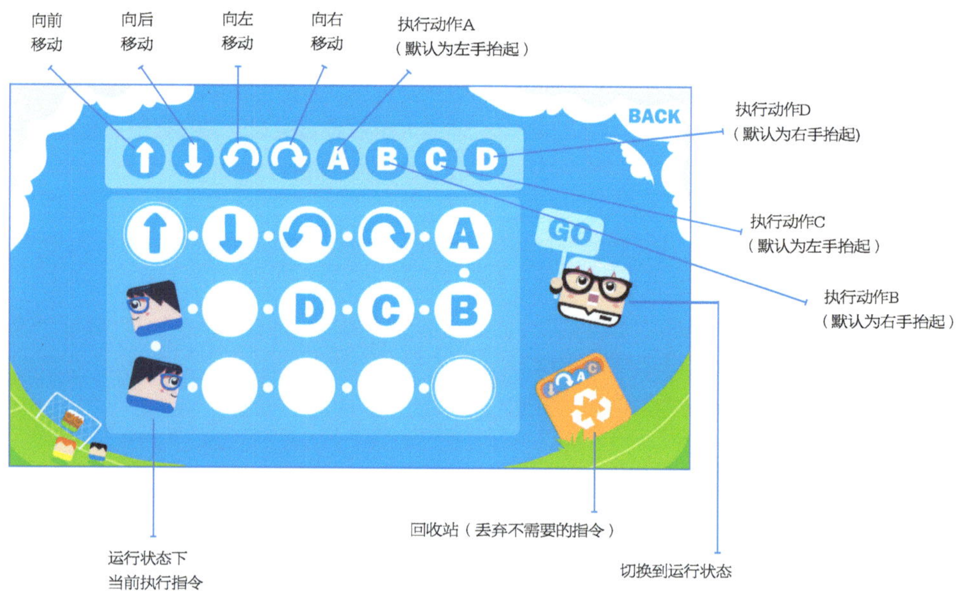

■ 图 19.10 编程模式

❶ 在打开 Arduino 软件之间，我们要做一件重要的事情，就是把 BOXZ 库和 AJSON 库文件解压缩，复制到 Arduino IDE 的 libraies 文件夹下（参考路径：x:\xxx\arduino-1.0.x\libraries\）。注意，如果先打开软件再复制文件，是无法调用库的。

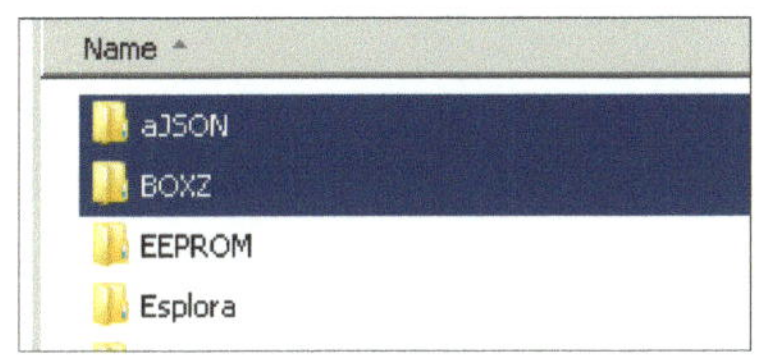

❷ 安装完 BOXZ 库之后，就可以打开 Arduino IDE 了。我们使用的是 Arduino 1.0.5 版本。从 File 文件菜单下选择 Examples 样例，找到 BOXZ，打开里面的 BOXZ Mini。玩过 BOXZ 的小伙伴一定熟悉 BOXZ Pro，我们把所有 BOXZ 的代码都集成进来了，并制作成了样例程序。

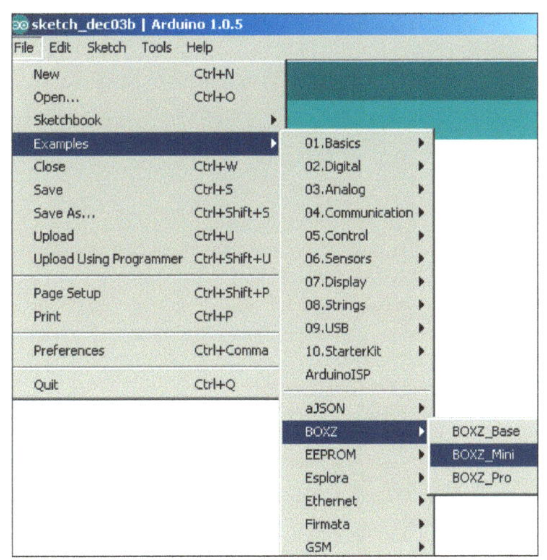

以下是 App 的二维码和下载链接，通过扫描或输入网址，大家可以下载 BOXZ 最新的 App，包括 iOS 和 Android 版本

❸ 打开 BOXZ Mini 代码以后，在 Tools 工具菜单中选择 Board（主板）为 Arduino Nano ATmega328。

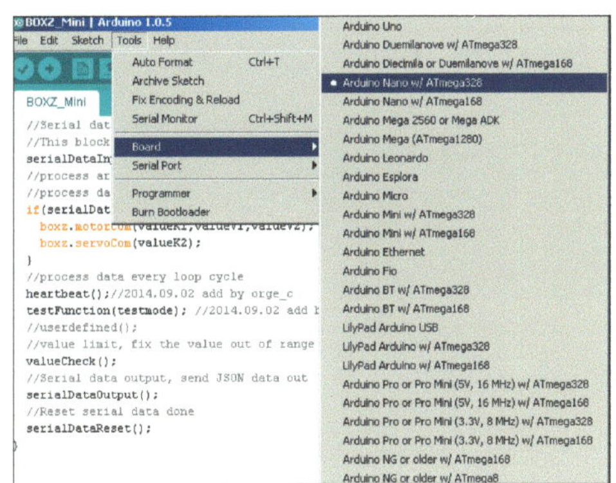

❹ 然后再选择串口号，串口号根据个人电脑配置不同而不同，如果大家不能确定，可以在系统的设备管理器里查找。

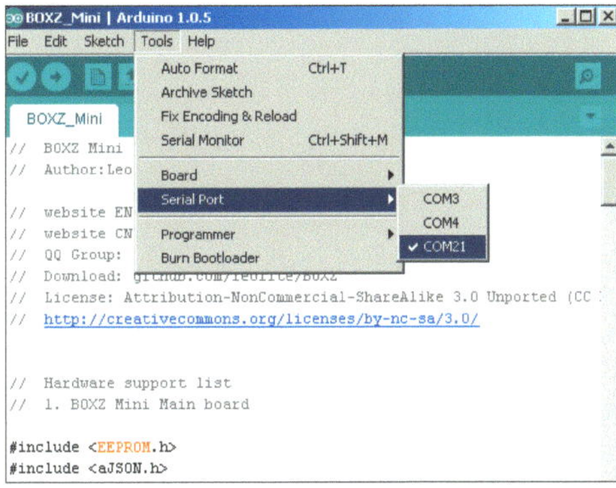

❺ 大家可以进行程序和参数的修改，然后点击向右箭头按钮，将程序上传到 Arduino 主控板里。上传程序之前，记得把蓝牙开关切换到 OFF，否则会报错（端口占用）。下载完成后，会显示“Done uploading”。整个程序更新过程就完成了。

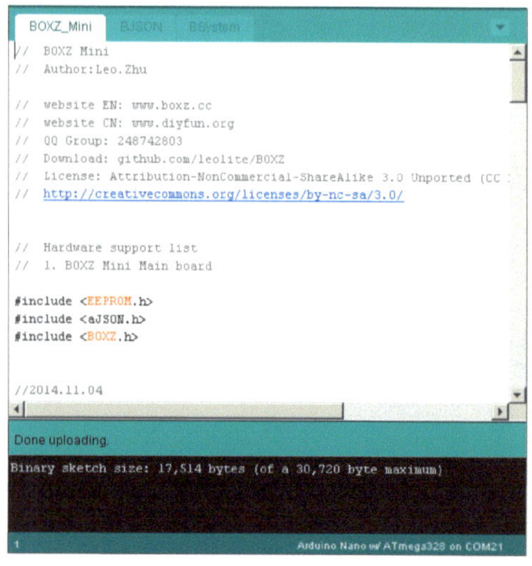

19.4 调试

BOXZ Mini 已经内置 Arduino 程序，大家只要在手机端下载 App，上电即玩。当然要想拥有一台独一无二的盒仔，不亲自改改代码是不行的！下面就给大家介绍如何编辑 BOXZ 的代码以及如何修改 BOXZ 的库参数。

这时我们可以来了解一下 BOXZ 代码的结构。首先，BOXZ 分为 3 个程序块：BOXZ_Mini、BJSON 和 BSystem。其中 BJSON 用来处理通信，BSystem 是一些系统函数，这两个我们一般都不需要修改。如果大家对程序感兴趣，可以研究一下 BOXZ_Mini 这个程序块。如同大多数 Arduino 代码一样，BOXZ 也采用了 setup() 初始化函数和 loop() 主循环函数的结构。Setup() 函数主要进行一些初始化任务，这里基本不需要修改。在 loop() 函数中，程序的主要结构是串口数据读入、执行命令、心跳和测速功能、数据检查、串口数据输出和复位。图 19.11 中红色框标出的就是执行的命令，这里可以替换成别的代码，也可以使用 BOXZ 的库函数。其中 motorCom() 是电机控制函数，servoCom() 是舵机控制函数，里面的变量 valueK1 表示接收来自摇杆的控制字，valueK2 表示接收来自命令按键 A~D 的控制字，valueV1 和 valueV2 是速度设定。在测试功能下有一个 userdefine() 函数，大家可以在这里面添加自定义的数据。

关于 BOXZ 库函数更多的介绍，可以参见表 19.1 所示的函数一览表。这里包括常用的运动控制函数和舵机动作函数。

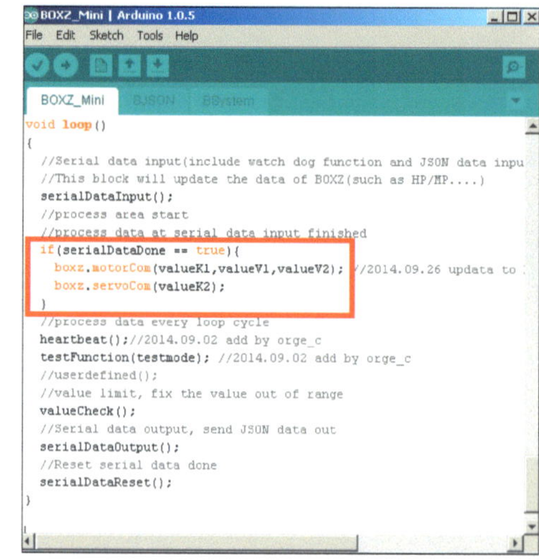

■ 图 19.11 红框内为执行的命令

表 19.1 BOXZ 库函数一览表

Motor Control 两路 DC 电机控制		Servo Control 两路 PC 舵机控制	
Setup()			
initMotor()	电机动力初始	initServo()	舵机手臂初始化
initMotor(int type)		initServo(int pin01,int pin02)	
initMotor(int in1, int in2, int pwnA, int pwmB)		initServo(int pin01,int pin02,int posMin,int posMax)	
initMotor(int in1, int in2, int in3, int pwmA, int pwnB)			
initAFMortor()			
Loop()			
stop()	停止运动	servo01Up()	左手抬起
goForward()	向前行驶	servo01Up(int type)	
goForward(int speedA, int SpeedB)		servo01Down()	左手落下
goBackward()	向后行驶	serov01Down(int type)	
goBackward(int speedA, int speedB)		servo02Up()	右手抬起
goLeft()	向左转弯	servo01Up(int type)	
goLeft(int speedA, int speedB)		servo02Down()	右手落下
goRight()	向右转弯	servo02Down(int type)	
goRight(int speedA, int speedB)		servoCom(int Keyword)	手臂控制
motorCom(int keyword)	运动控制	servoRaw(unsigned long data)	舵机角度数据控制
motorCom(int keyword, int speedA, int speedB)		servoRaws(String datas)	
motorRaw(unsigned long data)	电机时序数据控制		
motorRaws(String datas)			

关于舵机控制，大家不仅可以实现点动、摆动控制。还可以使用 RAW 原始数据，对舵机的位置进行精确的控制。其数据格式如图 19.12 所示。

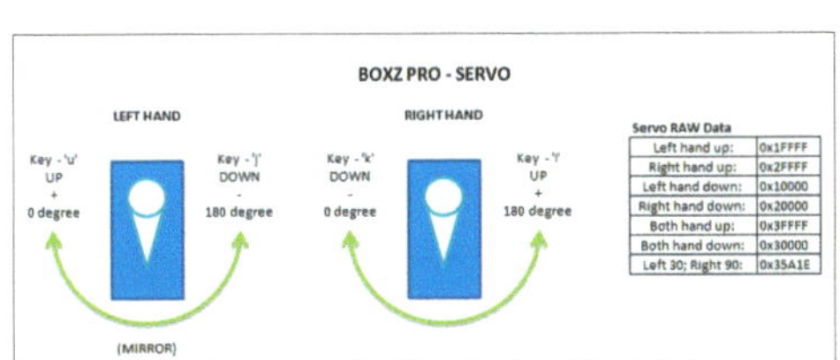

图 19.12 数据格式

如果大家对运动速度和转弯半径有所要求，可以修改库函数。库文件中主要包括两个文件，一个是保存系统参数的 BOXZ.h，一个是保存函数功能的 BOXZ.cpp。其中 BOXZ.h 文件的 DEFAULT_SPEED 定义的是 BOXZ 的最大运动速度，最大值 0xFF，即十进制数的 255。SPEED_FIX1 是向左和向右转圈的速度修正，SPEED_FIX2 是向侧方偏移的速度修正（见图 19.13）。

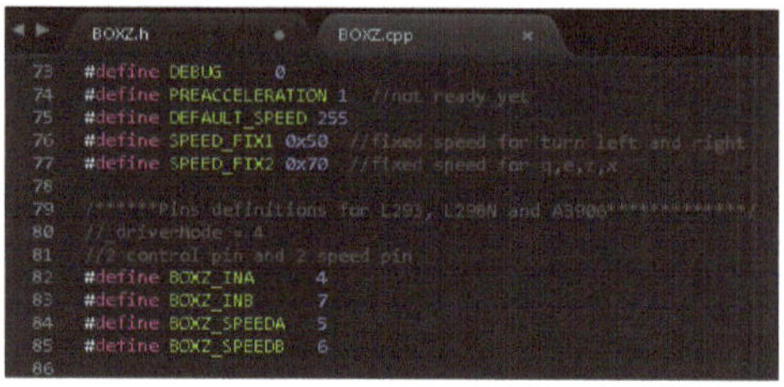

```
BOXZ.h    BOXZ.cpp
#define DEBUG      0
#define PREACCELERATION 1  //not ready yet
#define DEFAULT_SPEED 255
#define SPEED_FIX1 0x50  //fixed speed for turn left and right
#define SPEED_FIX2 0x70  //fixed speed for q,e,z,x

/******Pins definitions for L293, L298N and A3906*************/
// driveMode = 4
//2 control pin and 2 speed pin
#define BOXZ_INA      4
#define BOXZ_INB      7
#define BOXZ_SPEEDA   5
#define BOXZ_SPEEDB   6
```

■ 图19.13　BOXZ.h 文件中的参数

另外大家还可以修改 BOXZ.cpp 的函数，例如想修改 BOXZ 的运动，可以在 motorCom 中进行修改（见图 19.14）。其中 keyword 对应的是 App 中的摇杆发出的指令。8 方向摇杆的 8 个位置对应了 8 个控制字符，中心零点位置对应的是空格字符。每个字符对应了一个指令，用来控制 BOXZ 的运动。如果大家希望实现不同的功能，可以用其他的库函数进行修改。

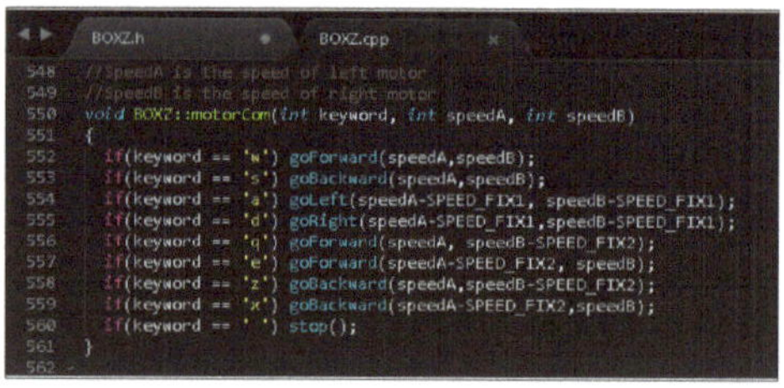

```
BOXZ.h    BOXZ.cpp
//SpeedA is the speed of left motor
//SpeedB is the speed of right motor
void BOXZ::motorCom(int keyword, int speedA, int speedB)
{
  if(keyword == 'w') goForward(speedA,speedB);
  if(keyword == 's') goBackward(speedA,speedB);
  if(keyword == 'a') goLeft(speedA-SPEED_FIX1, speedB-SPEED_FIX1);
  if(keyword == 'd') goRight(speedA-SPEED_FIX1,speedB-SPEED_FIX1);
  if(keyword == 'q') goForward(speedA, speedB-SPEED_FIX2);
  if(keyword == 'e') goForward(speedA-SPEED_FIX2, speedB);
  if(keyword == 'z') goBackward(speedA,speedB-SPEED_FIX2);
  if(keyword == 'x') goBackward(speedA-SPEED_FIX2,speedB);
  if(keyword == ' ') stop();
}
```

■ 图19.14　BOXZ.cpp 文件中的参数

19.5　通信

新版的迷你盒仔采用了国际主流的开源通信协议 JSON，语法直观，通俗易懂。同时我们公开了协议的 API，让大家可以了解 App 与 BOXZ 之间是如何通信的。有了这套通信协议，就意味着大家可以用我们的 App 去控制 BOXZ 以外的机器人，或者用手机端以外的蓝牙设备来控制 BOXZ。

协议的格式如下：

```
{"类型":{"属性1":参数1,"属性2":参数2}}
{"Type":{"Para1":Data1,
 "Para2" :Data2}}
```

迷你盒仔的 App 控制是通过类型为 Action 的 K1 和 K2 实现的。

其中 K1 用来控制方向：

```
向前  {"AT":{"K1":"w"}}
向后  {"AT":{"K1":"s"}}
向左  {"AT":{"K1":"a"}}
向右  {"AT":{"K1":"d"}}
左前  {"AT":{"K1":"q"}}
右前  {"AT":{"K1":"e"}}
左后  {"AT":{"K1":"z"}}
右后  {"AT":{"K1":"x"}}
释放  {"AT":{"K1":" "}}
```

而 K2 是用来控制动作：

```
按钮A{"AT":{"K2":"u"}}
按钮B{"AT":{"K2":"i"}}
按钮C{"AT":{"K2":"j"}}
按钮D{"AT":{"K2":"k"}}
释放{"AT":{"K2":" "}}
```

这些指令是 App 中的控制指令。盒仔的通信协议还在不断地丰富和扩展，如果大家希望了解更多内容，欢迎访问我们的网站 http://www.diyfun.org，在 Github 资料库中有更详细的资料。

19.6　结束语

师傅说：“一款好的互动机器人，应该给小伙伴们带来欢乐。”

今天，我们做到了！

盒仔在这两年里遇到了很多人，也参加了很多活动。我们还成立了大连创客空间，每一场比赛和活动都场场爆满，充满了欢声笑语，小伙伴们也从中学到了很多（见图 19.15）。

图 19.15　工作坊

20 通过网页无线遥控盒仔

◇杨立斌

你不要被盒仔的可爱外表和便捷易学的手机 App 遥控操作方式所迷惑——它可不是一款高级玩具，而是一款扩展性很强的机器人，稍加改造，就可以实现很多应用。这不，我们就将它的控制核心换成了 Microduino，又添加了以 Intel Edison 为主组建的服务器，让它可以通过访问网页进行遥控。

Intel 在 2014 年 9 月发布的 Edison 是像 SD 卡那么大的奔腾级电脑，Edison 模块采用 22nm 英特尔凌动（Atom）系统芯片，包括一个双核、双线程的 500MHz CPU 和一个 32 位 100MHz 的 Quark MCU。在大约一张邮票尺寸的模块上支持多达 40 个 GPIO、1GB LPDDR3 内存、4GB eMMC、双频段 Wi-Fi 和低功耗蓝牙，确实功能非常强大。现阶段 Edison 已支持利用 Arduino IDE 进行开发，这就极大地降低了它的门槛，也可说是大材小用了。

现在通过 Intel Edison 的 Wi-Fi 简单地做个 Web 服务器，当你的浏览器请求 Intel Edison 时，它会向你的浏览器发送一个 HTML 网页，通过网页来控制一个 BOXZ Mini 机器人小车。考虑到我的 BOXZ Mini 小车比较小，只有 8cm 见方，直接把 Intel Edison 组合看起来就不是那么完美，所以就结合 Microduino-Zgibee 无线通信模块桥接来传输数据，这样就会非常方便了。

20.1 配置 Zigbee 模块

将一个 Zigbee 模块（见图 20.1）配置成协调器，另一个 Zigbee 模块设置成节点，由协调器发送数据，使用 AT 命令进行配置。将 Zigbee 协调器模块的跳线更改到串口 0（D0、D1），路由器保持默认的就行。

图 20.1 Zigbee 模块

20.1.1 配置路由器

先通过“+++”进入 AT 命令模式，再通过“AT+DETP=01”命令将模块设置成路由器模式，返回值为“OK”。可通过“AT+DETP?”来查看，返回值为“+DETP 01”。

20.1.2 配置协调器

模块出厂默认为协调器，你可以通过“AT+DETP?”来查看设备类型，00 为协调器，01 为路由器，02 为节点。

20.2 Intel Edison 网关搭建

20.2.1 设备准备

你需要准备的硬件有 Intel Edison（包括扩展板）、Microduino-Zigbee、Microduino-Uno（见图 20.2），还装有 Arduino-1.5.3-Intel.1.0.4 开发环境的电脑。

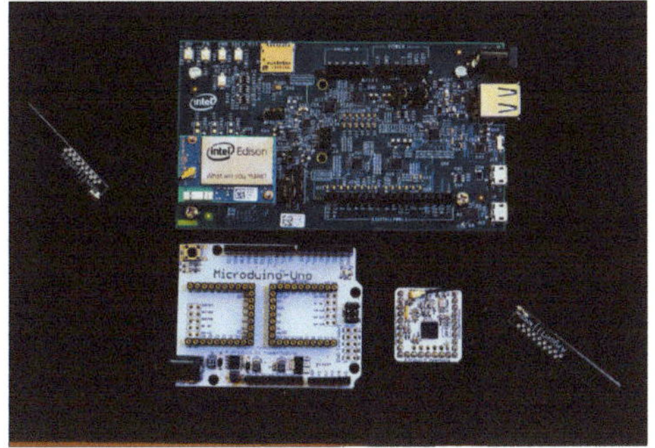

图 20.2 需要准备的硬件

20.2.2 硬件组装

❶ 将 Microduino-Uno 板叠加到 Intel Edison 扩展板上。

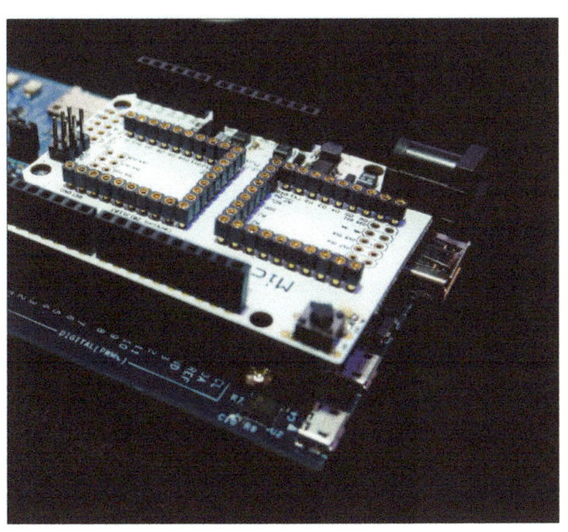

❷ 将 Microduino-Zigbee 模块叠加到 Microduino-Uno 板上，两个 Upin27 任意选一个就行。

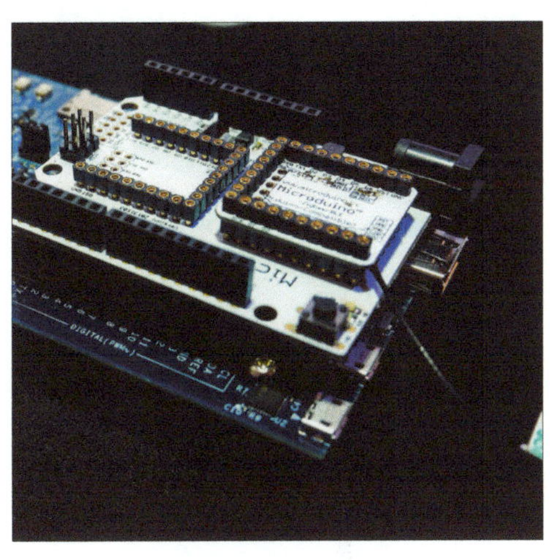

20.3 BOXZ Mini 搭建

❶ 你需要准备的硬件有 Microduino 的 Core、USBTT、Zigbee、Motor、Robot 模块，以及 BOXZ Mini 机架、USB 数据线、电池。

❷ 初步搭建小车框架。

❸ 把 Microduino 模块搭建在框架上。

❹ 把整体搭建起来，就可以用 USB 数据线下载程序调试了。

20.4 整体调试

❶ 给 Intel Edison 下载程序，用 Arduino-1.5.3-Intel.1.0.4 开发环境打开 Edison 上的控制程序。下载完毕，你可以启动串口监视器来看返回的数据，提示你打开网址。

❷ 给 BOXZ Mini 机器人小车下载程序，用 Arduino-1.0.x 的就行，前提是要配置好 Microduino 的开发环境，你可以去 wiki.microduino.cc 查看教程。

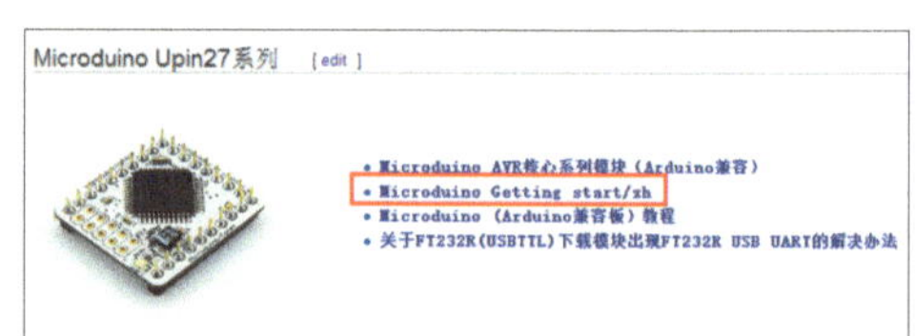

❸ 先让 Intel Edison 连接 Wi-Fi，连接成功，13 脚的 LED 会闪烁。这时再进入 Zigbee 连接，按一下 Robot 板子上的复位按键进行连接，连接上了，Edison 上的 LED 会长亮。

4 将联网设备与 Intel Edison 连接在同一个局域网中才能控制，在网页中输入串口监视器返回的 IP 地址，就可以看到推送的网页了。通过点击对应 Button 来控制小车的运动。

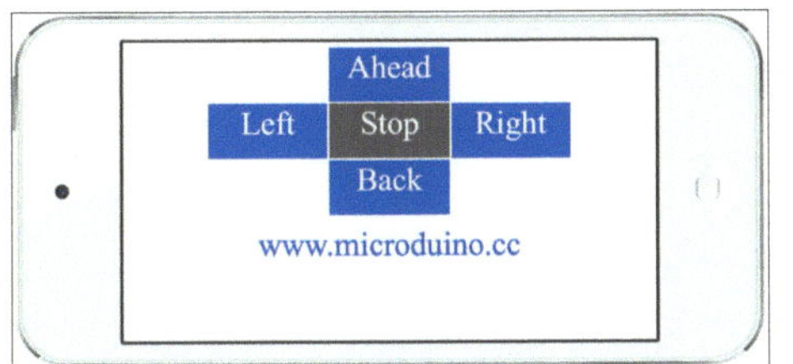

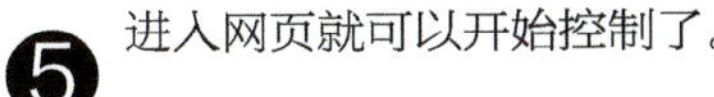

5 进入网页就可以开始控制了。

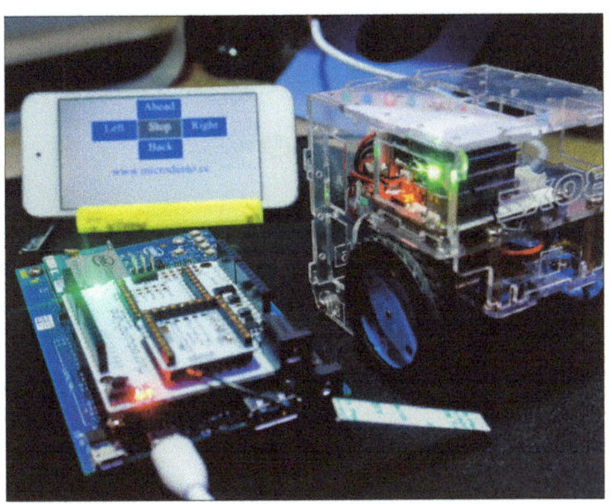

20.5 控制命令说明

网页给 Intel Edison 返回控制指令：Ahead 按钮返回“Ahead”，Left 按钮返回“Left”，Stop 按钮返回“Stop”，Right 按钮返回“Right”，Back 按钮返回“Back”。

```
client.print(
    "<html><head><title>Robot</title>"
    "<style type=\"text/css\">.STYLE0 {background-color:#666666;
width:220; height: 100; border:0;text-align:center;font-size:60px;
color:#FFFFFF;}.STYLE1 {background-color:#0000FF; width:220; height:100;
border:0;text-align:center;font-size:60px;color: #FFFFFF;}.STYLE2 {font-
size: xx-large;font-size:60px;}a{text-decoration:none;}</style>"
    "</head><body><table width=\"AUTO\"border=\"0\"align=\"center\">"
    "<tr><td></td><td><a href=\"/Ahead\"><div class=\"STYLE1\">Ahead</
div></a></td><td></td></tr><tr>"
    "<td><a href=\"/Left\"><div class=\"STYLE1\">Left</div></a></td>"
    "<td><a href=\"/Stop\"><div class=\"STYLE0\">Stop</div></a></td>"
    "<td><a href=\"/Right\"><div class=\"STYLE1\">Right</div></a></td>"
    "</tr><tr><td></td><td><a href=\"/Back\"><div class=\"STYLE1\">
Back</div></a></td><td></td></tr>"
    "</table><p></p><p></p><p></p><p align=\"center\"><a href=\"http://
www.microduino.cc\" class=\"STYLE2\">www.microduino.cc</a><br></p></
body></html>"
);
```

Intel Edison 通过 Zigbee 模块控制 BOXZ：向前发送“Ahead”，向左发送“Left”，停止发送“Stop”，向右发送“Right”，向后发送“Back”。

```
if(myString == "Ahead")
    Ahead();
else if(myString == "Back")
    back();
else if(myString == "Left")
    left();
else if(myString == "Right")
    right();
else if(myString == "Stop")
    stoop();
```

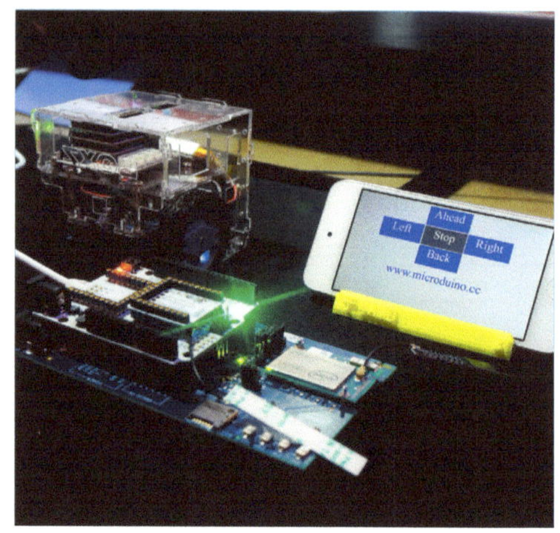

DIY 项目从原型到量产的成长历程

◇朱广俊

2011 年 懵懂的 ROBOT 之梦

2011 年元旦前夕，在和朋友闲聊的时候，我聊起了童年的梦想——做个小型机器人和小伙伴 PK。但当年就读初中的我们水平有限，只会做个用开关控制两对电机正反转的小车，而其电路结构还是拆解、分析了一台线控坦克才搞定的。两台的成本才总共 10 元不到，但当时大家已经玩得很开心了。照片肯定是不会有了，我画了个电路原理图（见图 21.1），让大家意会一下吧。

那时候工作之余还是蛮轻松的，除了在家里打打游戏、看看电影，也没什么其他感兴趣的事情。说起制作机器人的思路，当时脑子里除了一个 51 核心，也没有什么关于制作机器人的具体思路。之所以选择 51，不过是因为大学时期学过而已。于是我在网络上做了大概一个月的功课，让人好奇的是，我能找到的靠谱一点的机器人 DIY 项目里面，90% 以上用的都是基于 AVR 控制器

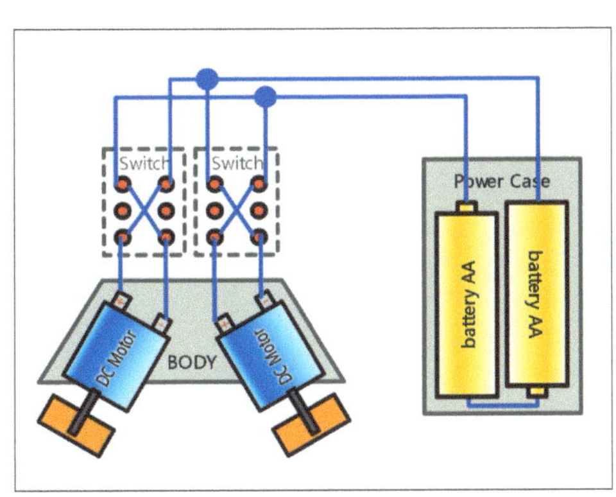

■ 图 21.1 小车电路原理图

的 Arduino 平台。当时我还多少有些担心，AVR 会不会比 51 还难，毕竟上学时单片机在我心里留下过阴影。但随着后来不断深入地了解 Arduino，我发现大家做的 Arduino 项目都充满了惊奇、欢乐和满足，这些顾虑也随之烟消云散了。

遥想当年某宝网还都是 51 单片机开发板的天下，只有屈指可数的几家店里有 Arduino 出售。一块山寨的国产 Arduino 2009（Duemilanove）都要 100 元钱了，国外的原版 Arduino 的价格更是高得很。大家交流也只有一个 Arduino 爱好者 QQ 群，里面的群主风教授还时不时地给大家普及一下 Arduino 基础。于是自从下单买了第一块 Arduino（见图 21.2），故事就开始了，我积蓄在心底的那份童年梦想也被重新点燃了。Arduino 就像一颗撒满了阳光的种子一样，慢慢地在我心里生根发芽。

经过精心的准备，仅仅用了两天时间，我的第一版用电脑实现控制的小车就诞生了（见图 21.3）！这应该也可以算是盒仔的原型机了。小车的外壳虽然是用简陋的硬纸板做的，但当时我看着小车动起来时的心情，是既开心，又激动。因为这块神奇的电路板将硬件封装成模块，将软件封装成库，让我等小白玩家可以轻松实现自己的想法。电子电路和编程的门槛也因为 Arduino 这个平台而变得平易近人，这样我们就可以把更多的精力放在创意设计上了。记得有一次我听说某高校老师禁止学生使用 Arduino 做课程设计（我觉得这是个悲剧），可想而知，Arduino 有多简单了。

记得我刚开始是玩了几个月的，做了一些探索性的简单实验。不过后来因为工作较忙，经常加班，一晃就搁置到了年底，才又重新拾起来了。这期间，国内几乎同时出现了两个 Arduino 爱好者社区论坛——极客工坊和 ArduinoCN。而我自己又用亚克力重新做了一版年初的 Arduino 三轮车（见图 21.4），并在极客工坊论坛发表了第一篇文章——《自制 Arduino 小车》，也算是当时比较火的一帖了。

2012 年　兴起的 Arduino 之热

2012 年春天，我在一个偶然的机会遇到了几位 Arduino 爱好者并在大连组织了线下的聚会（见图 21.5）。大家在讨论 Arduino 时也都是充满了惊奇和欢乐的，归

■ 图 21.2　当时买的 Arduino

■ 图 21.3　第一版用电脑实现控制的小车

■ 图 21.4　亚克力版本的 Arduino 三轮车

根结底还是因为 Arduino 可以让大家快速地将想法变成现实。Arduino 也因此让大家有一种眼前一亮的感觉。同时，大家也一致赞同用 Arduino 制作小型机器人互动项目的计划，并期待着第一款机器人的诞生。

想法是好的，但要执行起来还是有一定难度的。由于每个人都来自不同的领域，拥有不同的技术背景，让搞文学的和搞艺术的小伙伴能玩明白 Arduino 已经实属不易，更何况让大家来制作一款机器人呢？毕竟机器人制作是一个跨领域的项目，从机械结构、电子电路、驱动模块、通信模块（见图 21.6）到单片机编程、上位机界面，这里每一项单列出来都可以大干一场，这已经不是说用 Arduino 点亮 LED、让蜂鸣器叫几声那么简单的事情了。

于是乎，我们便有了搭建一个可编程互动机器人平台，通过模块化的设计，让玩家可以简单、快速地搭建一款互动机器人的想法。在开始项目之前，我先在互联网里查阅了大量的 DIY 网站。虽然网上已经有很多种不同风格的机器人了，但那都不是我的菜，我要做一个足够简单、有趣的机器人，简单到每个爱好者都能做出来，有趣到让人忽略掉凌乱的飞线和错综复杂的电路板。

不过这个想法从设想到执行却用了好几个月的时间。最终在 2012 年 6 月初，BOXZ，也就是“盒仔”诞生了（见图 21.7）。当时我的想法是设计一款格斗机器人，而拳击的英文是 Boxes（同时也是盒子的复数形式），用中式英语缩写一下就变成 BOXZ 了。BOXZ 要做到取材容易、制作简单，同时还要注重外观拥有个性，所以我在设计时采用了模块化的接插结构，材料用硬纸板裁切就行，组装就像搭积木一样简单。BOXZ 的壳体长、宽、高被限定在 128mm 以内。其个性化主要体现在丰富的皮肤模板、

■ 图 21.5　Arduino 爱好者线下聚会

■ 图 21.6　盒仔原型的蓝牙通信测试

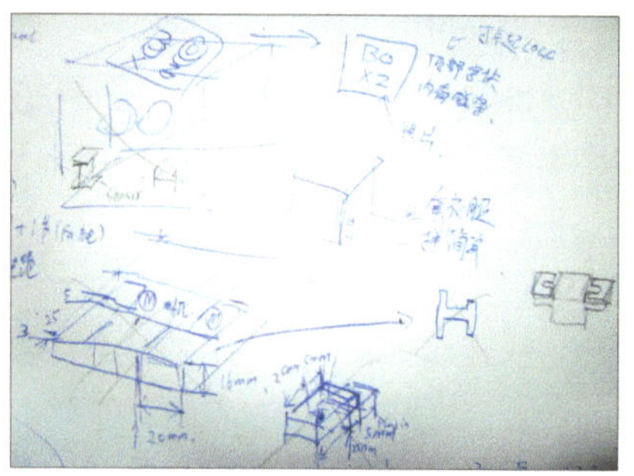

图 21.7　BOXZ 结构设计草图

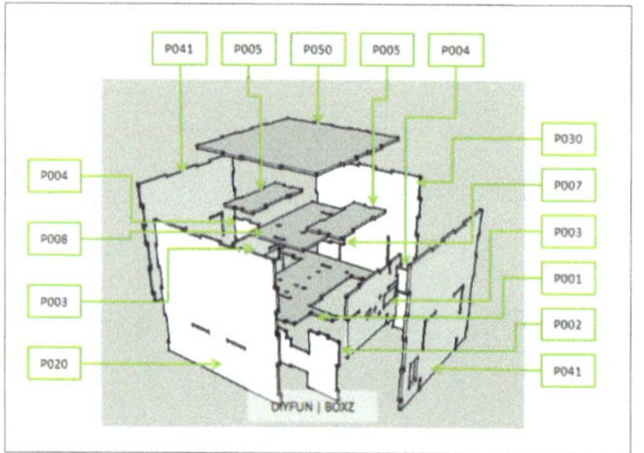

图 21.8　BOXZ Base 第一版结构爆炸图

图 21.9　BOXZ 1 号原型机纸板裁切中

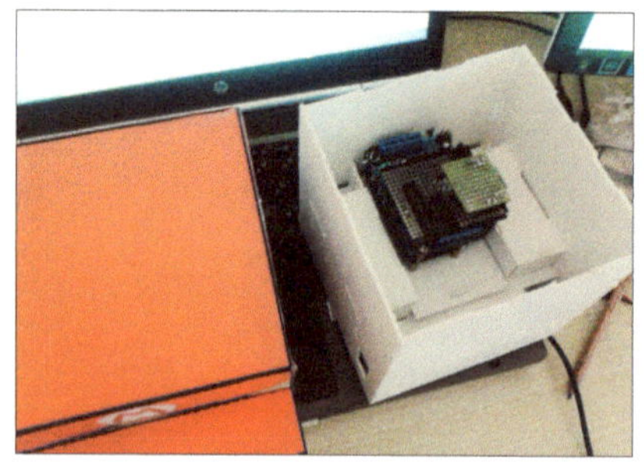

图 21.10　BOXZ 1 号原型机

可自定义编程、可扩展的传感器接口等方面。不仅如此，BOXZ 是一个开源的项目，我们希望给大家提供一个平台、一套完整的机器人 DIY 解决方案，让每一个爱好者都可以轻轻松松地制作一套独一无二的盒仔。

值得一提的是，在盒仔诞生之前，我一边在玩《Minecraft》，一边在看美剧《Touch》。这也不难理解为什么 BOXZ 会是一个方块，因为正方体是一个标准单位，而 Touch 表示连接，是将 Arduino、亚克力外壳、纸模型和创意连接到一起。

在 2012 年 6 月中旬的一天，经过了两周的3D设计，BOXZ的第一版设计定稿了(见图 21.8)。我跑到当地的美术用品商店买了 2mm 厚的硬纸板并打印了图纸。裁切硬纸板是一个非常漫长的过程，我整整用了一天的时间才搞定(见图 21.9)。

直到当日凌晨，我完成了由硬纸板构建的 BOXZ 第一个原型机(见图 21.10)。当我看着组装好的BOXZ在电脑蓝牙的控制下动起来的时候，那种成功的满足感从心底油然而生。

2012 年 6 月下旬，我们依次完成了 BOXZ 2 号(见图 21.11)和 3 号原型机，同样也是用硬纸板一刀一刀裁切的，虽然较之前熟练了很多，只用了大半天时间，但握刀太久的感觉确实不爽，我的手指肚还隐隐地痛了好几天。

其实当第二台 BOXZ 做好以后，我们便迫不及待地在桌子上让两台 BOXZ 较量了一番(见图 21.12)。当时我们还没有手机 App，只能通过电脑蓝牙 2.0 进行遥控，因此当两台机器人碰撞在一起时，真是两台一模一样的盒仔傻傻分不清，结果导致一台

图 21.11 BOXZ Base 2 号原型机制作过程

图 21.12 BOXZ Base 1 号机和 2 号机合影

图 21.13 套上瓦里奥皮肤的盒仔

图 21.14 盒仔足球赛视频截图

直接冲了出去，掉下了桌子，这也是为什么图 12 中会有一台缠着绷带的盒仔。

我们给盒仔围绕《超级马里奥世界》游戏设计了马里奥、路易和瓦里奥的纸模型皮肤（见图 21.13），这款游戏也是我们童年共同的回忆之一。

同时我们规划了一个系列的主题视频，第一个视频的名称是《第一章：童年的美好回忆》，故事讲述的是马里奥和他的小伙伴们欢乐地踢足球（见图 21.14）。

当时的我们只是想一起欢乐地玩互动机器人，那是一种非常单纯、非常纯粹的状态。在我们的第一个视频发布时，我们获得了大量的关注和认可。在国内，我们登上了《无线电》杂志的封面和百度经验的特别关注（见图 21.15）。在国外，我们登录了 instructables 的导航推荐和 Hack a day 的每日推荐（见图 21.16）。

那时候的我们，其实是有点飘飘然的。后来我们还在朋友的推荐下登上了点名时间的众筹（当时的点名时间是有开源硬件项目的），虽然我自己当时对众筹都没什么概念。由于故事发展的节奏太快，再加上低估了产品化的难度，我们在原型机完成后，没能把控好量产版本的开发节奏，以至于在众筹结束时，都没有给大家一个满意的作品，最终导致项目失败，未完成预期目标（见图 21.17）。飘得太高，终归是要摔下来的。但在此还是非常感谢大家，感谢曾经支持和关注过我们盒仔项目的朋友们！

其中最大的坑之一就是理论到实践的量产环节（也就是我们常说的从 0 到 1 的过程）。为了让 BOXZ 的组装更加容易，我们选择了亚克力作为外壳的新材料（见图 21.18），

图 21.15　国内媒体对 BOXZ 的推荐

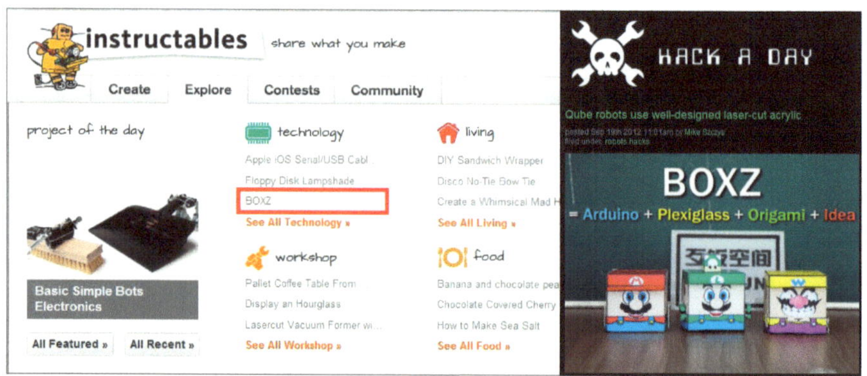

图 21.16　国外媒体媒体对 BOXZ 的推荐

毕竟用裁纸刀切割硬纸板是一个痛苦（并快乐）的过程，而给硬纸板开刀模又面临着较高的前期投入。但亚克力加工对于第一次接触外加工的我来说其实也蛮坑的，我几乎跑遍了当地的材料市场和加工厂，好不容易才买到了光泽度和厚度比较靠谱的亚克力板，又找了好几家才找到一个加工精度据说靠谱的激光切割机，然后雇车把亚克力板搬到加工厂。而加工完的效果却不甚理想，不知是什么原因（怀疑是设备参数不对），有很多外壳的边界都烧糊了。烧糊的板子会反白或者有溶解的坑，保护纸也黑压压的一片，根本无法使用。

图 21.17　失败的众筹项目

图 21.18　激光切割的 BOXZ 外壳

但这还不算最糟糕的，我用千分尺测量了一下加工精度（见图 21.19），最大误差竟然高达 0.4mm，而我们的加工精度至少要达到 0.1mm 才能顺利完成组装。

于是我统计了一下所有激光切割好的外壳，成品率已经让人大跌眼镜了（见图 21.20）。虽然我们买了高品质的亚克力板，其厚度误差比较稳定，但激光切割尺寸的误差加上过火烧黑报废的部分，导致成品率仅有 17%。而这 17% 包含的是所有的外壳，换言之，也就是说我加工了一个批次几套的外壳，可能连一套完整的 BOXZ 的外壳都搞不全。不仅如此，高昂的加工成本也让我无语了，一套亚克力外壳仅激光加工费就要 100 多元钱。总而言之，当时算上材料费和加工费，做出一套外观和精度合格的 BOXZ 外壳，成本要 500 元以上了。

虽然尺寸出入比较大，但用锉刀进行微调，我倒是也算是成功地组装了一台盒仔出来，因为相较之前的硬纸壳版本在结构和功能上优化了很多，所以这个版本的盒仔被命名为 BOXZ Pro（见图 21.21）。后来我尝试对图纸增加尺寸修正（见图 21.22），但激光加工的效果依然不理想。每套盒仔在组装前都需要使用锉刀进行修正，根本不能满足量产的要求。

一直到后来的某日，在做坦克模型的网友子时 DIY 的指引下，我才找到了比较靠谱的亚克力板材和激光切割的供应商，整体的加工精度和良品率才得以保障。

虽然我们的众筹项目失败了，但在这段期间，我们的项目还是收获颇丰的。我们发布了第二个视频《第二章：谁是你心中的那个公主》，讲述的是库巴 BOSS 和马里奥争夺碧琪公主的故事（见图 21.23）。

在这个故事里，我们做了两个应用场景，其中一个是当马里奥靠近碧琪公主的时候，公主的脸会一点点变红。其控制原理

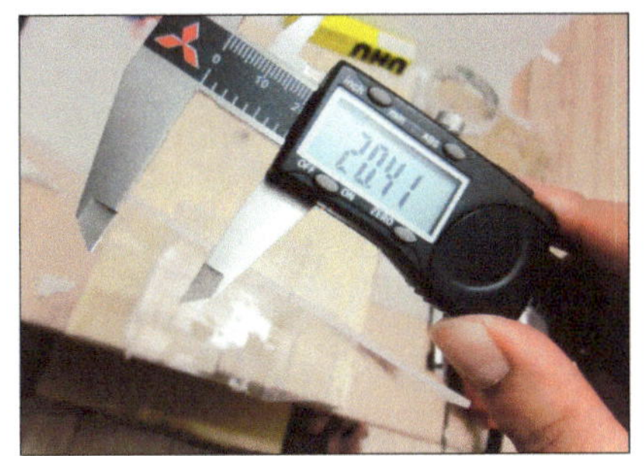

图 21.19 用千分尺测量加工精度

原材料			
序号	测量	标称	
1	1.89	2.00	0.11
2	1.86	2.00	0.14
3	1.87	2.00	0.13
4	1.91	2.00	0.09
激光切割			
合格率	17%		
序号	实际值	图纸值	误差
1	64.25	64.00	0.25
2	19.24	19.00	0.24
3	19.21	19.00	0.21
4	63.91	64.00	-0.09
5	46.31	46.00	0.31
6	18.96	19.00	-0.04
7	1.92	2.00	-0.08
8	18.66	19.00	-0.34
9	2.03	2.00	0.03
10	1.69	2.00	-0.31

图 21.20 测量的激光切割精度数据

图 21.21 各种锉刀和 BOXZ Pro 合影

是通过在碧琪公主的眼睛位置安装超声波传感器来检测马里奥的距离，并将距离转换成PWM脉冲发送给脸颊侧的红色LED（见图21.24）。实际上公主的面部会淡淡地泛红，是因为纸模型柔和了LED的光线强度。

碧琪公主除了拥有会随着超声波距离变化而变化的LED，两侧还安装了舵机作为手臂（见图21.25）。

我们还为库巴BOSS设计了会转动的眼睛，让它可以流露出坏坏的眼神（见图21.26）。而当马里奥战胜库巴之后，它则会翻白眼。

而库巴BOSS的内部要复杂得多，我们需要更多的电子和机械结构来实现眼睛的转动控制（见图21.27）。

我们开拍前在现场进行了最终测试（见

图21.22 经过优化的BOXZ Pro外壳

图21.23 《第二章：谁是你心中的那个公主》

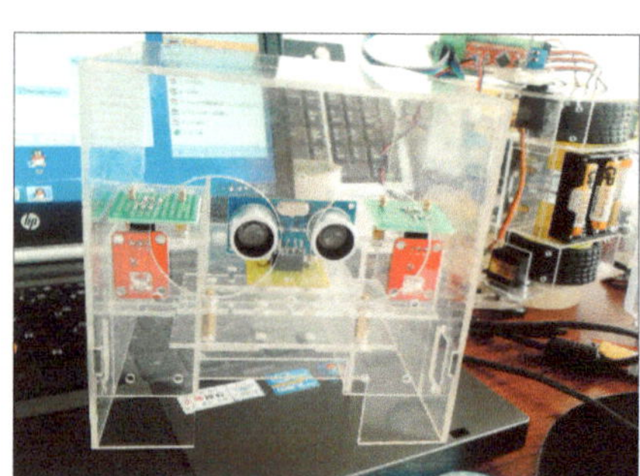

图21.24 碧琪公主眼睛位置的超声波传感器和面部的LED

图21.25 碧琪公主最终的内部组装效果

图21.26 库巴BOSS

图 21.27 库巴 BOSS 最终的内部组装效果

图 21.28 在拍摄现场进行功能测试

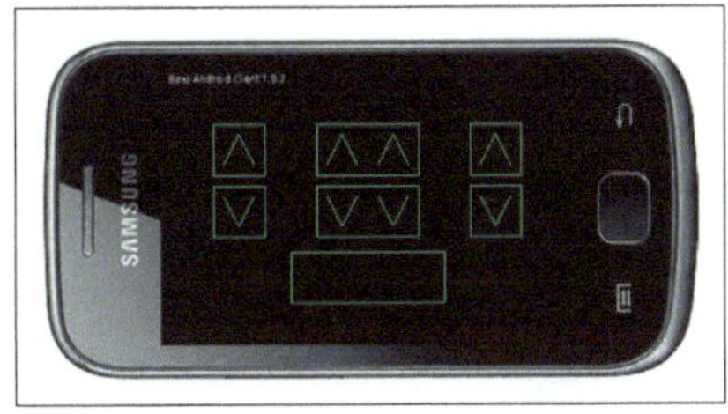

图 21.29 BOXZ Android 客户端 Demo 版本 App

图 21.30 展会筹备时的绿皮猪盒仔和愤怒的小鸟

图 21.31 Cosplay 吸引了大量小朋友的关注

图 21.28），虽然费了一大番功夫，但是最终效果还是蛮惊艳的。

这期间，我们还发布了由网友大连好人制作的 BOXZ Android 客户端 Demo 版本 App（见图 21.29），让大家可以通过 Android 手机对盒仔机器人进行遥控。这样就不必带着电脑追着盒仔跑了。其实当初我也有自己搞定 App 开发的想法，不过后来弄了一个“你好！世界！”就浅尝辄止了，还是让专业的人去做专业的事情，自己腾出时间去做更适合的工作吧。

2012 年年底，我带着我们的成果参加了上海创客嘉年华。考虑到当时《愤怒的小鸟》比较流行，我们带去了小鸟大战绿猪主题的盒仔 Cosplay（见图 21.30）。

在展会当天，这个 Cosplay 吸引了大量小朋友的关注，但因为只有一台盒仔可以遥控，很多小朋友只好拿着积木在一边玩耍去了（见图 21.31）。由于展会现场太热闹了，等到展会结束的时候，桌面上也只剩下几根小鸟的羽毛了。

孩子们对《愤怒的小鸟》的喜爱，也感染了盒仔团队成员创客老爹蛮。《愤怒的小鸟》主题皮肤全部出自他的手下，例如图 21.32 所示的这只红色的小鸟。

■ 图 21.32　红色小鸟 BOXZ

在这半年的时间里，我基本每天都是起早贪黑，一天当两天用那么过来的。对未来的憧憬，让我犹如打鸡血一般不知疲惫。总有那么多的想法等着去实现，总有那么多的青春等着去奋斗，总有那么多的欢乐等着去创造。

2013 年　创新的 BOXZ 之路

之前盒仔的 Arduino 代码还是比较臃肿的，对于新手而言，读起来也比较费劲。于是乎，在 2013 年上半年，我们将盒仔的整个代码进行了封装，制作了 BOXZ Arduino 库（见图 21.33）。这样大家只需要调用相应的函数即可实现机器人控制的常见功能，例如双电机驱动的方向控制和舵机手臂的动作控制等。其实本库不仅仅适用于 BOXZ，对市面上 90% 的电机驱动板都做了兼容性支持，从 4 脚到 6 脚的驱动板都可以使用本库进行机器人运动控制。

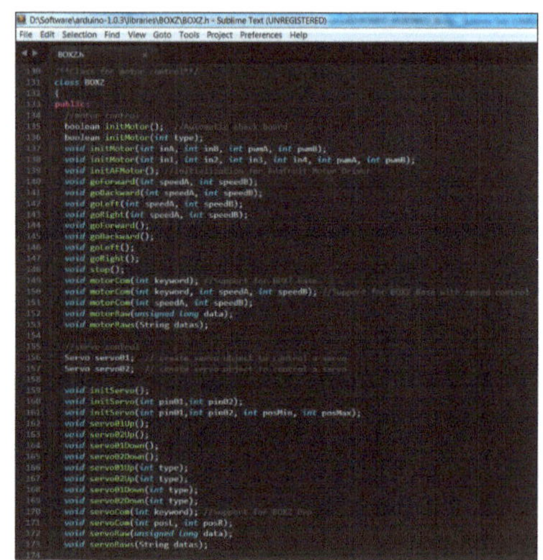

D:\Software\arduino-1.0.3\libraries\BOXZ\BOXZ.h - Sublime Text (UNREGISTERED)

File Edit Selection Find View Goto Tools Project Preferences Help

BOXZ.h

```
class BOXZ
{
public:
    boolean initMotor();
    boolean initMotor(int type);
    void initMotor(int inA, int inB, int pwmA, int pwmB);
    void initMotor(int in1, int in2, int in3, int in4, int pwmA, int pwmB);
    void initAFMotor();
    void goForward(int speedA, int speedB);
    void goBackward(int speedA, int speedB);
    void goLeft(int speedA, int speedB);
    void goRight(int speedA, int speedB);
    void goForward();
    void goBackward();
    void goLeft();
    void goRight();
    void stop();
    void motorCom(int keyword);
    void motorCom(int keyword, int speedA, int speedB);
    void motorCom(int speedA, int speedB);
    void motorRaw(unsigned long data);
    void motorRaws(String datas);

    Servo servo01;
    Servo servo02;

    void initServo();
    void initServo(int pin01,int pin02);
    void initServo(int pin01,int pin02, int posMin, int posMax);
    void servo01Up();
    void servo02Up();
    void servo01Down();
    void servo02Down();
    void servo01Up(int type);
    void servo02Up(int type);
    void servo01Down(int type);
    void servo02Down(int type);
    void servoCom(int keyword);
    void servoCom(int posL, int posR);
    void servoRaw(unsigned long data);
    void servoRaws(String datas);
```

■ 图 21.33　BOXZ Arduino 库

有了 BOXZ 库之后，一套盒仔机器人的运动和手臂控制程序仅仅需要十几行代码即可实现了（见图 21.34），大大降低了爱好者制作一款互动机器人的难度。

BOXZ_Pro | Arduino 1.0.3

File Edit Sketch Tools Help

BOXZ_Pro

```
#include "BOXZ.h"
int  key;

void setup()
{
  Serial.begin(9600);
  boxz.initMotor();
  boxz.initServo();
  Serial.println("Hello! BOXZ!");
}

void loop()
{
  if(Serial.available() > 0) {
    key = Serial.read();
    boxz.servoCom(key);
    boxz.motorCom(key);
  }
}
```

■ 图 21.34　BOXZ Pro 的 Arduino 代码

但光有了库是远远不够的，为了让大家更直观地使用 BOXZ Arduino 库，我们还在极客工坊发布了 BOXZ 的 wiki 资料库，这里每一个函数都有详尽的中文说明和样例程

■ 图 21.35　BOXZ 的 wiki 资料库

■ 图 21.36　BOXZ 的 Github 文件管理

序（见图 21.35）。

我们还发布了 Github 文件管理（见图 21.36），方便大家下载最新版本的 BOXZ 库。其实从学习库的设计到完成 BOXZ Arduino 库只用了三四个月的时间，而 wiki 和 Github 的资料更新则占用了更多的时间和精力。

盒仔是由 Arduino 软件、硬件、皮肤、机械结构组成的。在完成了软件库的优化工作之后，我们还对机械结构进行了优化，使组装过程更加顺畅。在这里要感谢 Seeed 和 DFRobot 两家开源硬件公司，因为在开发盒仔的过程中，他们为我们团队提供了很多硬件资源支持，以便我们进行兼容性库的开发和应用。

2013 年年初，我们参加了深圳制汇节，这次带去了盒仔的皮肤工作坊。让小朋友们可以将自己亲手制作的盒仔皮肤套在机器人身上进行遥控体验（见图 21.37）。

看着小朋友们专注和快乐的神情，我们感到非常满足。其中一个小女孩竟然兴奋地将盒仔的皮肤套在头上当帽子（见图 21.38），这是我们从来都没设想过的画面，但这真的发生了，相信对大家而言，这会是一个难忘的周末。我们也深刻地认识到，经过小半天的努力就能轻松实现盒仔的互动体验所给予的成就感，是花几百元钱在超市里买个遥控玩具所无法比拟的。

大家还记得我们之前提过的足球赛么？其实《超级马里奥》只是我们童年玩过的经

■ 图 21.37　红外遥控版本的盒仔机器人

■ 图 21.38　小女孩将盒仔的皮肤套在头上当帽子

典游戏之一，我们的超级马里奥足球赛的灵感就来自另一个比较经典的红白机游戏《热血足球》（见图 21.39）。而现在，我们拥有了原创的盒仔足球队角色皮肤（两支完整的足球队和一支拉拉队）。我们还为小球员们设计了绿茵球场，在这里，个性鲜明的眼镜仔可以肆无忌惮地踢足球了（见图 21.40）。

在大连进行了热身赛之后，在 2013 年 10 月的一个周末，我们带着球队来到了上海创客嘉年华。球赛开始的短短几分钟内，小小的帐篷就挤满了小朋友。本来计划进行的 2V2 足球赛，也因为场面难以把控而改成了 1V1，最终在 3 名志愿者小伙伴的帮助下才顺利地展开了活动。有的小朋友甚至会直接冲入球场和盒仔抢球，我们被迫只好拉上了警戒带，对活动区域进行了半封闭式的场地管理（见图 21.41）。在此特别感谢我们可爱的志愿者们在展会期间所付出的努力，以及主办方提供的设施和资源。

我们回到大连后，和创客空间的小伙伴分享了上海行的视频（见图 21.42），当大家看到小朋友那激动的举止之后，一个个都笑翻了天。这一刻我们成功了，因为盒仔传播了欢乐。

当时我们的手机端 App 还仅仅支持蓝牙 2.0 的通信，也就是说仅能在 Android 手机上运行，不支持 iOS 手机。而当时的 iOS 还未正式开放蓝牙通信接口，只能通过 Wi-Fi 进行控制。为了让 iOS 也能实现盒仔机器人的遥控，在通信模块的选择上我们兜了个小圈子，采用了 Wi-Fi 模块并做了一

图 21.39 《热血足球》游戏画面

图21.40 4套盒仔机器人和LEGO版盒仔的赛后合影

图 21.41 1V1 足球赛

图 21.42 和创客空间的小伙伴分享上海行的视频

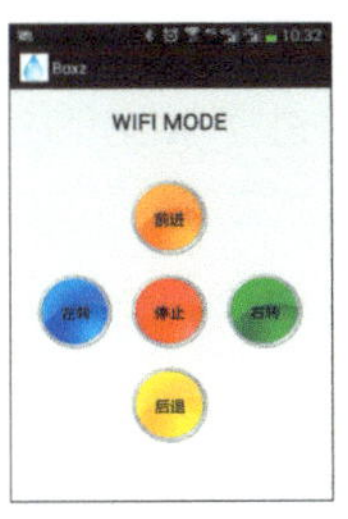

■ 图 21.43 Wi-Fi版的BOXZ客户端

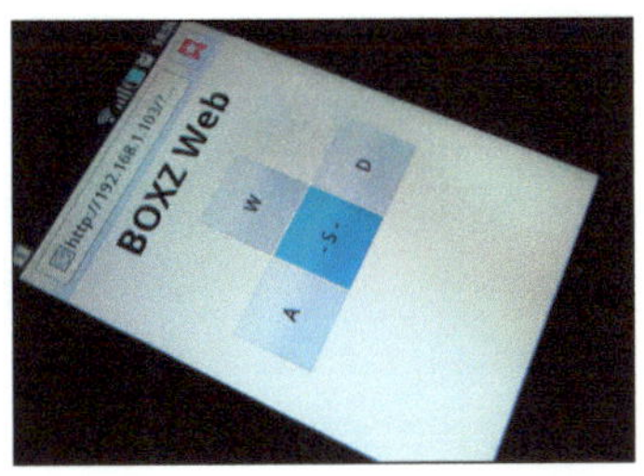

■ 图 21.44 通过浏览器访问服务器的网页操作盒仔

■ 图 21.46 索隆 BOXZ

■ 图 21.45 BOXZ App LOGO

■ 图 21.47 海绵宝宝 BOXZ

款 Wi-Fi 版的 BOXZ 客户端 Demo（见图 21.43）。

既然支持 Wi-Fi，自然也就可以支持网页显示。我们甚至还尝试直接在 Arduino 跑了一个 Web 客户端，让大家可以通过浏览器访问服务器的网页，直接操作盒仔（见图 21.44）。如果是网页，就可以轻松实现跨平台的运行啦。

但后来经过实践证明，这些用 Wi-Fi 的方案都是坑。功耗高、场景需要路由器、搞不定的零配置等问题最终扼杀了这个方案。虽然在 App 的开发上，这一年没有什么进展，但是 App 的 LOGO 我们却已经很满意了。其中第一个草图是笔者鼠绘的，中间的橙色 LOGO 是亮哥设计的，而正式版 LOGO 则来自盒仔球队的设计者妮娜（见图 21.45）。

当然，除了原创的皮肤以外，我们还推出了很多 Cosplay 的盒仔形象，例如《海贼王》中手持三把刀的索隆（见图 21.46），还有表情丰富、拥有 LED 点阵动画贱贱表情的海绵宝宝（见图 21.47），为了烘托氛围，我们还特意配合了个海底世界的屏幕保护作为背景。

当然，这一年里最开心的事情就是盒仔拿到了第一个奖，我们很荣幸地获得了由《无线电》杂志主办的 2012 年 Arduino 挑战赛的冠军。整个比赛贯穿了 2012 年年底和 2013 年上半年，盒仔项目最终从众多的创客项目中脱颖而出。

2014 年 腾飞的 BOXZ 之翼

2014 年，盒仔团队的主要任务有 3 个：开发更小巧的 BOXZ Mini、发布 BOXZ

■ 图 21.48　盒仔团队成员（部分）合影

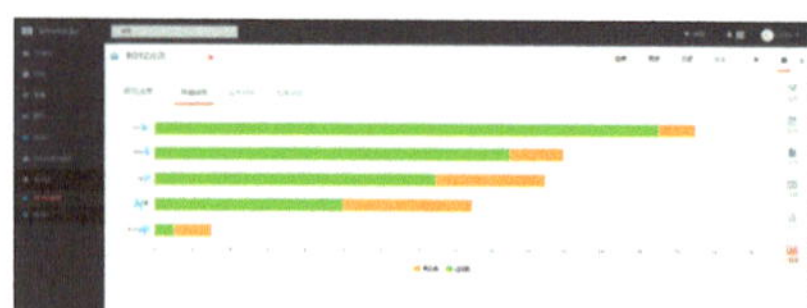
■ 图 21.49　worktile.com

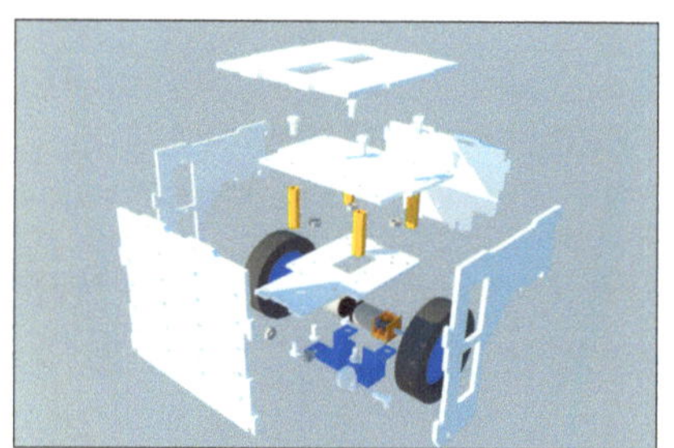
■ 图 21.50　BOXZ Mini 的爆炸图

■ 图 21.51　BOXZ Mini 定格动画

App 的 iOS 正式版和做整个盒仔项目的宣传推广。2014 年年初，我们在苹果官方 App 市场上架了 BOXZ 应用为整个项目的腾飞奠定了基础。随着项目规模的发展，其项目规模和管理也变得复杂起来，加之有异地小伙伴的加入（见图 21.48），远程办公变得迫在眉睫，于是我们引进了 worktile.com 作为项目在线协作和管理平台（见图 21.49）。这款在线平台可以让我们轻松实现项目分工和进度管理，同时还支持文档协作编辑等强大功能，作为微型团队的项目管理来说完全够用了。

提起 BOXZ Mini，相信各位读者都已经有所了解。在 2015 年 3 月的《无线电》杂志中，我们曾经详细地介绍了 BOXZ Mini 的设计和制作过程。考虑到 BOXZ Pro 体积较大、携带不便等问题，我们决定开发迷你盒仔机器人。为了实现更小的尺寸，我们对其整体结构重新进行了设计（见图 21.50）。

当时为了发布 BOXZ Mini，我们还拍摄了一段有趣的定格动画，讲述的是超级马里奥吃了蘑菇结果变小了，然后被小怪物 KO 的故事（见图 21.51）。好吧，我承认这相当于一个冷笑话。

当然，为了真实地还原 BOXZ 体积的变化，电脑特效什么的肯定是浮云了。我们按照比例缩放的关系制作了一堆 BOXZ 外壳的纸模型皮肤，最终实现了拍摄所需要的效果（见图 21.52）。

在这一年，我们还收到了很多盒仔爱好者的反馈。例如网友 MoonSet 制作了自己的 BOXZ 机器人（见图 21.53），右侧那款自称 BOXZ Nano 的家伙只有 5cm×5cm×5cm 大小，比我们目前最小的 BOXZ Mini（8cm×8cm×8cm）还要小很多。当看到了这么小的 BOXZ 时，笔者表示很惊讶。在盒仔开源社区里，还有一些热心的爱好者分享了自己制作和设计的盒仔，甚至有的爱好者因为我们的开发进度比较慢而亲手制作了 Android 的 BOXZ App。在此，很高兴看到大家在盒仔项目现有的基础上发挥创造力，制作那款独一无二的属于自己的盒仔机器人。

当然，我们团队的小伙伴也没闲着。由于团队成员数量有限，且大家都是利用工作之余兼职来管理和维护盒仔的项目，因此很多任务在时间进度上比较难以把控，拖期也是经

图 21.53 BOXZ Nano

图 21.52 拍摄所用道具

图 21.54 圣诞主题的原创皮肤

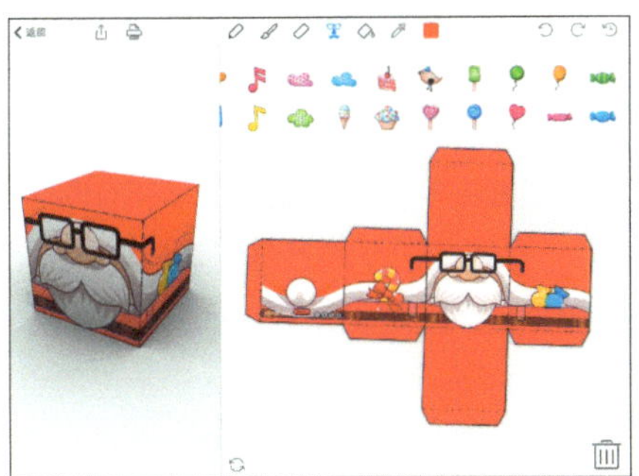

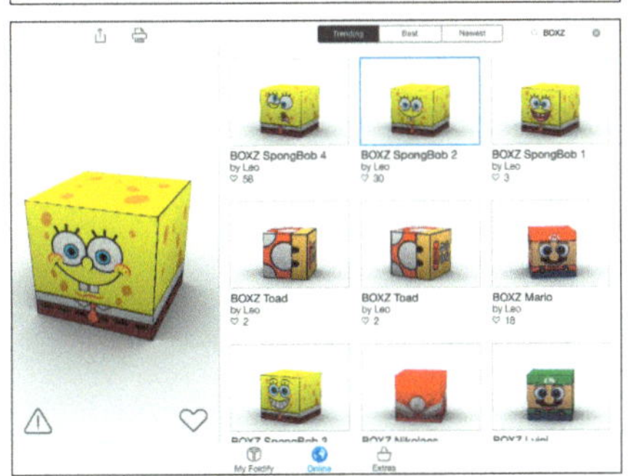

图 21.55 在 Foldify 平台上进行二次开发

常发生的事情。但我们会一直努力将最精彩的盒仔互动机器人呈献给大家。例如我们正式发布了圣诞主题的原创皮肤，包括 BOXZ Pro 和 BOXZ Mini 两个版本的圣诞主题皮肤以及小礼物方块的纸模型（见图 21.54）。

同时，我们还将 BOXZ 的皮肤上传到了 Foldify 平台，让大家可以在现有皮肤的基础上进行二次的创意开发（见图 21.55）。不论是带着黑框眼镜的圣诞老人，还是手握气球的，一切在手指的拖曳之间即可轻松实现。

在我们的老窝——大连歹饭创客空间里摆放着全套的盒仔足球队和圣诞主题皮肤，欢迎大家来抱走自己喜欢的盒仔哦。

还记得之前和大连的小伙伴们在分享会里演示 BOXZ 在仿真软件里的运行效果（见图 21.56），也算是对虚拟和现实连接的一次尝试了。

作为创客项目宣传和推广的重要手段之一就是参加每年的深圳制汇节和上海创客嘉年华，我们在 2014 年也把 BOXZ 组团带到了深圳。可惜由于下雨的原因，本来计划的足球赛泡汤了。在这年的上海创客嘉年华上，我们已经具备了复制足球赛互动活动和盒仔工作坊的能力了，即使团队的骨干不在展会现场，也可以通过策划方案将整个活动顺利地开展下去了。这是非常值得高兴的事情，因为我们不仅仅完成了从 0 到 1 的过程，还完成了更复杂的任务——活动执行团队的复制。这也为以后工作坊的推广奠定了重要的基础。

在这一年里，我们的球队征战了很多地方。每到一个地方，都遇到了小朋友的热情“款待”。有很多次小朋友们都想把盒仔直接抱回家，后来没办法，只好把皮肤送给大家作为纪念，才顺利地结束了活动。

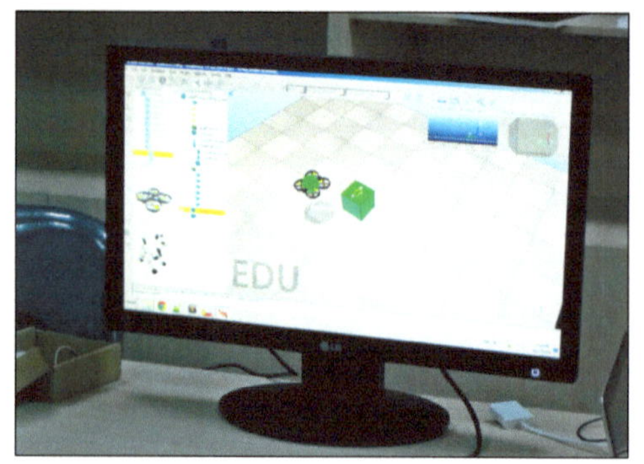

图 21.56　在分享会里演示 BOXZ 在仿真软件里的运行效果

图 21.57　用手机控制的盒仔足球赛

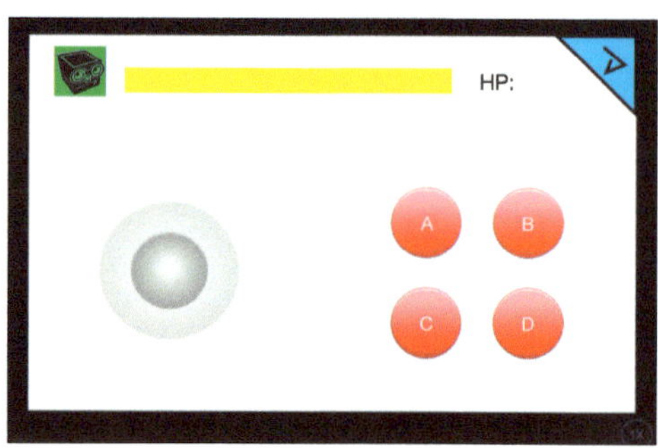

图 21.58　BOXZ iOS App Demo 主操作界面

其实自从我们的 App 上架了以后，不够用的不再是手机了，而是盒仔互动机器人（见图 21.57）。

提起 App，这里就要说到我们这一年重头戏的任务了。其实之前我们在 iOS 上

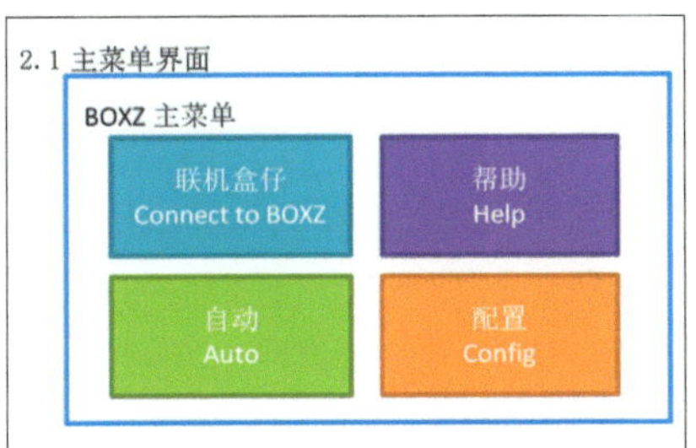

图 21.59　主欢迎界面的规划结构

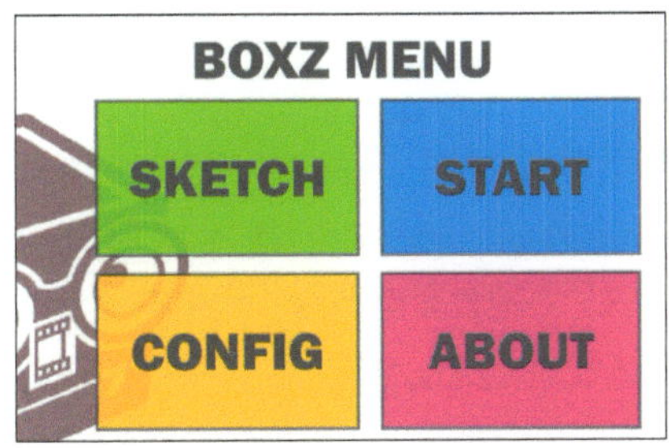

图 21.60　用 Flash 制作的界面效果图

架了 BOXZ 的 App Demo 版本，操作界面是比较寒酸的，只有功能是实现的，完全没有 UI 和 UE 的设计在里面可言（见图 21.58）。

为了让大家进一步了解 BOXZ App 的诞生过程，我们这里就以主欢迎界面为例，向大家呈现它的蜕变历程吧。其实在开始之前，主欢迎界面的规划结构是这个样子的（见图 21.59）。

然后我简单地用 Flash 制作了个界面效果图（见图 21.60），这样 App 主程序就可以在此基础上增加功能以便进行调试。

我和设计师说，希望主欢迎界面有一种仰望天空的感觉。然后我们的美工开始脑洞大开地进行 UI 的设计，第一版最后一次的修改效果如图 21.61 所示。看了这个界面，我个人感觉美工的脑洞完全没被打开。这时候，我也多少有点理解为什么有时候设计师会和项目经理吵架了。

经过进一步的深度沟通，我们的设计师上道了，但整体的设计感觉还缺少些什么（见图 21.62）。

总共经过了 100 多条的 UI 和 UE 修改项，我们最终完成了全部的界面和互动效果设计。其中 App 主界面效果如图 21.63 所示，这已经是我无法挑出任何缺陷的主欢迎界面了。这画面感觉就像躺在绿茵球场的草坪上，

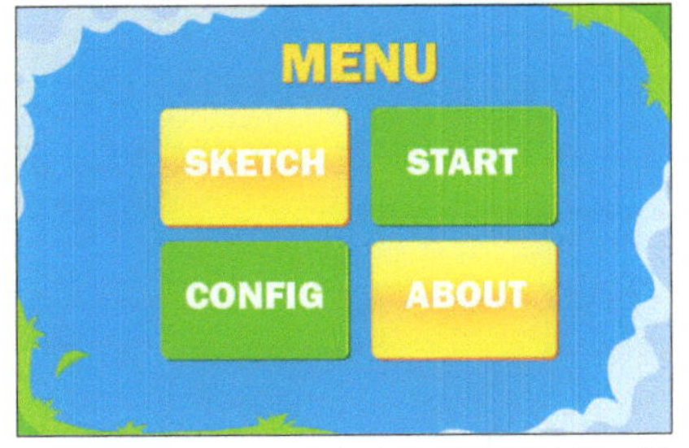

图 21.61　BOXZ 主欢迎界面设计第一版

图 21.62　BOXZ 主欢迎界面设计第二版

图 21.63　BOXZ 主欢迎界面设计最终版

仰望着天空，看着小伙伴们在欢乐地玩耍着一样。

值得高兴的是，我们的努力也得到了媒体的关注。BOXZ 机器人项目获得 CCTV13、中国教育电视台、北京电视台等多家媒体报道（见图 21.64），同时还获得了全国大学生应用设计大赛的新锐奖。

就这样，在这一年里我们发布了迷你版的盒仔、开通了 BOXZ 的官方网站、上架了 BOXZ App，还一个不小心上了 CCTV 的电视采访，收获还是蛮多的。可以说 BOXZ 的 App 让我们的项目插上了梦想的翅膀，飞向成功的彼岸。

2015 年　执着的 BOXZ 之心

虽然我们在 2014 年就发布了 BOXZ Mini，但其真正小批次量产是在 2015 年年初。我们还制作了详细的组装和调试教程，方便大家完成盒仔的组装和调试。

BOXZ Mini的优化和量产告一段落了。我们又对 BOXZ Pro 进行了结构优化，让其组装时间从一个多小时缩短到和 BOXZ Mini 一样，仅需要半个多小时。这样这两款产品都适合作为工作坊活动的套件了。除了驱动单元没有变化，依然使用黄色的 TT 减速电机以外，其他所有结构全部重新进行了设计。不仅如此，对于之前版本有很多连接

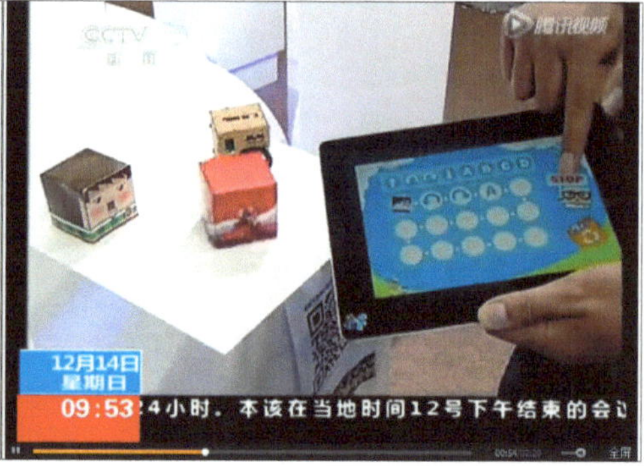

■ 图 21.64　在 CCTV13 的新闻中向大家演示 BOXZ Mini 机器人

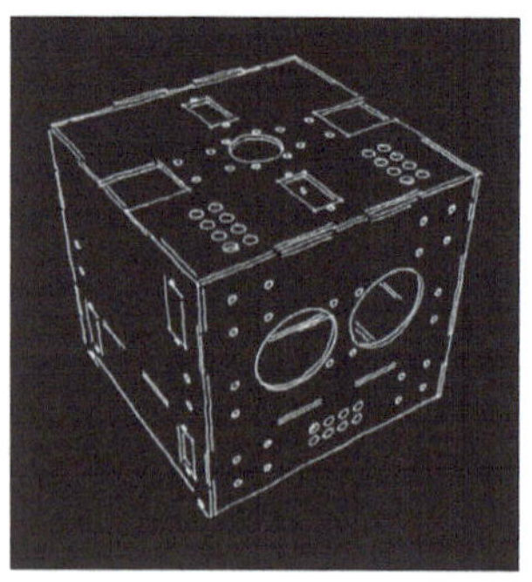

■ 图21.65　BOXZ Pro V2的草图效果

■ 图 21.66　全套的盒仔纪念徽章

不顺畅的地方、容易碎裂的地方我们也都做了结构优化，因此我们将其定义为 BOXZ Pro V2（见图 21.65）。

为了感谢大家对 BOXZ 长期以来的支持和关注，我们还精心设计和制作了一小批纪念版的盒仔徽章（见图 21.66）。其实关于徽章我们有一个小小的遗憾，那就是这年夏天在大连创客空间迎接李克强总理前来考察的时候，当时为什么没敢送出一个盒仔纪念徽章呢?

结束语

截止到笔者完稿，我们已经成功销售出去几百套大大小小的盒仔机器人了。虽然过程比较艰辛，但也算是完成了从 0 到 1，再从 1 到 100 的过程了。这段期间经常有人问我“你们的盒仔项目有什么商业模式？有没有市场？”一类的问题，其实对我们而言，项目的启动源自兴趣爱好，根本就是在无视市场的前提下发展起来的，又何谈市场前景呢？兴趣使然，尽兴即好。盒仔的项目到现在已经过去 4 个年头了，一个由兼职爱好者组成的团队能把它坚持到现在，我们也是蛮有成就感的。再次感谢盒仔团队每一位成员的辛苦付出，没有大家的共同努力，就没有盒仔今日的精彩。也非常感谢每一位支持和关注我们的爱好者、每一位参与体验或制作盒仔的小朋友、每一位给我们项目点赞或提出意见的小伙伴，是大家给予了我们前进的动力，让我们看到了希望的曙光。我们希望未来新版的盒仔依然是可以让大家眼前一亮的；依然是充满了惊奇、欢乐和满足的；依然是不忘初心，勇往直前的。

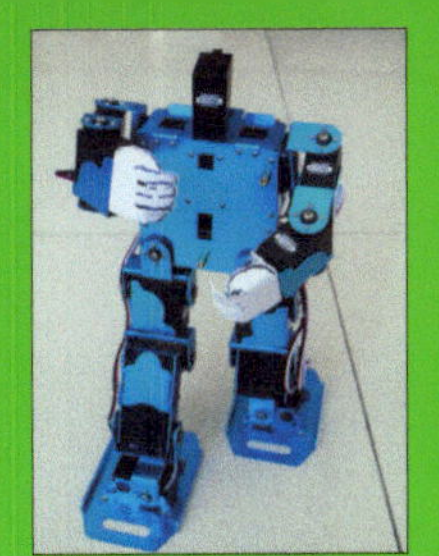

第 6 章

人形机器人

22　一起来玩双足机器人吧！

23　现实版铁甲钢拳来了！

24　铁甲钢拳威力加强版

25　让铁甲钢拳随你而动

26　用语音控制铁甲钢拳

一起来玩双足机器人吧！

◇孟庆彪

对于双足机器人，可能很多人都比较熟悉，大家在各种各样的比赛中看到的人形机器人、各种仿生结构的机械腿等，里面都包含双足机器人方面的东西。实际上，双足机器人相对于其他类型的机器人起步较晚，这方面的初期研究始于20世纪60年代。在20世纪90年代前尽管受到当时的微电子和计算机技术的限制，还是有很多人做出了杰出的工作。比如南斯拉夫学者Vukobratovic等人提出的零力矩点（ZMP）理论，早稻田大学在1973年研制成功的WABOT-1，加藤实验室在1980年推出的WL-9DR双足步行机器人，还有Takanishi等人在1985年研制的WL-10RD与在1993年研制的WL-12系列等。

进入20世纪90年代后，随着微电子和计算机技术的迅猛发展，仿人机器人技术获得了突破性的进展，机器人变得更加智能化，功能更加多样化。本田公司研制的P2机器人和闻名全球的ASIMO机器人，还有Boston公司的双足机器人Petman等，都是很好的代表。

虽然个人爱好者目前很难直接接触到上面提到的那些非常先进的机器人，但是这并不能阻挡我们对机器人技术的热爱。千里之行始于足下，我们可以先从最简单的双足机器人套件玩起，了解基本原理和编程方法，将来再设计更为复杂的机器人也不是不可能的。

图22.1所示就是DFrobot出品的ROB0051的所有机械零件和舵机啦，具体名称和规格见表22.1。

图22.1 双足机器人套件的所有机械零件和舵机

表22.1 零件列表

名称	数量
沉头M3×6螺丝	8
带法兰M3×6螺丝	34
M3螺母	42
M3弹垫	48
镀镍M4×10盘头螺丝	24
M4螺母	24
M2.5自攻螺丝	24
红色拨动开关	1
DC2.0带螺纹电源座	1

续表

名称	数量
DF05BB 舵机	4
DF15MG 舵机	2
舵机支架	6
L 形支架	2
995U 支架	6
F393Z 杯式轴承	6
脚板	2
U 形梁	1
电路板安装板	1
M3×10 铜柱	4
M3×10 螺丝	6
M3 带帽螺母	6

22.1 装配过程

对于整体的装配，我采用的是自下而上的顺序。装配时，每一个关节我都是把舵机留到最后才装，如果先把舵机装到舵机支架里的话，有很多螺丝会没办法拧进去。

❶ 已经安装了舵机支架和 U 形支架的脚板。

❷ 接着就是装舵机了。在装舵机的时候，我发现一个小小的问题，就是固定足部的两个 DF15MG 舵机舵盘的自攻螺丝太长，按照说明书中的方法安装，自攻螺丝会顶到舵机，引起舵机外观或者硬件的损伤，所以我采用了把橡胶套垫在 U 形支架和圆舵盘之间的安装方法。

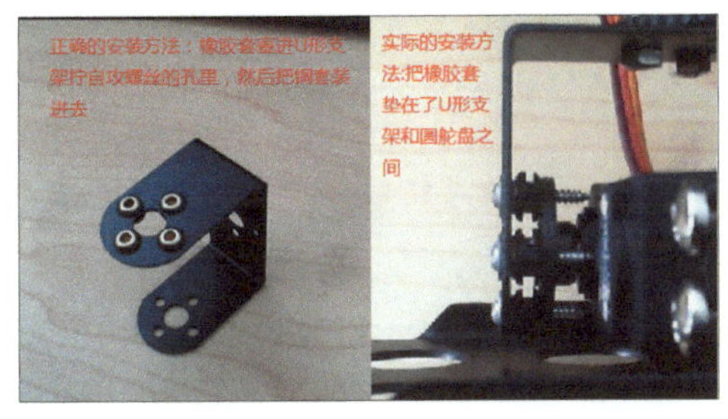

❸ 当我把舵机装进去后，发现忽略了一个很重要的问题，那就是舵机的角度。因为 DF15MG 和 DF05BB 舵机的可控角度在 −90° ~ 90°，安装时，舵机角度最好在 0° 附近，这样双足可以做出更加协调和平衡的动作。而我装上去的显然不是这样——踝关节只能向其中一边运动 40° 左右……所以我不得不拆掉，重新安装了一次。

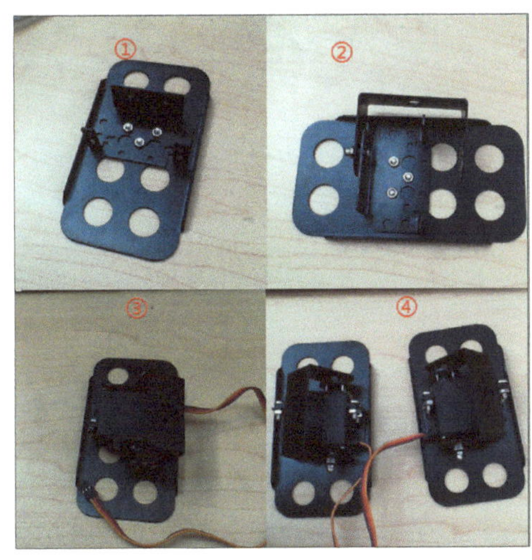

❹ 接着就是膝关节了。在装膝关节的时候，那两个 L 形支架就开始派上用场。我没有把 L 形支架直接安装到踝关节上，而是先把它装到了膝关节的舵机支架上。然后

再把脚板和膝关节的整个支架连接上。

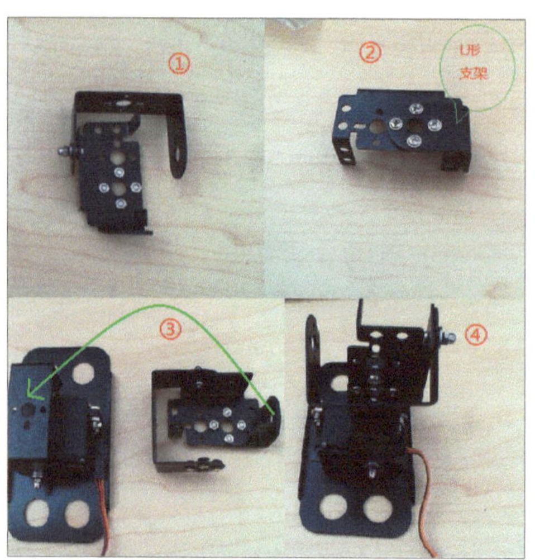

❺ 把舵机装上后，一条小腿就完成了。膝关节和大腿由于用的是 DF05BB 舵机，固定用的自攻螺丝不长，所以按照说明书中的方法安装就可以。

❻ 按照相同的顺序，把另一条小腿也装好。

❼ 接下来就是大腿了，我还是先把舵机支架和 U 形支架连起来，再把它连接到小腿，最后装舵机。

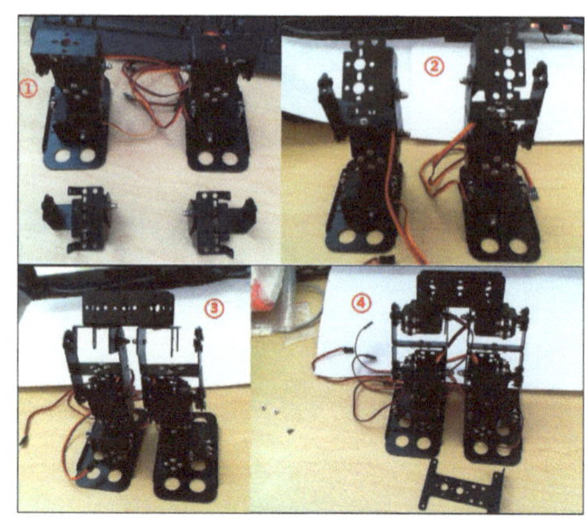

❽ 把控制板支架和控制板装上后，整个双足机器人的机械部分就完成了。

22.2 如何让双足机器人行走起来

机械部分安装完成后，接下来就是搞控制部分，让它行走起来。控制部分我用的是 DFrobot 的 32 路舵机控制板，这款舵机除 32 路数字 I/O 口外，还包括一个支持蓝牙和 APC220 无线通信的扩展口，所以我决定让它脱机运动。至于它的步态，我首先用 USBSSC32 这款软件调试了双足的动作（具体的步态会在程序中说明），然后用蓝牙模块让双足机器人和 Arduino 之间进行无线通信，进而达到让双足机器人脱机工作的目的。

图22.2所示就是调试软件的控制界面，很简洁，控制、保存等功能一目了然。话说动作调试可真是一个考验耐心的活，得一遍一遍地试验，一次一次地改写数据，最终才能拿出一个比较好的角度。

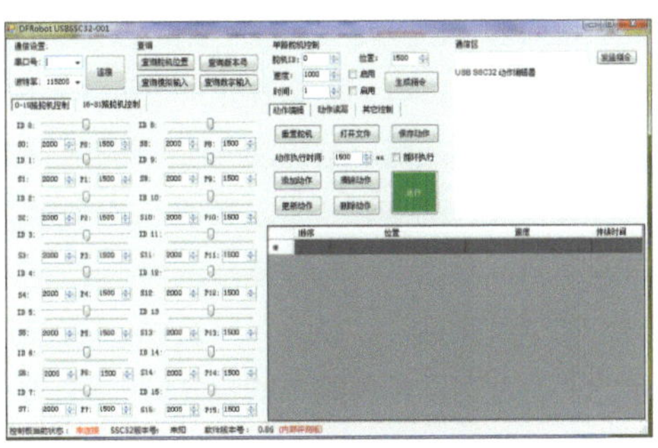

图 22.2　调试软件界面

22.3 控制程序

烧写到 Arduino 里的程序见下页（每一个动作都是在 600ms 内完成的）。程序看上去很简单，因为原理也很简单，就是把调试好的角度、运行时间等数据烧到控制板里，然后让单片机对这些数据直接读取、执行。

为了让其协调地行走，一个完整的步态被分为了 6 个动作：①重心右移，②抬左脚，③放左脚，④重心左移，⑤抬右脚，⑥放右脚。循环执行这些动作，就可以实现持续行走了。

当然，在用蓝牙控制双足机器人之前，是要对蓝牙进行配对的，其过程在此略去不表。蓝牙模块和机器人一起工作的场景如图 22.3 所示。

22.4 思路扩展——双足机器人还能做什么

可能有人会说，双足机器人只是被动地执行控制板里的程序，只会这样行走，未免太单调了。其实我们还可以继续对其进行扩展，例如让它拐弯。为了能让它拐弯，我们只需要对上面的程序稍作修改就可以。把左脚和右脚跨步的距离设定出一定的步差，由于两脚步长不一样，就会在走的过程中实现拐弯效果。你还可以给它加一个陀螺仪，根据陀螺仪反馈的信息，可以实现自主行走。你甚至可以给它加一个视觉系统等，让它变成你的“侦察兵”。总之，尽情发挥你的想象力，你就可以利用简单的套件做出很酷的作品。

图 22.3 Arduino、蓝牙模块和双足机器人

源程序

```
void Ready()
//初始化函数，初始化到站立姿势
{
  Serial.println("#0 P1260 #1
P1508 #2 P1492 #3 P1198 #4 P1756
#5 P1415");
  delay(2000);
}
void setup()
{
  Serial.begin(9600);
  Ready();
}
void loop()
{
  Serial.println("#0 P826 #1
P1508 #2 P1492 #3 P919 #4 P1756
#5 P1415 T600");//重心右移
  delay(400);
  Serial.println("#0 P981 #1
P1167 #2 P1151 #3 P919 #4 P1756
#5 P1415 T600");//抬左脚
  delay(400);
  Serial.println("#0 P1260 #1
P1167 #2 P1151 #3 P1198 #4 P1415
#5 P1071 T600");//放左脚
  delay(400);
  Serial.println("#0 P1539 #1
P1172 #2 P1151 #3 P1609 #4 P1415
#5 P1071 T600");//重心左移
  delay(400);
  Serial.println("#0 P1539 #1
P1508 #2 P1492 #3 P1477 #4 P2097
#5 P1756 T600");//抬右脚
  delay(400);
  Serial.println("#0 P1260 #1
P1849 #2 P1833 #3 P1198 #4 P2097
#5 P1756 T600");//放右脚
  delay(400);
}
```

23 现实版铁甲钢拳来了！

◇程晨

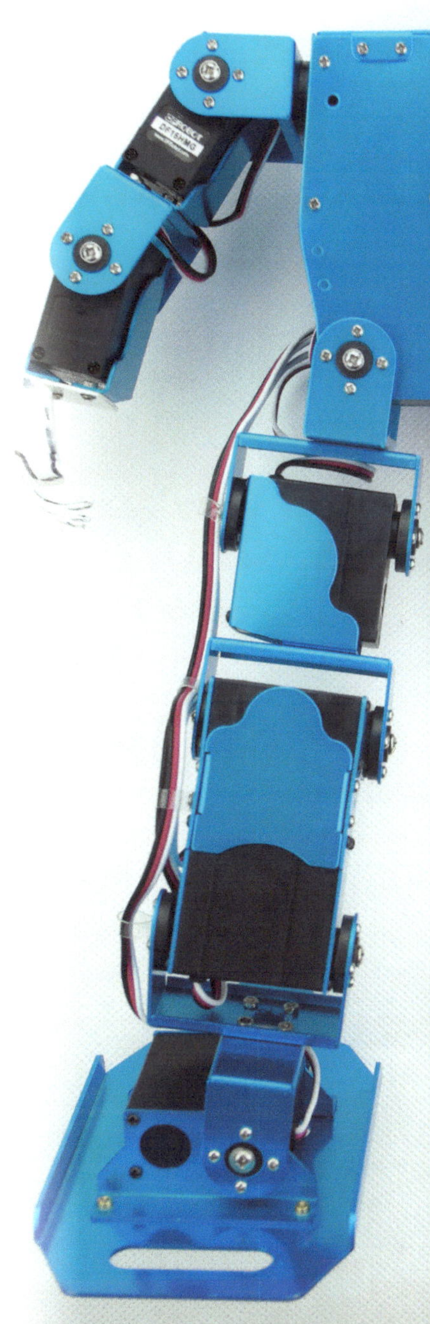

不知道大家对 2012 年央视春节联欢晚会上的创意节目《机器人总动员》是不是还有印象，几十个人形机器人在台上翩翩起舞，动作整齐划一。作为一个机器人爱好者，肯定希望拥有这样的一个机器人。但如果这个人形机器人只能跳跳舞，走文艺路线，混文艺圈，那就太没意思了。能不能让人形机器人干点有意思的事情呢？后来有一天和朋友谈起 2011 年 11 月上映的电影《铁甲钢拳》时，我萌生了制作一个遥控的格斗机器人的想法。

现在大部分 DIY 人形机器人都是用舵机作为关节，包括《机器人总动员》节目中的也是。但是舵机和关节还是有本质不同的，舵机的运动实际上是在一个平面上做 180° 的旋转，而关节的运动则是以一个点为中心的多轴性旋转运动。所以在人形机器人的制作中，可能需要两个舵机来实现一个关节的功能，通过这些舵机模拟人的动作，实现跳舞、行走、起卧、武术表演、翻跟斗等动作。这种形式的机器人对舵机的要求就显得格外重要了。

我选择了机器人专用舵机 DF15HMG，该舵机采用加厚外壳设计，结构坚固、扭矩大、旋转角度大、通信速度快、主频高，使用了钢和铜的混合齿轮结构（见图 23.1），更耐用，对于这种多关节的人形机器人尤为重要。另外，舵机内部选用了日本进口电位器作为反馈，控制角度可以达到 200° ，控制精度及其使用寿命更高。标准舵机的前后盖，兼容标准舵机支架。

图 23.1　DF15HMG 舵机

23.1　人形机器人的制作

❶ 舵机选定以后，就要考虑结构上的制作了。我的格斗机器人的腿部结构和上一节介绍的双足机器人基本上一样。

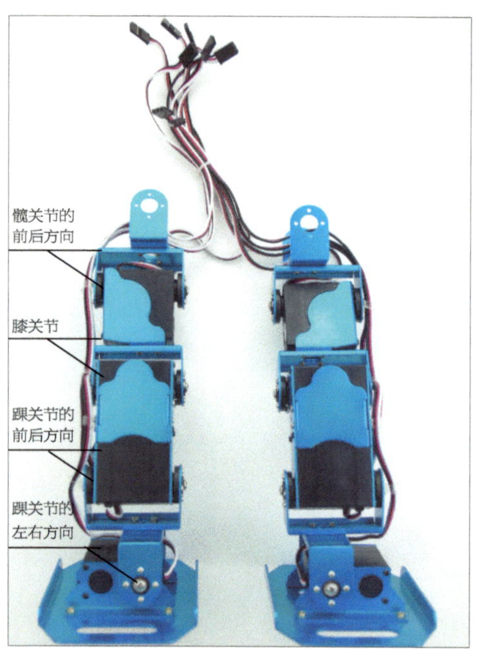

❷ 膝关节的运动比较单一，我们用一个舵机就能实现，而髋关节和踝关节则需要使用两个舵机，我们将它们称为关节的前后方向和左右方向。在腿部结构中，髋关节只有一个前后方向，它的左右方向的舵机放在了机器人的躯干里面。

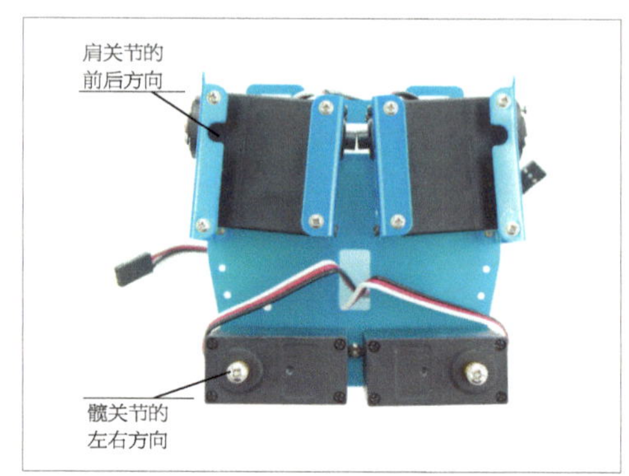

❸ 躯干部分可以认为是一个正方形的结构件，其中还安装了控制肩关节前后方向的舵机，我们将躯干封上后装在之前完成的两条腿上。

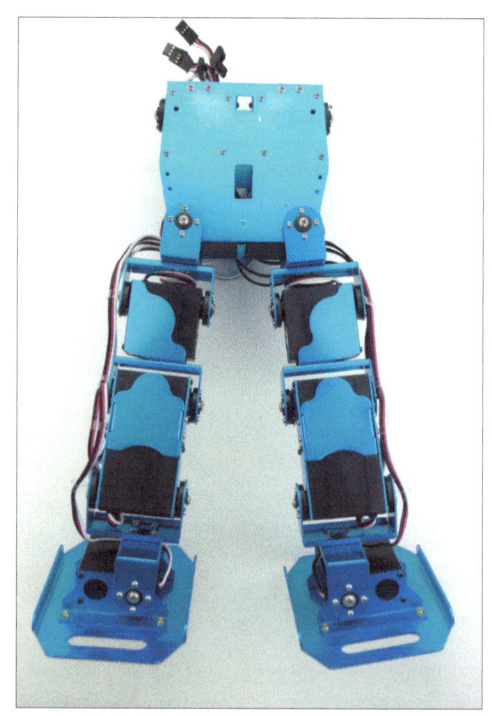

❹ 胳膊是采用双足机器人的 U 形支架与标准舵机支架一节一节拼接出来的，首先在一个舵机上安装舵机支架和 U 形支架。

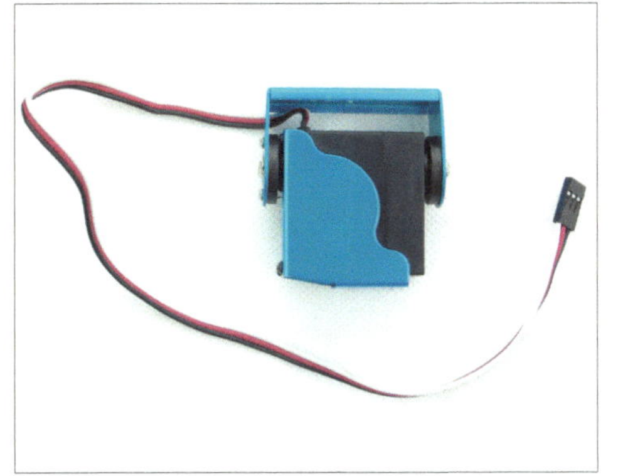

❺ 这就构成一个胳膊的基本结构，由于受到 PVCBOT 的影响，手是使用 PVC 材料做的，直接安装在舵机支架上。

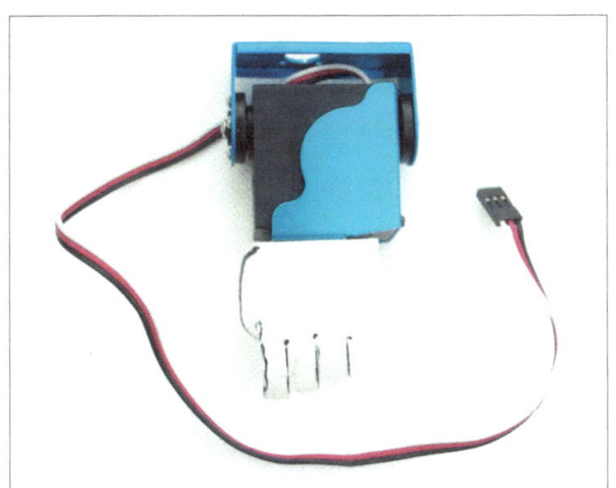

❻ 在机械臂的设计中我们省略了手腕部分，因为在格斗的动作中，手腕的作用很小，可以将手和小臂看成一个整体。我们在上一步的基础上再加一节胳膊的基本结构即可。

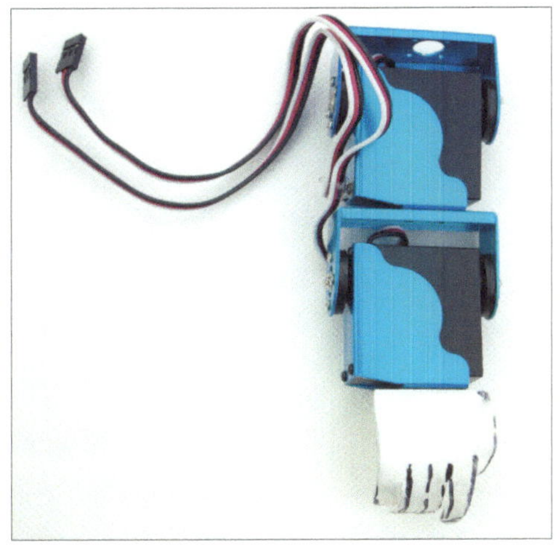

❼ 这就是我们制作完成的手臂，其中下面的舵机是肘关节，上面的关节是肩关节的左右方向，把它安装在躯干上。

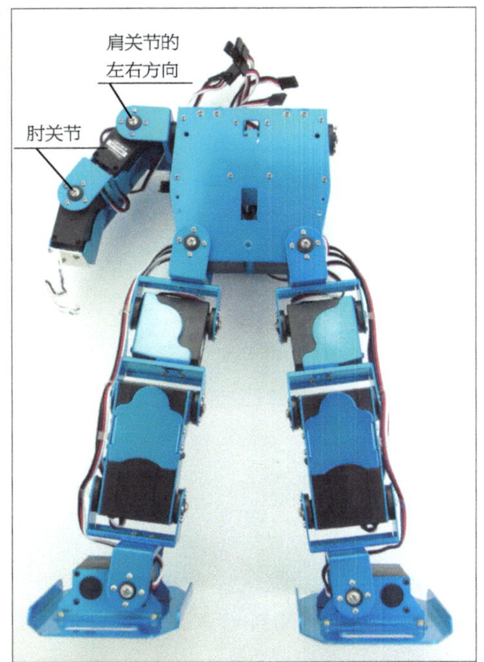

❽ 使用同样的方法制作另外一条胳膊并装在躯干上，然后再装一个舵机作为机器人的脑袋，这样机器人就有了一个可以左右摆动的头。

这是一个17自由度的机器人，即总共使用了17个舵机。其中腿部使用5个舵机，胳膊使用3个舵机，两条腿和两个胳膊共16个舵机，再加上头部的一个舵机，总共17个舵机。

接下来就是将这些舵机连接到舵机控制板上，通过软件来调整动作。舵机控制板上有一个串行接口，如图23.2所示，通过它与电脑的串口相连（若电脑没有串口，可以购买一个USB转串口的模块）。

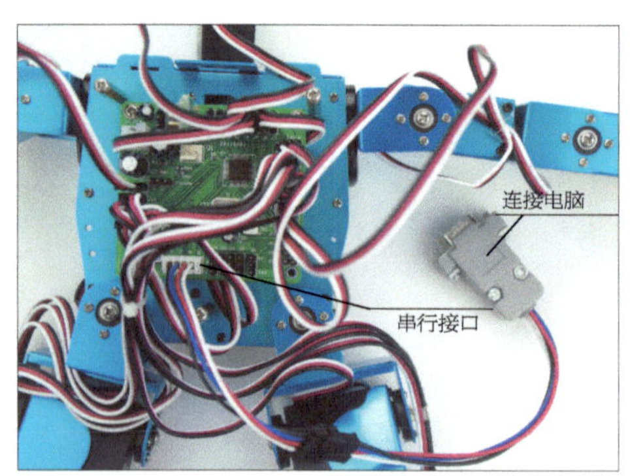

图23.2 舵机控制板

该软件内有一个3D的人形机器人模型，可以直观地反映我们调整各个舵机后机器人的形态，如图23.3所示。我们可以调节左侧的滑动条，也可以在3D模型上直接选择要调整的舵机，用鼠标滑轮调节。在使用软件之前，需要将舵机连接到对应的控制端口上，否则在使用时可能会出现调整的是胳膊的滑动条，实际上机器人是在动大腿的情况。

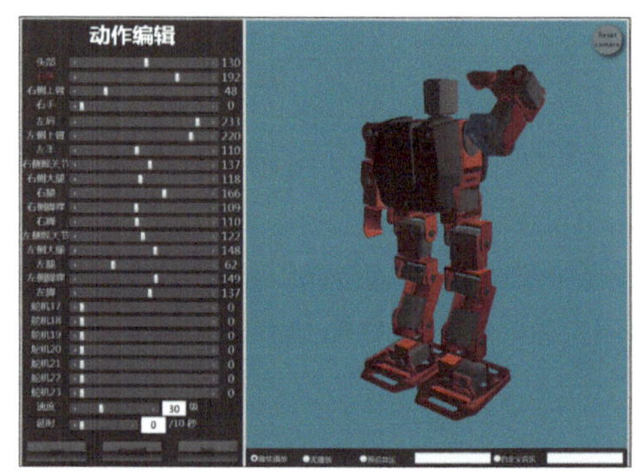

图23.3 软件界面

前期将舵机连接到对应的控制端口以及调整舵机的初始位置需要花费不少时间，有时可能需要将安装好的结构拆开，再重新组装一遍。好在现在DFRobot已经有了这种组装好的人形机器人套件，买回来之后可以直接进行调整动作的操作。

编辑完成后的动作可以组成一个动作序列，并能够下载到舵机控制板中保存起来，同时可以为该动作序列指定一个串口触发命令。

23.2 动作序列的制作

动作序列的制作是一项细致、费神的工作，手部的动作还好一些，最起码机器人不会摔倒；腿部的动作就比较麻烦了，如果调整不好，机器人就会重心偏移而摔倒。这里我们来简单地描述一下如何制作一个动作序列。

❶ 假设我们想制作一个图 21.3 中敬礼的动作，首先需要将动作分解为一个个的静态姿势。一个敬礼的动作可以分为两步，首先是由两臂下垂，变为右臂抬起做敬礼状，然后再变回两臂下垂姿势。这样就需要 3 个动作点，我们先在软件界面中放置 3 个动作标签。

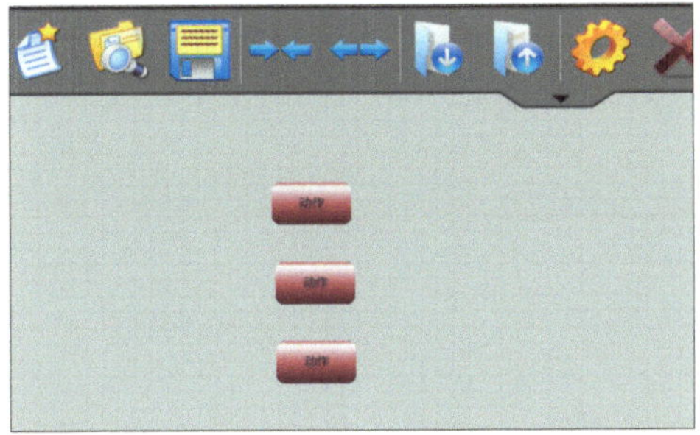

❷ 双击任意一个动作标签，都会弹出如图 23.3 所示的动作编辑窗口，这里我们将中间那个动作标签中的姿态调整为图 23.3 所示的敬礼姿势，第一个和第三个动作标签都设定为初始位置状态，即双臂下垂的状态。动作编辑完成后，我们通过鼠标右键的选项将 3 个动作标签连接起来，并将第一个动作标签设为起始动作。图中小红旗的标志即表示起始动作。

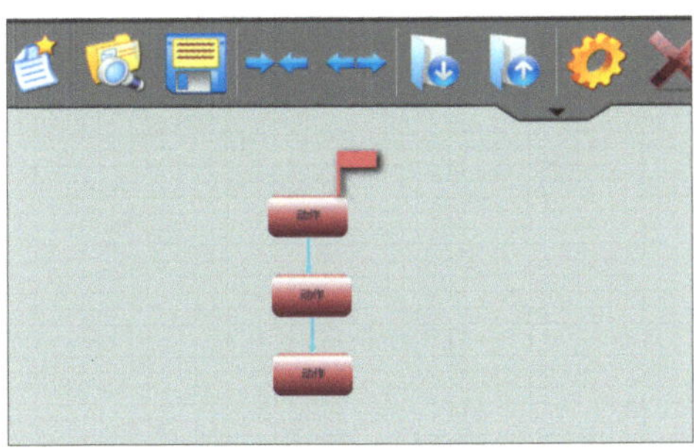

❸ 最后，可以通过菜单顶部的第 6 个按钮将动作下载到舵机控制板中。这样一个敬礼的动作序列就制作完成了。

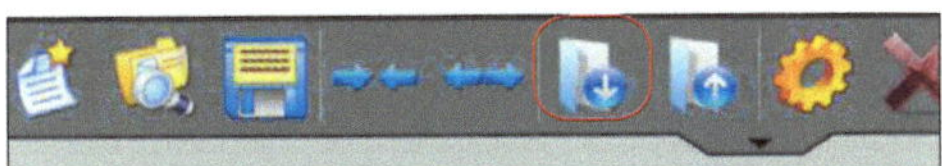

我们的格斗机器人当然不需要敬礼这样的动作，它需要的是移动、闪躲以及出拳的动作序列。通过几天的努力，我终于为它制作好以下几个基本动作序列（见表 23.1）。

考虑到当机器人倒下时，我们希望它能够自己站起来，所以最后还添加了一个向前倒下后起身和一个向后倒下后起身的动作。这些基本动作序列调完之后，我们先将机器人放在一边，来看看遥控端如何处理。

表 23.1 基本动作序列

序号	动作说明	触发指令（ASCII 码）
1	机器人前进一步	1
2	机器人后退一步	2
3	机器人左转	15
4	机器人右转	14
5	机器人向左滑动一步	8
6	机器人向右滑动一步	7
7	机器人下蹲	12
8	机器人起身	13
9	左拳	6
10	右拳	5
11	左臂摆动	4
12	右臂摆动	3
13	向前倒下后起身	9
14	向后倒下后起身	16

23.3 遥控端的设计

为了在控制机器人时更有娱乐性，我使用的是基于 Arduino 的开源游戏手柄，如图 23.4 所示。这个遥控器充分利用了 Arduino 的资源，按键输入使用数字口，摇杆输入使用模拟口，不过更新手柄的程序需要使用 FTDI 下载器。将游戏手柄拆开后，内部结构如图 23.5 所示。其内部 Arduino 的资源使用情况见表 23.2。

图 23.4 游戏手柄外观

图 23.5 手柄内部

表 23.2 手柄内部 Arduino 的资源使用情况

序号	按键或功能	Arduino 对应端口
1	连接无线模块进行数据传输	D0、D1
2	X 键（蓝色按键）	D3
3	Y 键（橙色按键）	D2
4	A 键（绿色按键）	D5
5	B 键（粉色按键）	D4
6	白色按键	D6
7	黑色按键	D7
8	十字键中的 UP	D8
9	十字键中的 LEFT	D9
10	十字键中的 DOWN	D10
11	十字键中的 RIGHT	D11
12	Back 键（左摇杆的左下方）	D12
13	Start 键（左摇杆的下方）	D13
14	左摇杆	X-A0，Y-A1
15	左摇杆按键	A6
16	右摇杆	X-A2，Y-A3
17	右摇杆按键	A7

知道了手柄上各个按键所使用的资源之后，我们就可以编写手柄的代码了。代码实现了每操作一下手柄，就会发送一个控制机器人运动的命令。

手柄操作程序

```
//定义变量
int joyLV,joyLH;
//左摇杆的 X、Y 方向数值
int joyRV,joyRH;
//右摇杆的 X、Y 方向数值
int butA,butB,butX,butY;
//手柄右侧 X、Y、A、B 四个按键
int butW,butBL,butU,butD;
//十字键上的 4 个方向
int butWH, butBL;
//白色键和黑色键
int butBA,butST;
//Back 键和 Start 键

//setup 函数，初始化数字端口为输入
void setup()
{
  for(int i=2;i<14;i++)
  pinMode(i, INPUT);
  //将 2~14 脚设为输入
  Serial.begin(57600);
  //设置波特率为 57600
}

//loop 函数，获取各个按键的状态
void loop()
{
   //读取模拟量
   joyLV = analogRead(A0);
   joyLH = analogRead(A1);
   joyRV = analogRead(A2);
   joyRH = analogRead(A3);

   //读取数字量
   butA = digitalRead(5);
   butB = digitalRead(4);
   butX = digitalRead(3);
   butY = digitalRead(2);

   butU = digitalRead(8);
   butD = digitalRead(10);
   butL = digitalRead(9);
   butR = digitalRead(11);

   butWH = digitalRead(6);
   butBL = digitalRead(7);
   butST = digitalRead(13);
   butBA = digitalRead(12);

   if( joyLV > 679) //当左边摇杆向上时（A0 口的 AD 值大于 679）
   {
     Serial.write(1);//手柄向机器人发送 1，机器人将做出前进的动作
   }
   else if(joyLV < 338) //当左边摇杆向下时（A0 口的 AD 值小于 338）
   {
     Serial.write(2); //手柄向机器人发送 2，机器人将做出后退的动作
   }
   if( joyLH > 682) //当左边摇杆向左时（A1 口的 AD 值大于 682）
   {
     Serial.write(15); //手柄向机器人发送 15，机器人将做出左转的动作
   }
   else if(joyLH < 340) //当左边摇杆向右时（A1 口的 AD 值小于 340）
   {
     Serial.write(14); //手柄向机器人发送 14，机器人将做出右转的动作
   }
   if(butA == 0)//按下手柄 A 键
   {
     Serial.write(4); //手柄向机器人发送 4，机器人将做出左摆的动作
   }
   if(butB == 0)//按下手柄 B 键
   {
     Serial.write(3); //手柄向机器人发送 3，机器人将做出右摆的动作
   }
   if(butX == 0)//按下手柄 X 键
   {
     Serial.write(6); //手柄向机器人发送 6，机器人将做出左拳的动作
   }
   if(butY == 0) //按下手柄 Y 键
   {
     Serial.write(5); //手柄向机器人发送 5，机器人将做出右拳的动作
   }
   if(butU == 0) //按下手柄上键
   {
     Serial.write(13); //手柄向机
```

```
器人发送 13，机器人将做出起身的动作
    }
    if(butD == 0) //按下手柄下键
    {
      Serial.write(12); //手柄向机
器人发送 12，机器人将做出蹲下的动作
    }
    if(butL == 0) //按下手柄左键
    {
      Serial.write(8); //手柄向机
器人发送 8，机器人将做出左移的动作
    }
    if(butR == 0) //按下手柄右键
    {
      Serial.write(7); //手柄向机
器人发送 7，机器人将做出右移的动作
    }
    if(butBA == 0) //按下手柄的
back 键
    {
      Serial.write(16); //手柄向机
器人发送 16，机器人将从后爬起
    }
    if(butST == 0) //按下手柄的
start 键
    {
      Serial.write(9); //手柄向机
器人发送 9，机器人将从前爬起
    }
  delay(100);
}
```

程序下载完成后，每当我们操作手柄时，就会发送一条控制指令到 D1 口，那么这个指令如何传输给机器人呢？我们发现这个开源的游戏手柄能够连接 XBee 接口形式的无线模块，于是就利用了这个接口。我使用的是 DFduino wireless 模块（见图 23.6），这个模块最大的优势是除了可以进行无线数据传输外，还可以作为 Arduino 的无线编程模块，在 Arduino 不便连接或根本无法连接 USB 线缆的情况下，对其进行编程。这个特点非常适合这个手柄的使用情况，因为我们无法在合上外壳的情况下使用 FTDI 下载器对手柄进行编程，每次编程都需要打开外壳、下载程序，然后再合上外壳、拧上螺丝，如果使用 DFduino wireless，我们就可以在不打开手柄外壳的情况下完成程序下载。当然大家也可以使用其他无线模块，如 APC220、蓝牙等。

手柄端完成后，再找一个配对好的 DFduino wireless 连接到舵机控制板的串行通信口上，遥控格斗机器人就基本成型了。当我将手柄上的左侧摇杆向上推时，手柄会发送命令“1”，这个命令通过 DFduino wireless 传送给舵机控制板，舵机控制板收到命令后就按照内部存储的“1”所对应的动作开始执行。其他操作的执行过程与此类似，这样我们就可以遥控这个人形机器人格斗了。

图 23.6 DFduino wireless 模块

虽然我们的格斗机器人基本成型了，但是造型上还有点简陋，下一节我们会进一步地完善它。

24 铁甲钢拳威力加强版

◇程晨

在上一节中，我们已经实现了格斗机器人的基本功能，只是它的造型还有点简陋。如果大家留意，会发现本期题图中的机器人比上期多了图 24.1 所示的几个部分——胸甲、背甲和手。手的小结构件可以替代之前用 PVC 材料制作的手，胸甲和背甲可以将控制板包裹起来，不旦起到保护作用，也让机器人更加好看。

大家可以在 http://v.youku.com/v_show/id_XNDEyNTcxNTc2.html 看到一段两个机器人格斗的视频，很有意思哦！

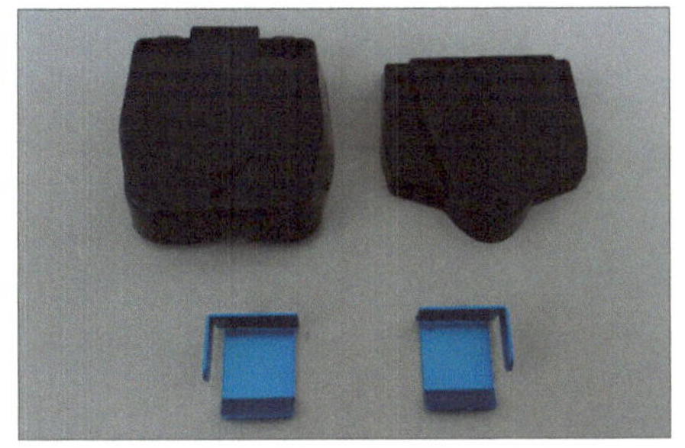

图 24.1 胸甲、背甲和手

此外，我还想让机器人在做动作的时候发出声音，就像玩《拳皇》或《街霸》游戏一样，这就需要对之前的制作进行一些修改。上一期完成的机器人的结构示意图如图 24.2 所示，为了实现上面提到的功能，我们就不能让手柄的控制信号通过无线模块直接发给舵机控制板了，而是需要增加一个模块，在收到手柄的信号之后，可以发送指令给舵机控制板，同时可以实现语音播放。改造后的机器人端连接示意图如图 24.3 所示。

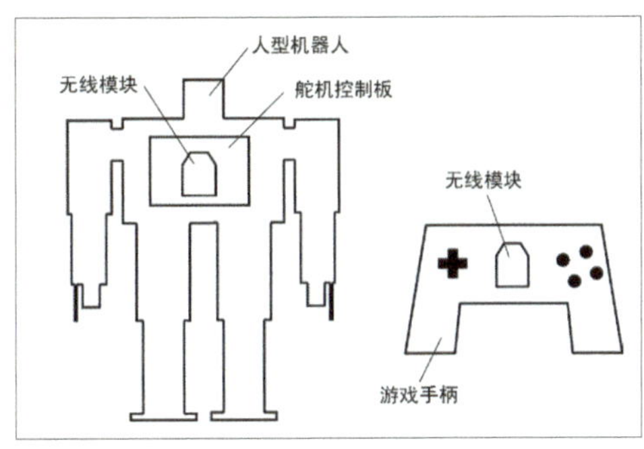

图 24.2 结构示意图

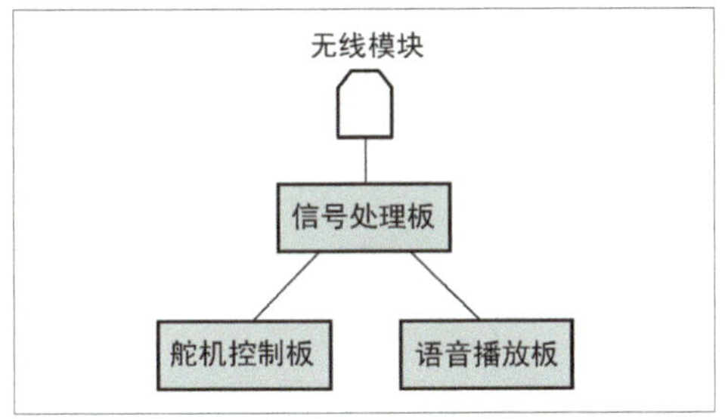

图 24.3 改造后的机器人端连接示意图

因为机器人背甲和胸甲内的空间有限，所以我选用了小巧的 Flyduino 来作为中间的信号处理板，如图 24.4 所示。Flyduino 是一款基于 Arduino 的微型控制器，大小只有 40mm × 24mm，集成了 12 个数字口、8 个模拟口和 1 个 XBee 无线数传接口，可直接连接我们的无线模块。

图 24.4 Flyduino

另外，让机器人发声的语音模块选择的是 DFRduino Player V2.0 语音播放模块，如图 24.5 所示。该模块支持 TTL 电平串口，只需要将语音文件放置在 SD 卡中，就可以通过串口发送文件名信息，播放相应的语音文件。同时模块还提供一个播放完毕提示端口，每当播放完一首歌曲，会输出一个高电平。器件选定以后，就可以开始我们的改造工作了。

图 24.5 DFRduino Player V2.0 语音播放模块

24.1 程序设计

由于模块之间都是通过 TTL 串口通信，而 Flyduino 只有一个硬件的 TTL 串口，且用在了与无线模块的通信上，所以需要用软件在 Flyduino 端模拟两个串口。在 Arduino 的库中有一个 SoftwareSerial 库，定义了一个 SoftwareSerial 的类，可以实现模拟串口，我们在代码中定义两个 SoftwareSerial 的对象 mySerial1 和 mySerial2，mySerial1 占用引脚 2、3，用来给语音播放模块发送指令；mySerial2 占用引脚 4 和 5，用来给舵机控制板发送指令。定义对象的代码如下：

```
SoftwareSerial mySerial1(2,3);
//模拟串口 1，用来发送音频指令
SoftwareSerial mySerial2(4, 5);
//模拟串口 2，用来发送动作指令
```

对照上一期中的动作表以及这次的声音表，我们能够得到一张声音、动作对照表，见表 24.1。

表 24.1 声音、动作对照表

序号	动作说明	触发指令	声音文件
1	机器人前进一步	1	yidong.mp3
2	机器人后退一步	2	yidong.mp3
3	机器人左转	15	yidong.mp3
4	机器人右转	14	yidong.mp3
5	机器人向左滑动一步	8	yidong.mp3
6	机器人向右滑动一步	7	yidong.mp3
7	机器人下蹲	12	yidong.mp3
8	机器人起身	13	yidong.mp3

续表

序号	动作说明	触发指令	声音文件
9	左拳	6	quan.mp3
10	右拳	5	quan.mp3
11	左臂摆动	4	bai.mp3
12	右臂摆动	3	bai.mp3
13	向前倒下后起身	9	dao.mp3
14	向后倒下后起身	16	dao.mp3

根据表 24.1，能够很方便地完成 Flyduino 中的程序，源代码如下：

```
#define MusicEnd 6
//用引脚 6 来检测声音文件是否播放完毕
SoftwareSerial mySerial1(2, 3);
//模拟串口 1，用来发送音频指令
SoftwareSerial mySerial2(4, 5);
//模拟串口 2，用来发送动作指令
char w;//接收字符
int flag=1;//音频结束标志，初始为 1
void setup()
{
 Serial.begin(57600);//串口波特率
 57600
 mySerial1.begin(19200);//模拟串
 口 1 波特率 19200
 mySerial2.begin(9600);//模拟串口 2 波
 特率 9600
 pinMode(MusicEnd, INPUT);
 // 第 6 脚接收音频结束标志
}
void loop()
 {
 if(Serial.available()>0)
 //判断串口是否收到数据
 {
  w = Serial.read();//读取串口数据
  if(flag==1)
  //当音频结束标志位为 1 的时候，播放
  音频
  {
   if(w==1||w==2||w==7||w==8||
   w==12||w==13||w==14||w==15)
   {
    //播放“yidong”这个音频文件，
    \r\n 表示换行回车
    mySerial1.print("\\yidong\r\
    n");
   }
   else if(w==3||w==4)
   mySerial1.print("\\bai\r\n");
   //摆臂
   else if(w==5||w==6)
   mySerial1.print("\\quan\r\n");
   //出拳
   else if(w==9||w==16)
   mySerial1.print("\\dao\r\n");
   //跌倒起身
  }
  if(w!=0)
  {
   mySerial2.write(w);//动作指令通过
   TTL 电平串口直接发给机器人
   flag=0;//音频结束标志置 0
  }
  if(digitalRead(MusicEnd)==LOW)
  flag=1;
  //检测到语音播放完毕后将标志位设置为 1
 }
```

24.2 制作过程

❶ 安装模块之前，我们首先要将声音文件保存在存储卡中，根据机器人的动作，我找了以下几种动作的声音，并按照表 24.2 给各个文件命名。大家也可以根据自己的喜好选择《拳皇》《街霸》之类游戏里的声音，但文件名一定要对上。

表 24.2　声音文件的命名与用途

序号	动作说明	声音文件名	备注
1	机器人移动	yidong.mp3	包括前进、后退、左转、右转、滑步、蹲下起身
2	出拳	quan.mp3	包括左、右手
3	摆臂	bai.mp3	包括左、右手
4	跌倒后起身	dao.mp3	包括向前和向后

❷ 声音文件复制完成后，将模块和扬声器都放在胸甲内，固定语音模块的螺丝刚好将扬声器卡住，然后用排线将模块的控制引脚和电源引出。这里要说明一点，本身套件中的胸甲是没有发声孔和模块安装孔的，需要用电钻自己钻。

❸ 连接语音模块的线缆需要从机器人的胸腔中穿过，以连接后面的Flyduino。

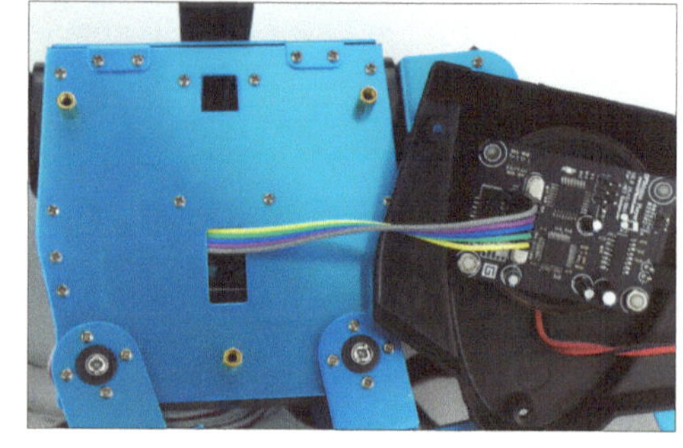

❹ 最后将胸甲固定在机器人身上。

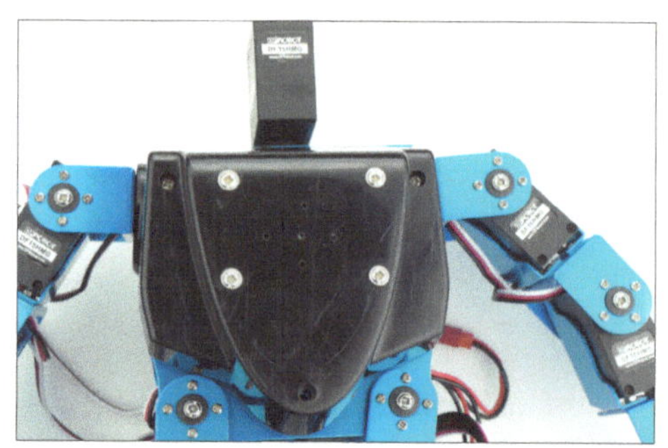

❺ 接下来安装Flyduino。由于Flyduino没有安装孔，所以我们利用它背面的XBee无线数传接口将其固定在背甲上。我们先在背甲上开两个槽，大小与无线数传接口一致。

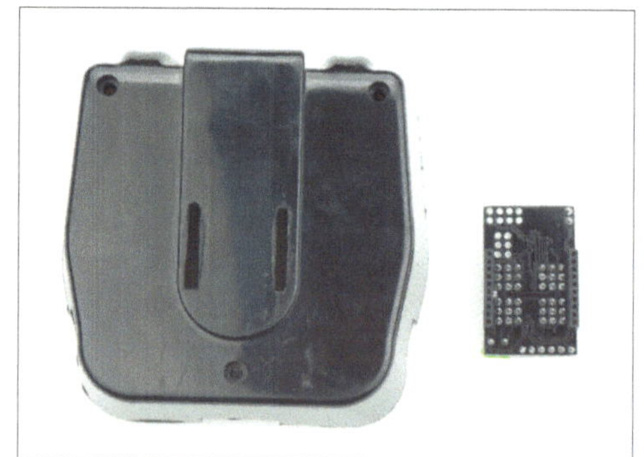

❻ 将 Flyduino 固定在背甲上，最后插上之前用到的无线模块。

❼ 将代码下载到 Flyduino 中后，按照下图完成这几部分的连接。Flyduino 和语音播放模块的电源均取自舵机控制板，语音播放模块的排线连接到 Flyduino 的引脚 2、3、6，舵机控制板的 TTL 串口连接到 Flyduino 的引脚 4 和 5。

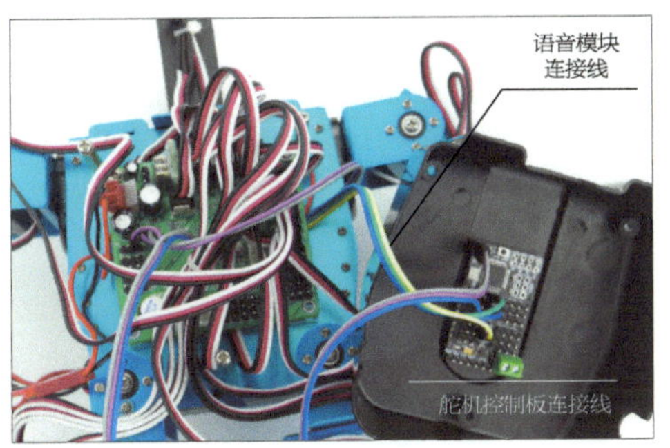

❽ 最后一步，将背甲安装在机器人身上，换上套件中手的小结构件。至此，我们的格斗机器人就算完成了，开始战斗吧！

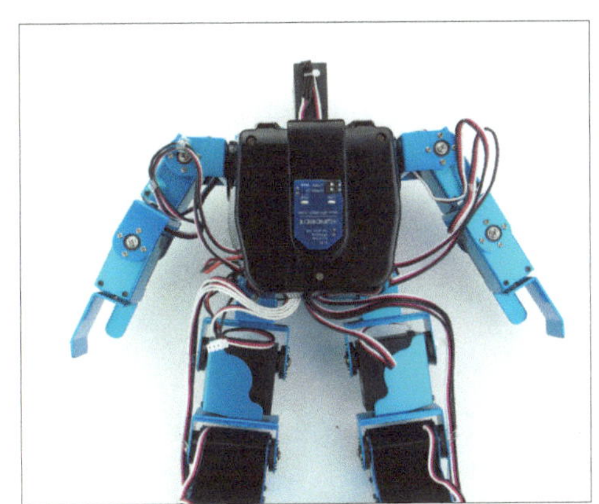

25 让铁甲钢拳随你而动

◇程晨

在用手柄玩了一段时间格斗机器人之后，本人又在控制器方面进行了一次升级。不再使用类似游戏机的手柄，而是自制了一个臂带式体感交互控制器。

大家一定觉得“臂带式体感交互控制器”这个名字太抽象了，具体说，就是用加速度传感器来获取手臂的姿态，然后通过无线的方式来控制机器人或者其他装置。这完全可以视作动画片中通过人的肢体动作来同步控制巨型超级机器人的操纵系统的雏形。

我用到的器材如图 25.1 和表 25.1 所示。

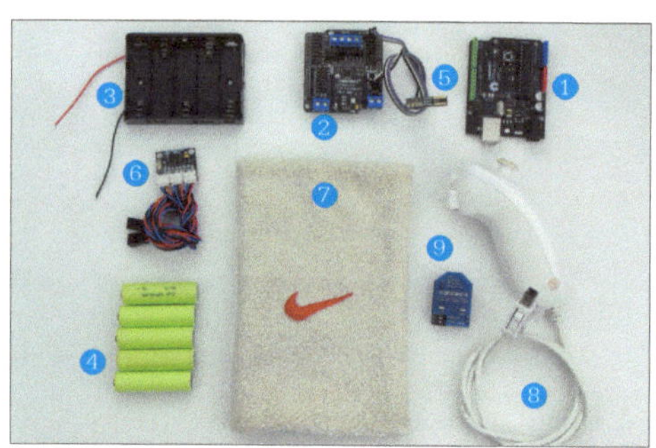

图 25.1　制作所用器材

表 25.1　制作所用器材

序号	器材	数量
1	Arduino UNO	1
2	Xbee 传感器扩展板 V5	1
3	电池盒	1
4	电池	5（与电池盒匹配）
5	Numchuck 连接器及连接线	1
6	MMA7361 加速度传感器	1
7	护膝	1
8	Wii 副手柄 Numchuck	1
9	DFduino wireless 无线模块	1

25.1 制作步骤

先来说说硬件的连接，首先将护膝带在左手手腕上，为什么选择一个护膝而不直接用一个护腕呢？这是因为护膝的空间比较大，制作起来比较方便。如果用护腕，则是完全勒在手腕上的。

❶ 将护膝戴到虎口位置即可，可将虎口的位置缝合起来，使其更像一个手套。同时把 Arduino 控制板和加速度传感器缝在护膝上，加速度传感器的连接线从护膝内穿过。

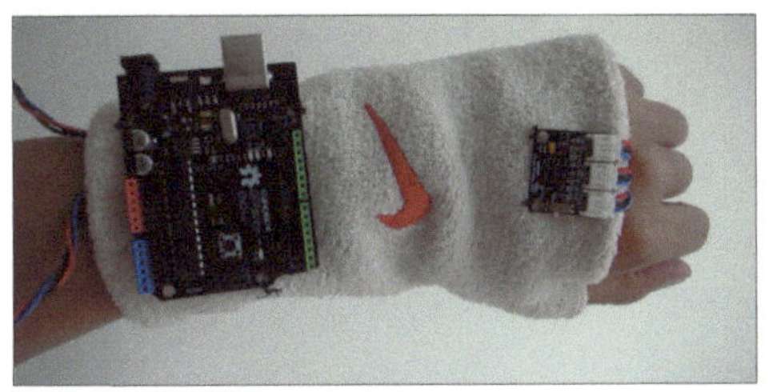

❷ 将 Xbee 传感器扩展板 V5 插到 Arduino 控制板上，同时将加速度传感器的连接线连接到 A0、A1 和 A2 上，分别对应 x、y、z 三个轴向，并且把 Numchuck 连接器用连接线连到传感器扩展板上，连接时要注意引脚的定义，连接器的 d 端对应 A4，c 端对应 A5。

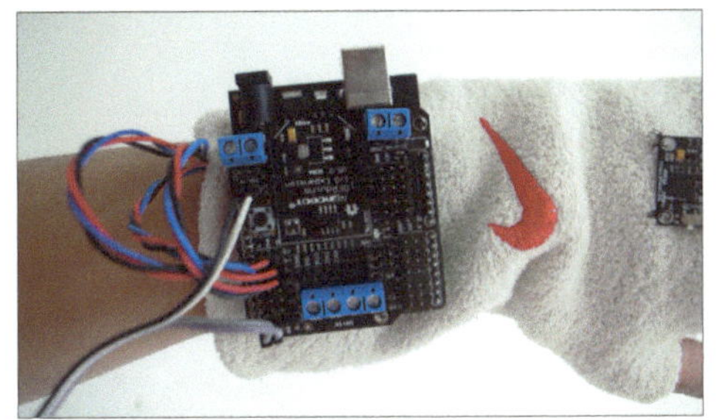

❸ 将电池盒连接在传感器扩展板的电源输入端，并把其固定在护膝内的手臂内侧。

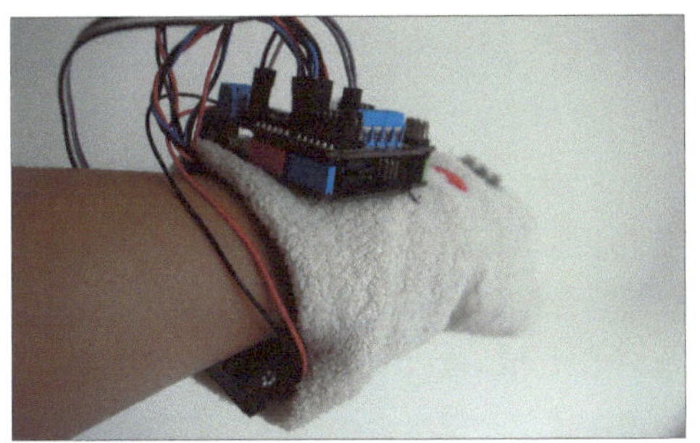

❹ 将之前遥控器内的 DFduino wireless 无线模块拆下，并安装在传感器扩展板上。

❺ 最后将 Wii 的副手柄 Numchuck 接上，并将其握在右手内。这样，臂带式体感交互控制器的硬件部分就算完成了。

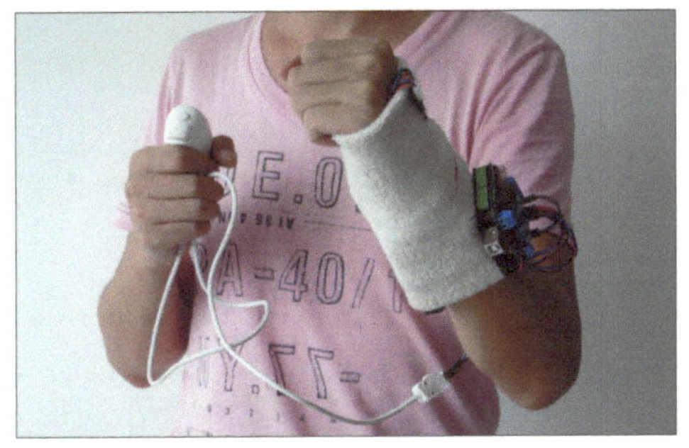

❻ 接下来说说软件部分。这个遥控器的控制思路是这样的：当我水平伸出手臂时，机器人会做出摆臂的动作；当我向前挥动手臂时，机器人也会做出打拳的动作。而机器人的移动依靠 Numchuck 手柄上的摇杆配合手柄上的 Z 键和 C 键完成。控制动作和机器人的动作对应关系见表 25.2。

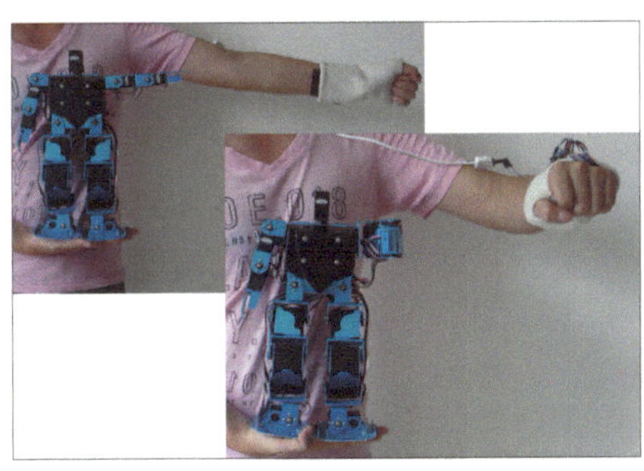

表 25.2 控制动作与机器人的动作对应关系

序号	动作说明	触发指令	控制动作
1	机器人前进一步	1	摇杆向前
2	机器人后退一步	2	摇杆向后
3	机器人左转	15	摇杆向左
4	机器人右转	14	摇杆向右
5	机器人向左滑动一步	8	按下Z键同时摇杆向左
6	机器人向右滑动一步	7	按下Z键同时摇杆向右
7	机器人下蹲	12	按下Z键同时摇杆向后
8	机器人起身	13	按下Z键同时摇杆向前
9	左拳	6	左手向前伸
10	右拳	5	右手向前伸
11	左臂摆动	4	左手水平抬起
12	右臂摆动	3	右手水平抬起
13	向前倒下后起身	9	按下C键同时摇杆向前
14	向后倒下后起身	16	按下C键同时摇杆向后

25.2 Numchuck 的用法

Wii 的副手柄 Numchuck 的使用方法，这里简单说明一下。Arduino 使用这个副手柄需要单独下载一个 WiiChuck 库文件，有了这个库文件，在代码中直接调用 wii.getAccelAxisX()、wii.getAccelAxisY() 之类的函数就可以直接获得摇杆的值、手柄内加速计的值以及按钮的值。这里我还要对 C 键和 Z 键做一个说明：我手上的这个 Numchuck 手柄，当 Z 键和 C 键都没有按下时，两者返回的都是 1；当按下 C 键时，C 键返回值为 0，Z 键返回值为 1；当按下 Z 键时，两者返回的值都是 0；当 C 键和 Z 键都按下时，Z 键的返回值为 0，C 键的返回值为 1。

这里着重说一下 MMA7361 加速度传感器（见图 25.2）的使用。加速度传感器是一种能够测量加速度的电子传感器。通过测量由于重力引起的加速度，可以计算出设备相对于水平面的倾斜角度，分析出设备移动的方式。

■ 图 25.2 MMA7361 加速度传感器

MMA7361 加速度传感器基于 Freescale（飞思卡尔）公司生产的微型电容式三轴加速度传感器 MMA7361 芯片。该芯片采用信号调理、单极低通滤波器和温度补偿技术，提供 ±1.5g/6g 两个量程，用户可在这 2 个灵敏度中选择，该器件还带有低通滤波并已做 0g 补偿。

传感器有 3 个模拟量的 3 芯接口，分别表示 *x*、*y*、*z* 三个轴的加速度值，同时预留排针焊接孔。前面已经说过，我们分别将 *x*、*y*、*z* 三个轴向的加速度值输出引脚连接到 A0、A1 和 A2。

我们使用的是 1.5g 的量程，图 25.3 给出了静态加速度传感器几种状态下各个轴向加速度的值，由于量程是 -1.5~+1.5g，所以当加速度为 0g 时，引脚输出的电压大致为 1.65V。又因为有重力的关系，所以方向向下的轴向上加速度值是 1g（根据方向的不同，可能是 +1g 或 -1g）。我们可以通过如下的代码将传感器输出的模拟量值转换为电压值（以 *x* 轴为例）。

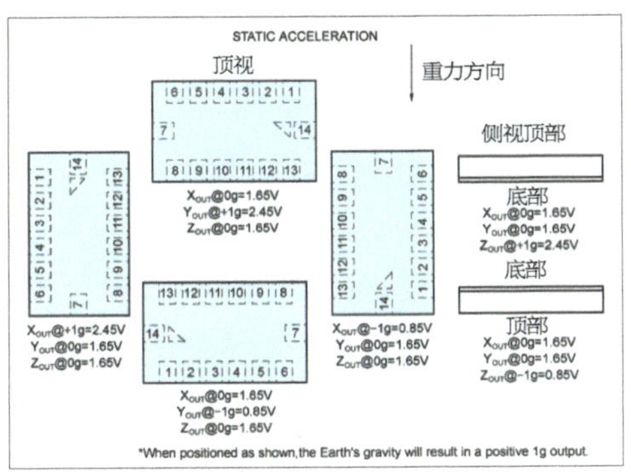

图 25.3　静态加速度传感器的输出值

```
vol_x=analogRead(A0)*5.0/1024;
```

然后根据 1.5g 量程下的灵敏度——800mV/g，通过电压值换算出轴向上当前的加速度值，代码如下。

```
g_x = (vol_x-1.76)/0.8;
```

在实际的应用中，由于传感器的差异，当加速度为 0g 时，输出的电压值可能不是 1.65V，所以在使用加速度传感器之前，需要对其进行校准，以当前 0g 时输出的电压值为准。

但在这里不用这么麻烦，只需要通过判断返回的模拟量值是否在一个区间内，就能够推断出传感器当前大致的姿态，进而发送命令控制机器人。

■ 相关程序请到《无线电》杂志网站 www.radio.com.cn 上下载。

26 用语音控制铁甲钢拳

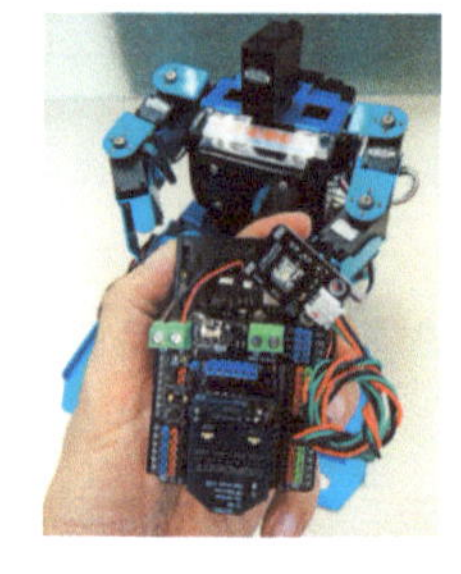

◇程晨

《铁甲钢拳(Real Steel)》这部电影(见图26.1)，总体感觉是剧情很老套，但我们看的不是剧情，对吧？如果你看过史泰龙主演的《洛奇》系列，就知道这是个经典的桥段，甚至感觉就是《洛奇》的续集，或者说是在向《洛奇》致敬。

■ 图26.1 《铁甲钢拳》海报

在看电影时，我发现亚当在中间的一段时间都是采用语音控制的，小男主人公给亚当添加了语音控制模块。为了表明我是看过电影的，我决定为自己的机器人也做一个语音控制器。

首先整理一下我们都需要什么器材，我用到的器材见表26.1（参见图26.2）。

■ 图26.2 用到的器材

表26.1 制作所用到的器材

序号	器材	货号	数量
1	Arduino UNO	DFR0216	1
2	I/O传感器扩展板V7.1	DFR0265	1
3	电池盒	FIT0035	1
4	电池	FIT0022	5（与电池盒匹配）

续表

序号	器材	货号	数量
5	中文语音识别模块	DFR0177	1
6	DFduino wireless 无线模块	TEL0037	1
7	LED 发光模块	DFR0031-R	1

因为之前已经制作过一个臂带式体感交互控制器，里面的很多内容都是可以借鉴的，比如无线模块就不需要再进行配置了。而且这次使用的器材都是可以直接插接的模块，所以制作起来相当简单。

首先把中文语音识别模块插接在 Arduino UNO 控制板上，然后再将 I/O 扩展板插接在中文语音识别模块上，完成后如图 26.3 所示。

图 26.3 将 3 个模块插接起来

此时我们已经完成了绝大部分的硬件连接工作，我说的是真的，剩下的就是连接电池盒、放入电池、插上无线模块，至于那个 LED 发光模块，它是起指示作用的，将其连接到 I/O 传感器扩展板上。LED 发光模块点亮，表示 Arduino 正在处理语音数据，看起来就像宾馆房间门口的“请勿打扰”指示灯。我们在程序中使用引脚 7 来控制这个 LED，所以要将 LED 模块连接到引脚 7，如图 26.4 所示。

图 26.4 接上 LED 发光模块

接下来是程序部分，写程序之前，我们需要先确定一下动作表，将机器人的动作、触发的指令以及语音指令一一对应起来，完成后见表 26.2。

表 26.2 机器人动作表

序号	动作说明	触发指令	语音指令
1	机器人前进一步	1	前进（qian jin）
2	机器人后退一步	2	后退（hou tui）
3	机器人左转	15	左转（zuo zhuan）
4	机器人右转	14	右转（you zhuan）
5	机器人下蹲	12	蹲下（dun xia）

续表

序号	动作说明	触发指令	语音指令
6	左拳	6	左拳（zuo quan）
7	右拳	5	右拳（you quan）
8	向前倒下后起身	9	爬起来（pa qi lai）
9	向后倒下后起身	16	站起来（zhan qi lai）

之后就开始编写程序了，大家会发现在语音指令一列中除了有汉字，还有一段拼音，这是因为这个语音模块识别的是“语音”。对于非特定人语音识别来说，在描述关键词语时，要用音标标注出要识别的关键词语。对于Voice Recognition模块支持的中文识别，就是用拼音来描述出关键词语。也就是说，只要是拼音可以拼出的发音，就是可以进行识别的。

在程序中，我们用了一个数组来保存这几段语音值。

```
char sRecog[SUM][80] = {"qian
jin", "hou tui", //前进，后退
"zuo zhuan","you zhuan", "dun
xia",
//左转，右转，蹲下
"zuo quan","you quan", //左拳，右拳
"pa qi lai","zhan qi lai"};
//爬起来，站起来
```

而将语音转换成控制机器人的触发指令，我们放在了函数finally( )中，函数中使用了一个switch语句来对应不同的指令。详细代码如下。

```
#include <Voice.h>
#define SUM 9 //SUM表示语音指令的数
量，这里只设置了9条
uint8  nAsrStatus=0;
char sRecog[SUM][80] = {"qian
jin", "hou tui","zuo zhuan","you
zhuan", "dun xia","zuo quan","you
quan","pa qi lai","zhan qi lai"};
int state=7; //控制器状态指示灯
void finally (unsigned char n)
{
   switch(n) //判断语音分析结果
   {
      case 0: //前进
      Serial.write(1);//向机器人
发送1，机器人将做出前进的动作
      break;
      case 1: //后退
      Serial.write(2); //向机器人
发送2，机器人将做出后退的动作
      break;
      case 2: //左转
      Serial.write(15); //向机器
人发送15，机器人将做出左转的动作
      break;
      case 3: //右转
      Serial.write(14); //向机器
人发送14，机器人将做出右转的动作
      break;
      case 4: //蹲下
      Serial.write(12); //向机器
人发送12，机器人将做出蹲下的动作
      break;
      case 5: //左拳
      Serial.write(6); //向机器人
发送6，机器人将做出挥左拳的动作
      break;
      case 6:// 右拳
      Serial.write(5); //向机器人
发送5，机器人将做出挥右拳的动作
      break;
      case 7:// 爬起来
      Serial.write(9); //向机器人
发送9，机器人将从前爬起
      break;
      case 8:// 站起来
      Serial.write(16); //向机器
人发送16，机器人将从后爬起
      break;
      default:
      break;
   }
```

```
}
void ExtInt0Handler ()
{
    Voice.ProcessInt0();
}
void setup()
{
    Serial.begin(57600);
    Voice.Initialise(MIC,VoiceRecognit
ionV1);
    //Initialise mode MIC or
MONO,default is MIC
    //VoiceRecognitionV1 is
VoiceRecognitionV1.0 shield
    //VoiceRecognitionV2 is
VoiceRecognitionV2.1 module
    attachInterrupt(0,ExtInt0Handle
r,LOW);
    pinMode(state,OUTPUT);
    digitalWrite(state,HIGH);
    //设置状态灯熄灭，模块是高电平时熄灭
}
void loop()
{
    uint8 nAsrRes;
    nAsrStatus = LD_ASR_NONE;
    while(1)
    {
        switch(nAsrStatus)
        {
            case LD_ASR_RUNING:
            case LD_ASR_ERROR:
            break;
            case LD_ASR_NONE:
            {
                nAsrStatus=LD_ASR_
RUNING;
                if (Voice.
RunASR(SUM,80,sRecog)==0)
                {
                    nAsrStatus= LD_
ASR_ERROR;
                }
                digitalWrite(state,
LOW);
                break;
            }
            case LD_ASR_FOUNDOK:
            {
                digitalWrite(state,
                HIGH);
                nAsrRes =Voice. LD_
GetResult();
                finally(nAsrRes);
                nAsrStatus = LD_ASR_
NONE;
                break;
            }
            case LD_ASR_FOUNDZERO:
            default:
            {
                nAsrStatus = LD_ASR_
NONE;
                break;
            }
        }// switch
        delay(200);
    }// while
}
```

以上的代码是在中文语音识别模块的示例代码上修改而来的，主要就是修改了 finally( ) 函数，模块的示例代码大家可以到 DFRobot 的网站上下载。

程序下载完成后，我们再接上电源和无线模块。这样，一个简单的语音控制器就做好了，外观如图 26.5 所示。

图 26.5 完成后的语音控制器

另外要说明一点，我们使用的中文语音

识别模块可以连接一个单声道语音输入设备，接口如图 26.6 所示。通常我们使用板载的话筒来输入语音，但如果你觉得这样不够酷，想像电影里的男主人公一样，利用头戴的语音输入设备来输入（见图 26.7），就可以利用这个单声道输入接口。

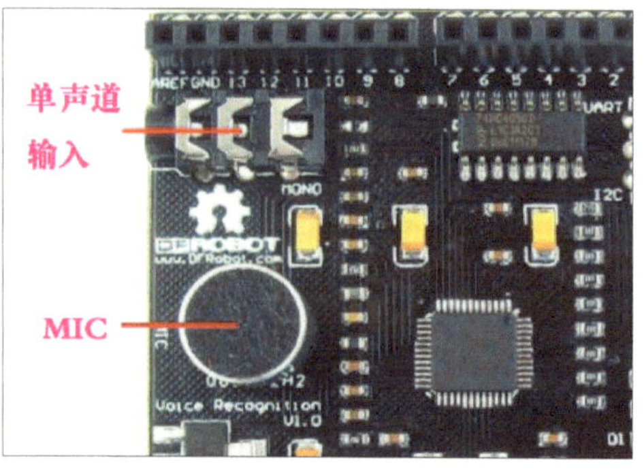

图 26.6　单声道输入接口

把耳麦戴在头上，然后把我们之前的那一堆电路板和电池都放在包里就可以了。不过使用单声道输入设备时还要更改一下程序，在 setup( ) 中的 Voice.Initialise( ) 函数中的第一个参数由 MIC 改成 MONO。

图 26.7　《铁甲钢拳》剧照

第 7 章

精彩制作实例

27　用 8 × 8 LED 点阵屏做的 3D 打印小机器人

28　DIY 自平衡机器人

29　用 Arduino 自制无线遥控机器人

30　开源群体机器人 X-Bot

31　300 元打造属于自己的水下机器人

32　低成本打造 Booby 家庭服务机器人

27 用 8×8 LED 点阵屏做的 3D 打印小机器人

◇杨立斌 ◇插画：刘少冉

我在 Thingiverse 网站上看到一个好玩意——用 8×8 LED 点阵屏做的小机器人(见图 27.1)，正好手头上有个小点阵屏，万能的 Microduino 啥也能做，于是乎下载了 STL 文件，用 3D 打印机打印出来，尺寸稍微有点点区别，不过不影响功能。

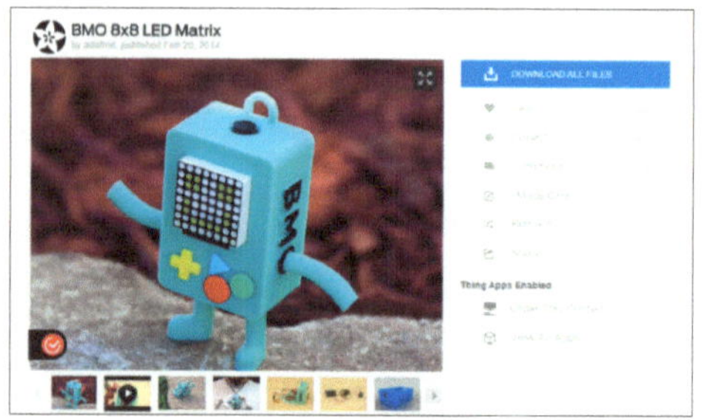

■ 图 27.1 用 8×8 LED 点阵屏做的小机器人

27.1 再现原设计的制作过程

Step 1：准备材料

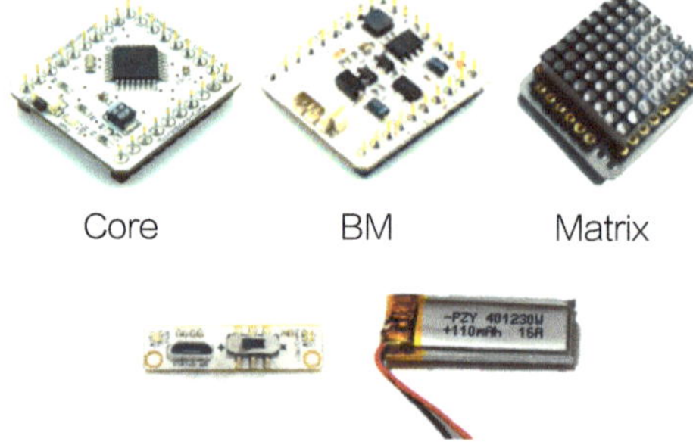

材料清单

名称	数量	用途
Microduino-Core	1	核心
Microduino-BM	1	电池供电管理块
Microduino-BM Shield	1	电池充电模块
Matrix	1	点阵屏模块
电池	1	供电
3D 打印机	1	打印

Step2：3D 打印

将网站提供的 3D 模型文件（见图 27.2～图 27.4）用 3D 打印机打印出来，这里用的是磐纹 3D 打印机。

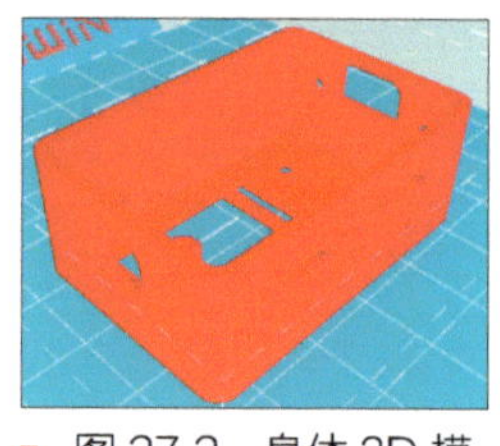

■ 图 27.2 身体 3D 模型文件

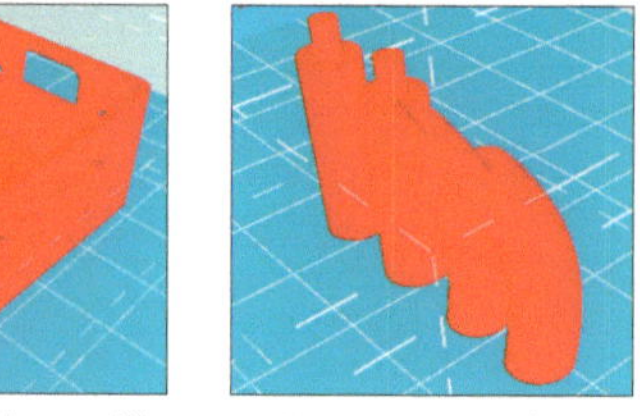

■ 图 27.3 腿脚 3D 模型文件

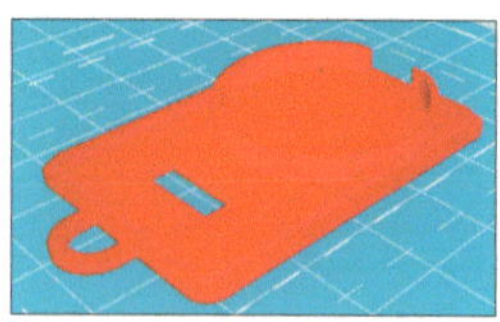

■ 图 27.4 后盖 3D 模型文件

Step3：组装

❶ 因为我做的机器人尺寸与 Thingiverse 网站上的有区别，所以对外壳稍微进行了一下修改。将电池接到 BMShield 模块的电池接口上，固定 BMShield 模块。

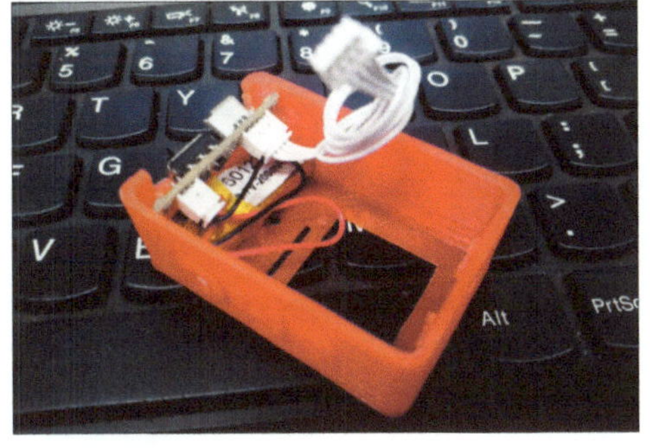

❷ 将 Microduino 所有模块叠加，安放在盒子内。

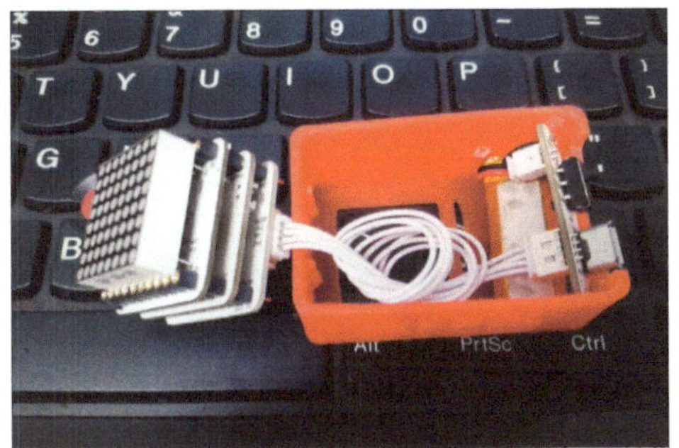

❸ 最后安上腿和手，再盖上后盖就行了。

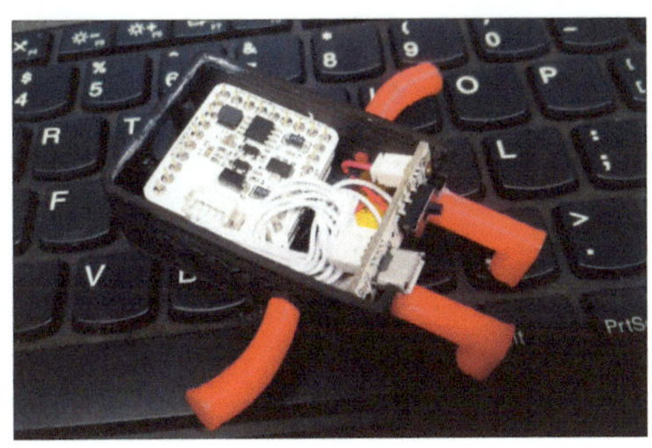

Step4：程序调试

该点阵屏需要用驱动库才能点亮。

```
#include"Adafruit_LEDBackpack.h"
#include"Adafruit_GFX.h"
```

点阵芯片驱动库：https://github.com/adafruit/Adafruit-LED-Backpack-Library

图形库：https://github.com/adafruit/Adafruit-GFX-Library

小伙伴给我策划了一系列表情，我把它们用取模软件画成表情包（见图 27.5），写到程序里。

我做了一黑一红两个机器人，把它们当成一对青年男女，用来讲述一段美好的爱情故事（见图 27.6）。

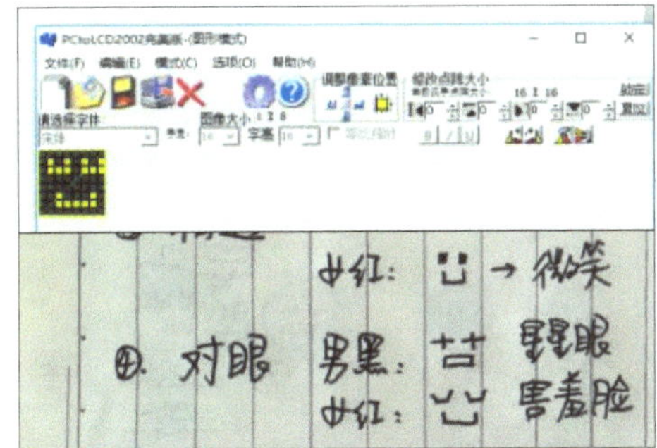

图 27.5　将表情用取模软件画成表情包

图 27.6　一对小机器人

27.2　设计优化

以上只是沿用了现成模型，再现了原设计。接下来，我要重新设计自己的版本，原设计没有人手动参与的交互功能，我也加.摇杆作为输入设备，这样就能控制它了。

Step1：建立 3D 模型

3D 建模软件有很多，这里我用了简!好用的 Google SketchUp，你若用 UG SolidWorks 等也可以，最终导出 STL 格式的文件就行（见图 27.7）。

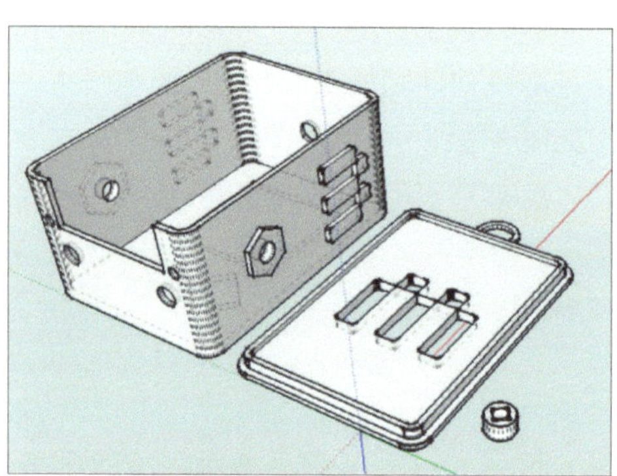
图 27.7　3D 建模

Step2：3D 打印，组装模块

新模型增加 BMShield 固定位置，还有 Microduino 的 Logo（见图 27.8）。

因为增加了摇杆模块（见图 27.9），所以机器人整体比原来“胖”了一点点，摇杆固定在前面（见图 27.10）。

图 27.8　机器人背面有 Microduino 的 Logo

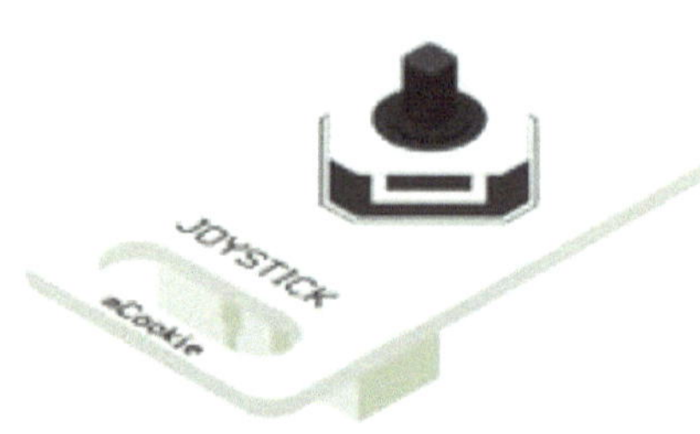

图 27.9　摇杆模块

图 27.10　新版机器人正面，摇杆固定在前面

Step3：程序调试

这次我做了个《贪吃蛇》游戏（见图 27.11），每吃 5 个食物增加一次速度，直到到达最大速度。每吃两个食物，蛇的长度加 1。

```
if (num % 5 == 0) //add speed of the snack
{
    Speed++;
}
delay(100);
if (num % 2 == 0) //add length to the snack
{
    sLength++;
    snack[sLength - 1][0] = snackX;
    snack[sLength - 1][1] = snackY;
}
else
{
    updateSnack();
}
randFood();
```

图 27.11　在机器人上运行《贪吃蛇》游戏

程序下载地址

表情程序：https://github.com/wasdylb/Microduino/blob/master/project/robot_matrix_love/robot_matrix_love.ino

贪吃蛇程序：https://github.com/wasdylb/Microduino/blob/master/project/robot_snake/robot_snake.ino

视频地址

http://v.youku.com/v_show/id_XMTY3MjExOTY0OA==.html

28 DIY 自平衡机器人

◇彭志辉

自平衡机器人“蛋黄”（见图 28.1）的创意始于 2013 年 6 月初，当时的想法是利用 Arduino 设计一款入门级的自平衡小车，可以通过 PS2 无线手柄控制，能站能跑，最好还会卖萌。而且要做到取材容易、制作简单，同时还要注重外观拥有个性。所以我在设计时采用了模块化的接插结构，除了用到的各个电子模块，还用上了乐高积木，使组装就像搭积木一样简单。而“蛋黄”的外形灵感则来自于WALL-E(见图 28.2）。为了让它不占用我书桌太多地方，“蛋黄”的尺寸被限定在了 10cm。“蛋黄”是一个开源的项目，我们希望给大家提供一个平台、一套自平衡车的低成本解决方案，所以大家完全可以在“蛋黄”的基础上添砖加瓦，制作一套独一无二的自平衡机器人。

图 28.1 “蛋黄”自平衡机器人

图 28.2 电影《机器人瓦力》中的 WALL-E

28.1 原理简介

两轮车又称自平衡车，主要是建立在“动态稳定”的基本原理上，利用车体内部的陀螺仪和加速度传感器检测车体姿态的变化，并利用伺服控制系统精确地驱动电机进行相应的调整，以保持系统的平衡。

类似人体自身的平衡系统，当身体重心前倾时，为了保证平衡，需要往前走，重心后倾时则需要往后走。同时，需要转向时，使小车左右两个车轮产生转速差，例如左转时，右轮的转速会比左轮快（左轮速度为 $v-x$，右轮速度为 $v+x$），但车的平均速度是不变的，通过这样的方式即可达到转向的效果。

讲到自动控制，不得不提的是PID算法，这是一种在工程实际中应用最为广泛的调节器，P、I、D 依次代表的是比例、积分、微分。正如上面的平衡原理中提到的，我们需要检测车体姿态的变化，并以此为依据纠正小车的姿态，也就是说，我们通过惯性元件获取车子的实时姿态数据，根据这个数据和我们期望的目标值之间的误差，控制电机的转向和转速，正如图 28.3 中所示，前倾的话，角度误差为正，那么轮子就需要向前转，反之则是向后转；而且误差越大，需要的车轮加速度越大，这也说明我们可以简单地把误差值乘以一个系数，当作PWM值赋给电机。这一整个过程，其实就是控制论里的负反馈调节。

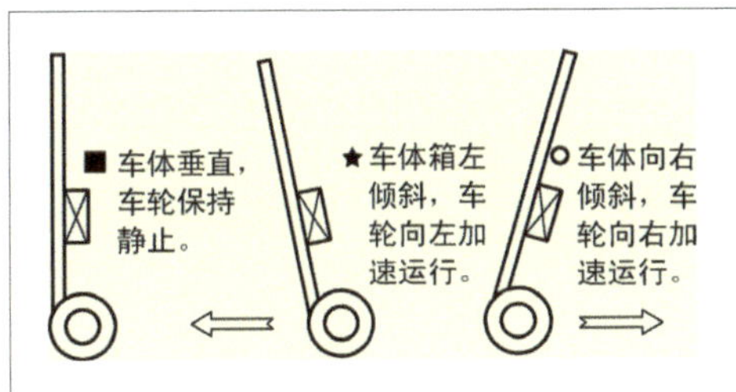

图 28.3 自平衡驱动图示

那么问题来了，我们怎么知道这个系数是多少呢？其实这个值就是 PID 里面的 P 值，我们可以通过车子的角度曲线找到调节的规律。同样的道理，大家可以想象，如果只用比例 P 的话，容易出现的情况是车子前倾时往前猛加速，然后冲过头又导致后仰，接着向后猛加速，如此循环，导致车体震荡，这时就需要用到微分 D。这里的微分指的其实是误差的误差，通过加上这个系数，可以使车子柔和地前后调节，最终达到很好的平衡稳定性。

而积分 I 属于误差的累积，用它可以消除静态误差，用在平衡车上，可以使你的小车在平衡的过程中不会到处晃悠，而是始终大致稳定在一个地点附近。

P+I+D 就构成了 PID 算法，如果还是不懂，没关系，别急着晕，Arduino 是个好东西，在网上可以找到封装好的 PID 库，我们所需要做的，就是把车子的角度数据输入提供的函数，设定一个目标值，剩下的 Arduino 就会默默帮你完成。

28.2 制作过程

制作所需的材料见表 28.1。参照 Arduino 两轮自平衡小车电路（见图 28.5），首先连接好 Arduino 和 MPU6050（见图 28.6、图 28.7），它们通过 I^2C 接口进行通信，Arduino 的 I^2C 连线 SDA 和 SCL 一般分别在 A4 和 A5 脚，Arduino mega 系列的板子可能略有不同，具体可以查阅手册。MPU6050 的 INT 脚接 Arduino 数字 D2 脚，INT 是 6050 的中断脚，每当准备刷新数据时，就会在这个引脚发起中断，如果不使用 6050 的 DMP 功能，则可以不接此脚。

表 28.1 需要的材料

名称	数量	说明
小车底盘	1	这个可以自己设计，找人加工或者手工制作，小车底盘的造型没有限制，受限制的只是自己的想法

续表

名称	数量	说明
减速电机	2	如果想控速，最好带有码盘
轮子	2	
Arduino 控制板	1	型号不限
电机驱动板	1	L298 比较常用，当然 L293、MC33887 等也可以，只要能实现电机控制即可
MPU6050 6 轴模块	1	这是个很好用的模块（见图 28.4），包含陀螺仪和加速度计，而且自带的 DMP 滤波功能让它使用起来更方便
蓝牙模块	1	我这里用 PS2 手柄控制，但是用手机控制更常用一些
电池	1	根据你的小车的大小挑选，大的车子需要功率更大的电池，我的小“蛋黄”用的是手机的锂电池
螺丝、铜柱、导线	若干	

图 28.4 MPU6050 6 轴模块

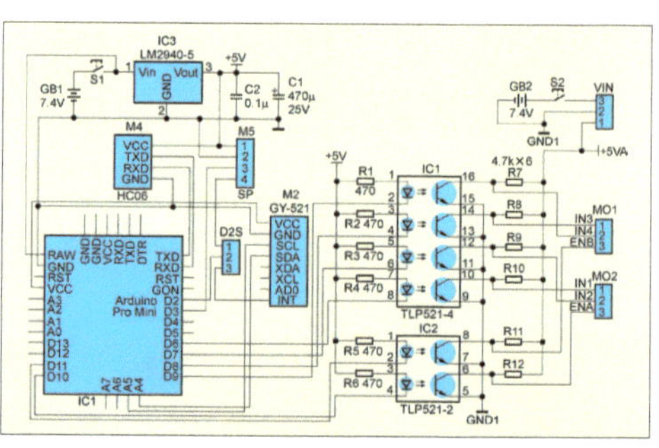

图 28.5 Arduino 两轮自平衡小车电路原理图

图 28.6 MPU6050 模块的连接

图 28.7 采用可插拔式的方式

在“蛋黄”上，我用 502 把两个电机和 L298N 模块一起粘在一张电话卡底板上（见图 28.8、图 28.9）。L298N 模块的 4 个输入口分别接 Arduino 的数字 D6、D7、D8、D9 脚，用来控制两个电机的正反转，L298N 的 ENA、ENB 分别接 Arduino 的 10、11 脚，这两个脚可以输出 PWM 波，用于调节两个电机的转速（见图 28.10）。

把各个模块电源线接上，机器人的主体就完成啦，再发挥你的创意，好好装饰一下你的小车（见图 28.11）。

图 28.8　L298N 的连接 1

图 28.9　L298N 的连接 2

图 28.10　加上主控板之后的样子

图 28.11　用乐高积木方便地组成各个零件

连接蓝牙模块和小车，把蓝牙模块的 TX、RX 分别接 Arduino 的 RX、TX（见图 28.12）。这里建议采用可以拔插蓝牙模块的方式或者自己做一个开关控制蓝牙模块和 Arduino 的连通，因为蓝牙模块会占据 Arduino 的下载串口，如果下程序时连着蓝牙，下载可能会出现问题。

■ 图 28.12　引出来的几根线连接蓝牙模块

把修改好的代码上传到 Arduino 里，需要修改的主要是引脚定义和 PID 的几个参数（见图 28.13）。

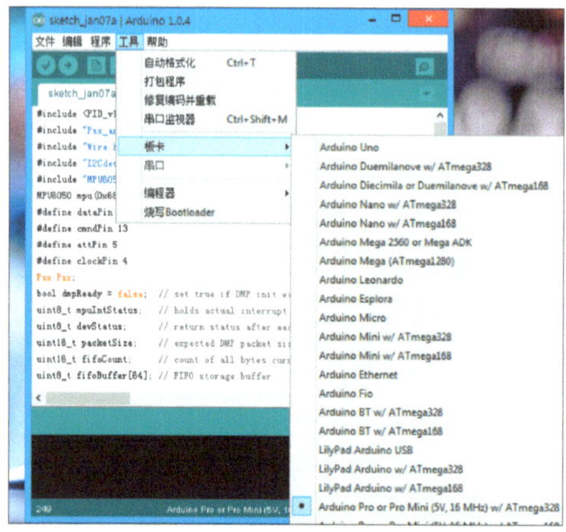

■ 图 28.13　通过 Arduino IDE 上传程序

设置蓝牙模块。先用 AT 指令把它的通信波特率设成 115200，AT 指令的用法在买模块时店家会给你。用手机连接模块的步骤是：先给小车通电，等蓝牙模块开始闪烁之后，在手机蓝牙设置里搜索蓝牙设备，找到模块，点击后输入密码，一会儿就连上了，蓝牙模块常亮。模块密码一般默认是 1234。

跋涉至此，你就快要到达终点了。现在我们的小车主体已经基本完成（见图 28.14、图 28.15），就差个程序员了。等等！不是说要用手机控制的吗，可是我不会安卓编程啊？

不用担心，我们只需要去下载一个叫作“蓝牙串口”的 App（见图 28.16、图 28.17），安装在手机上，就可以很方便地调试和发送指令了，还支持自定义按键哦。

■ 图 28.14　完成之后的“蛋黄”1

■ 图 28.15　完成之后的“蛋黄”2

接下来，就是调整参数，让你的小车真正活起来，具体调节参数的方法网上有很多教程，这里就不再多占篇幅了。

再接下来，你就可以发挥你的创造力，

给你的小车添加更多功能，比如超声波测距、机械臂、点阵表情、体感遥控等，只要你有想法。我就曾经做过一个借助摄像头循线的大号“蛋黄”，非常炫酷。

图 28.16　蓝牙串口 App 的图标

图 28.17　蓝牙串口 App 的界面

■ 相关程序请到《无线电》杂志网站 www.radio.com.cn 下载。

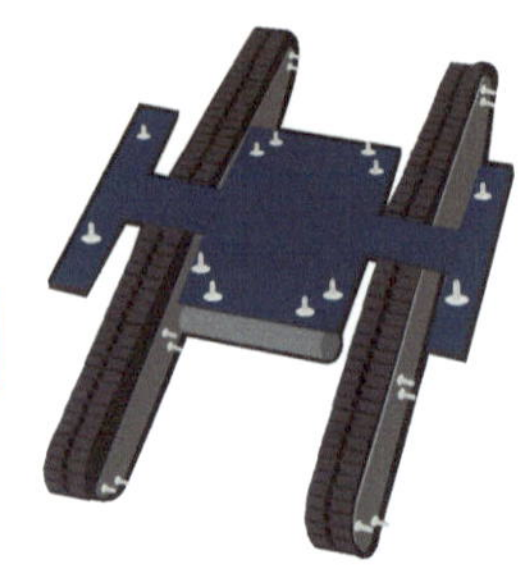

29 用 Arduino 自制无线遥控机器人

◇涂平 郭峻睿 ◇插画：刘少冉

最开始的时候，我们只是想将自己所掌握的知识运用到实际当中，做出一件让自己满意的小玩意。于是我们跟着学长们，从51单片机的循迹小车开始，尝试将脑子里各种稀奇古怪的想法实现出来。这次我们打算做一台机器人，以Arduino作为控制板，控制机器人完成采集数据、做动作等功能，也算是实现了长期以来的一个梦想。

现在介绍一下详细的设计：这是可以遥控的监测机器人，可以通过电脑或手柄控制其进行相应的操作，完成一些任务，例如进入某些危险环境采集信息（包括视频、温度、距离、气体信息等）。无线通信模块主要用于单片机与单片机、电脑之间的数据相互传输，通过上位机和下位机均可对机器人进行远程控制。载体上预留了扩展空间，可以以类似Arduino之类的电子积木的方式扩展。

29.1 总体设计

无线遥控机器人以Arduino MEGA 2560为控制器接收信号，控制机器人的动作和移动，同时也将收集到的传感器数据传回控制端。为了方便调试与携带，除了使用VB6.0编写的软件来控制机器人外，还制作了一个同样以Arduino MEGA 2560为控制器的遥控器来对机器人进行操控，而无线通信都通过APC220无线串口模块实现。因为用Arduino传输图像会比较吃力，所以用图传设备来实现图像的传输。制作所需材料见表29.1和表29.2。

表29.1 电子部分所需材料

Arduino MEGA2560 控制板，2块
Arduino MEGA Sensor Shield V1.0 专用传感器扩展板，2块
APC220 无线串口模块，1套
4200mAh/20C 锂聚合物电池，2块
420线摄像头，1个
小型云台，1个
5.8GHz 图传套装（含发射器和接收器），1套
BTS7960 驱动模块，4个
LM2596S 降压模块，2块
12V 车载降压电源，4块
7英寸液晶屏，1块
Arduino PS2 摇杆模块，2块
诺基亚 5110LCD，1块

表29.2 机械部分所需材料

大扭力舵机，4个
3mm 铝板
模型变速箱（波箱），4个
塑料履带，4条
3mm 绝缘板
齿轮，4套

29.2 Arduino 下位机设计

29.2.1 机械部分

为了方便机器人通过草地、坑地等路面，

需要先设计机器人的结构以及行走姿态。通过反复查资料、设计、总结，我们最终确定了如图 29.1 所示的车体基本机械结构。该设计既具有轮胎式支撑行走的特点，也具有履带式行走的特点，而且两者之间还可以通过遥控和智能控制进行切换。

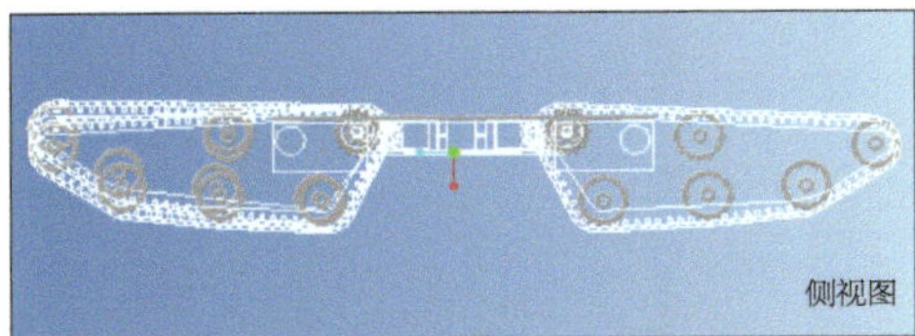

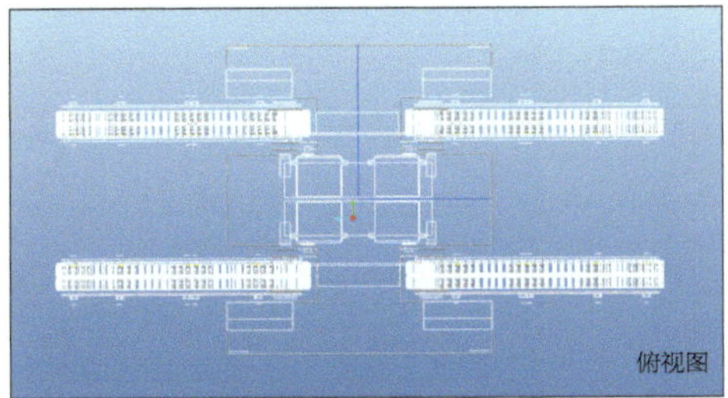

■ 图 29.1 车体基本机械结构设计

采用这种设计，机器人可以针对不同情况的路面做出不同的动作，以保证在不同路面上都可以快速、灵活地进行活动。在平地上行走时，机器人的履带支架抬起，使 4 个履带轮着地（见图 29.2），这样就相当于四轮驱动，而转向则采用左、右差速来实现，可以使机器人在平地上以较高的速度移动。在通过较浅的水域时，控制器通过控制舵机将履带支架向下倾斜，将车体主体抬高（见图 29.3），避免车体电路部分被水浇湿发生短路。而在通过斜坡时，可以采用履带支架一面高、一面低的方式（见图 29.4），不仅可以保证车体的平衡，也简化了控制人员的操作。

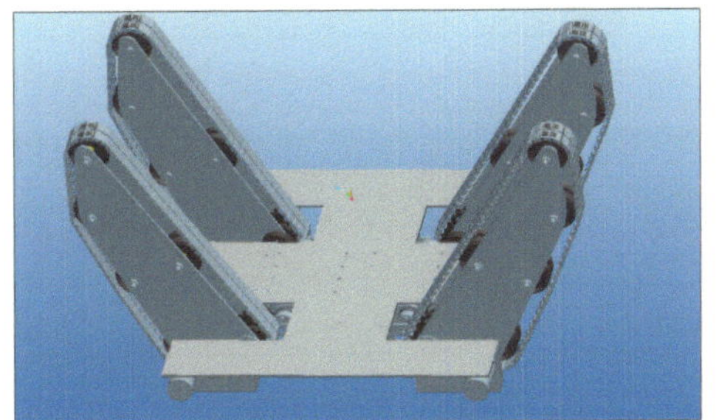

■ 图 29.2 在平地上行进的状态

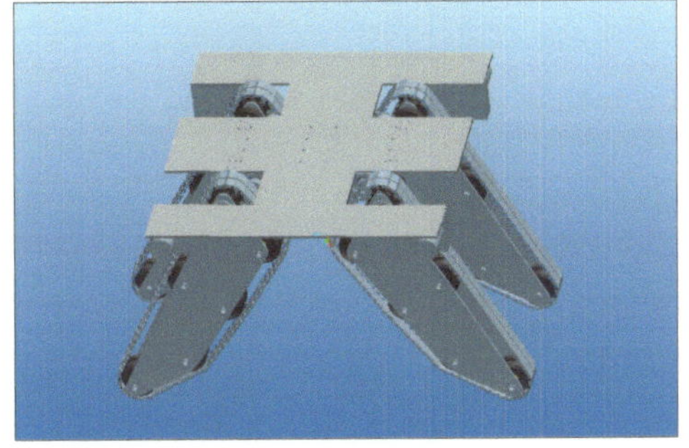

■ 图 29.3 通过浅水域时的状态

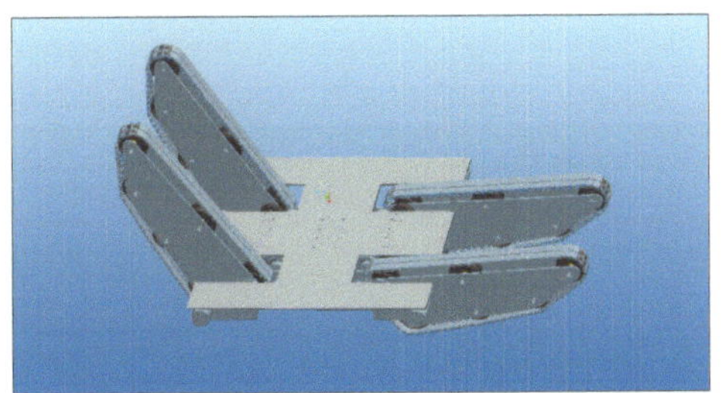

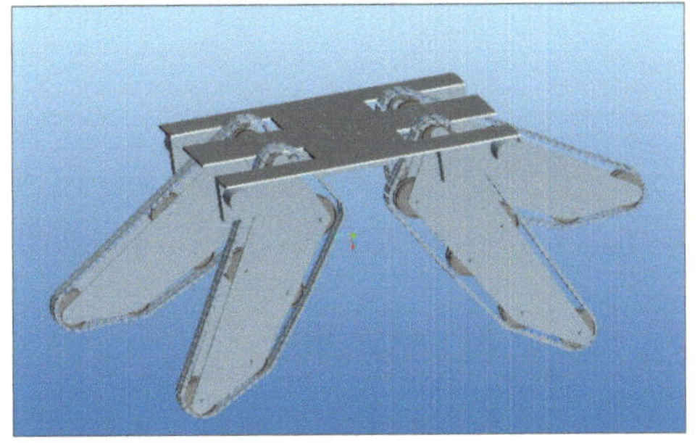

■ 图 29.4 在斜坡上前进的状态（上图是前、后高度不一致，下图是左、右高度不一致）

画好图后，用铣床将铝板加工成我们所需的形状，为了提高视觉效果，可以先给加工好的零件上一层黑漆，等漆干了后，再和舵机、变速箱等组装起来（见图29.5）。为了看看能不能达到我们想要的效果，先试着给变速箱上电，让底盘在地上跑一跑（见图29.6），效果看起来还不错。

图29.5 制作完成的底盘

图29.6 底盘翻阅越障

29.2.2 电路部分

为了实现对机器人的控制，需要用到Arduino MEGA2560控制板以及V1.0扩展板、APC220-43无线串口模块、BTS7960电机驱动模块、LM2596S降压模块、12V降压模块、舵机等。整体连接示意图如图29.7、图29.8所示。

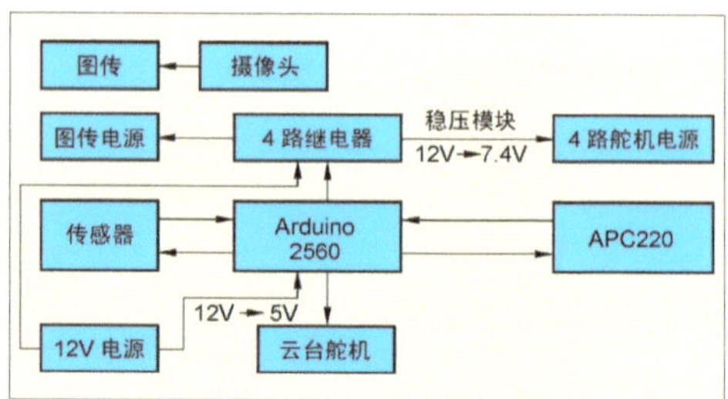

图29.7 下位机模块连接示意图

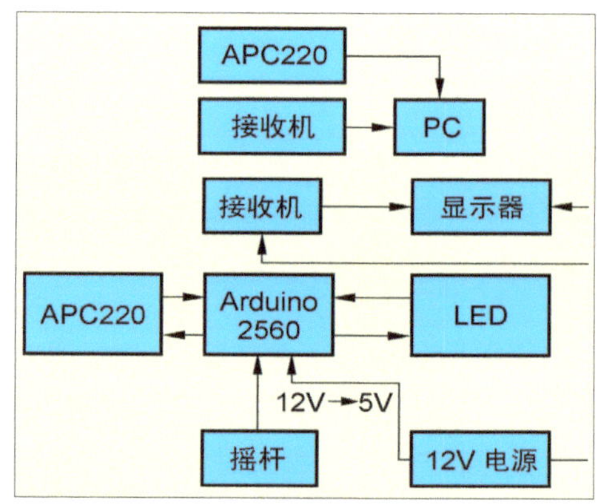

图29.8 上位机（遥控器）模块连接示意图

首先将Arduino MEGA2560与Arduino传感器扩展板组合起来（见图29.9），然后开始连接驱动，将PWM口13和12、11和10、9和8、7和6分为4组，依次分别与4块BTS7960驱动模块（见图29.10）的PWM1、PWM2口相连接来控制变速箱（见图29.11）的正反转与转速；将PWM口5、4、3、2依次与4个大扭力的舵机相连接，控制机器人的动作；将PWM口1、0分别与云台的两个舵机相连接，控制摄像头的转向等。

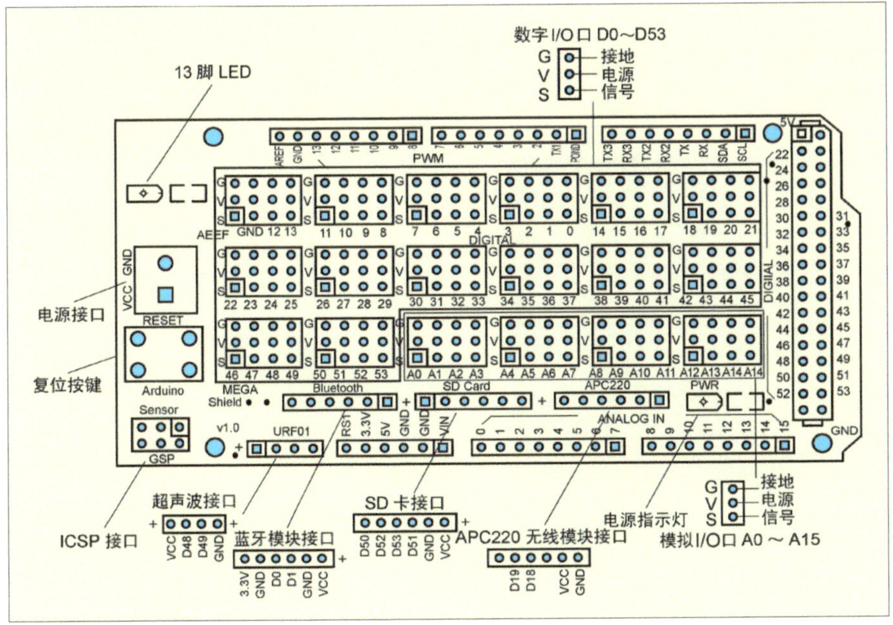

■ 图 29.9 扩展板接口图

■ 图 29.10 BTS7960 驱动模块

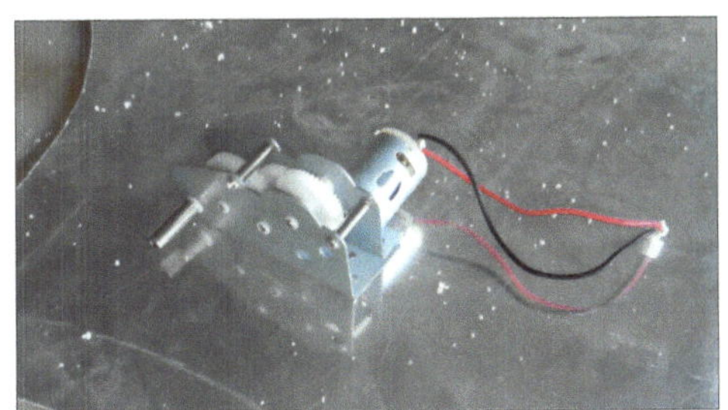

■ 图 29.11 变速箱

驱动模块的 GND 统一接锂电负极，有 PWM 标注一端的 VCC 接 5V，有 OUT 标注一端的 VCC 与锂电的 12V 相连接。而 OUT1 和 OUT2 和变速箱电机的正、负极相连，连接时不必注意电机的正、反转，等整体电路连接好后上电测试一下，如果电机的转向是反的，把该电机的线对调即可。

传感器扩展板上提供的扩展插口可以为 APC220 供电，直接将 APC220 插到扩展板上。但需要注意的是，传感器扩展板的插口连接的是 Arduino MEGA2560 的串口 1，即 TX1 与 RX1，在编程时需要注意使用类似 Serial1.xxxx 的语句，不要与 Serial.xxxx 混淆。

由于采用大功率舵机 POWER HD-1235MG（见图 29.12）完成越障等动作，而且舵机的堵转电流较大，故采用 12V 车载降压模块（见图 29.13）为舵机降压供电，并且由继电器统一控制舵机电源的开关。其中锂电的正、负极依次接降压模块的 IN+、

IN-，而降压模块的OUT+、OUT-也对应接舵机的正、负极，输出电压的大小可以通过降压模块上的蓝色电位器来进行调整。

图 29.12　POWER HD-1235MG 舵机

图 29.13　12V 车载降压电源

5.8GHz 图传套装包含发射机和接收机两部分，在机器人上搭载的是发射机，供电电压为 6.5~15V，供电电流约 600mA，可以用锂电池直接供电。其中发射机（见图 29.14）按产品手册上的引脚图与云台上的摄像头相连接，然后设置频道（这里设为 7）。如果要使用图传功能，先给图传发射器和摄像头上电，然后打开接收器并调整频道至 7，打开液晶显示器，就可以观看传回来的图像了。

为了美观且方便维修，需要进行布线，整个过程比较麻烦，需要预先在底板上画出打孔位置，打孔后用铜柱、尼龙柱先将 Arduino 控制器等主要电子元器件固定在底板上，然后用电线连接电路，同时用热胶枪和扎带将电线固定在底板上，尽量避免出现电线松动的情况。制作完成后的机器人如图 29.15 所示。

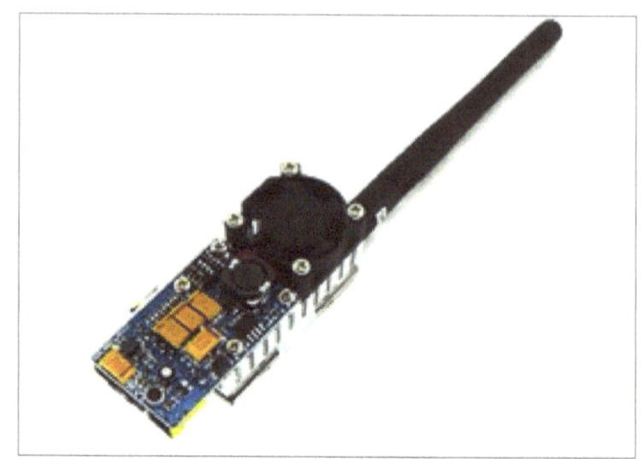

图 29.14　发射机

图 29.15　制作完成的机器人

29.2.3　下位机软件设计

由于控制机器人做出越障等动作的同时还需要控制云台、变速箱的转动，需要先确定 Arduino 与上位机的通信协议。在此以如下方式控制：命令码 + 参数值。

命令码包含以下几种：X、Y、W、A、S、D、Z、Q。其中 X、Y 是云台水平与竖直方向旋转指令，其参数为旋转角度，范围为 0~180，初始值为 90；W、A、S、D 是机器人移动指令（所代表的方位看键盘上的按键排列就知道了），其参数代表 PWM 值，范围为 0~255；Z 是停止移动指令；Q 是机器人在不同地形下的动作指令，其参数代表舵机动作组序号。假如要机器人执行“前进 + 上坡动作 + 云台右转 30°”，则上位机依次发送命令“W255”“Q3”“X120”，然后由 Arduino 接收并处理信号，控制机器人做出相应的动作。

29.3 机器人上位机设计

29.3.1 遥控器设计

这里的上位机包含电脑软件和遥控器，二者相互独立工作，但是都需要先实现图像显示、机器人控制、数据显示等基本功能。

遥控器的控制板采用价格便宜而且坚固耐用的 KT 板来做，由于遥控器有液晶显示屏显示图传传输回来的图像，需要先测量好液晶显示屏的支架尺寸，然后再测量一下要安装的元件孔的间距，通过软件画好图（见图 29.16），直接加工出成品即可（图中下方的孔是为了方便以后的扩展而提前打好的）。

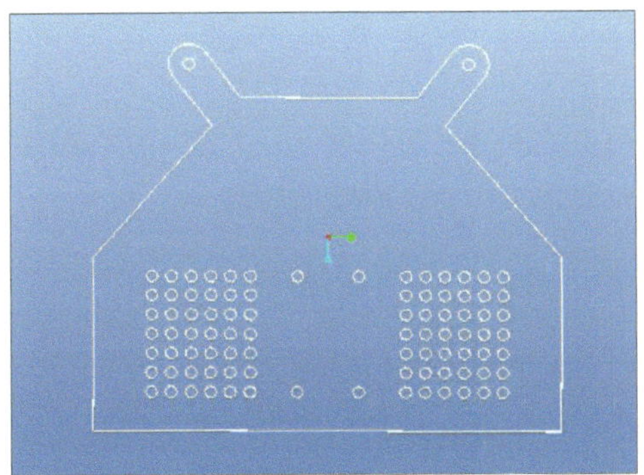

图 26.16 控制板底板

然后组装元件，首先将图传接收机的视频输出线连接到 AV OUT 口上（见图 29.17），将天线（见图 29.18）接到图传接收机上，再取一块 10cm 长、4cm 宽、3mm 厚的绝缘板，在绝缘板中间打一个直径为 3mm 的孔，用铜柱固定在显示器后面，然后将图传接收机用扎条固定在绝缘板上（见图 29.19）。

图 29.17 图传接收机端口

图 29.18 天线

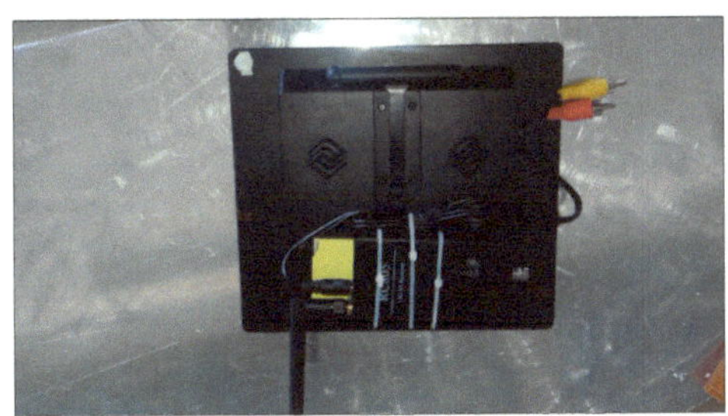

图 29.19 背面完成图

再将显示器固定架、摇杆、稳压电源、诺基亚 5110 液晶屏、Arduino MEGA2560

等通过铜柱和尼龙柱固定在绝缘板上（见图29.20）。其中APC220依旧使用传感器扩展板固定在Arduino MEGA2560上，而3个摇杆（见图29.21）的V、H口依次接到MEGA2560的A0~A5口上，KEY口依次接到22、23、24口。为了方便连线，我们为5110液晶屏做了一个简单的扩展板（见图29.22），将其插到26、27、28、29口，使用时用Arduino的5110库对引脚定义，为了方便以后的扩展（例如TFT、12864等），在遥控器左边留有足够的空间安装扩展板，这里为了方便安装电池，制作了一个安放电池的卡槽，旁边的杆使用尼龙套+铜柱制作。

图29.20 控制板俯视图

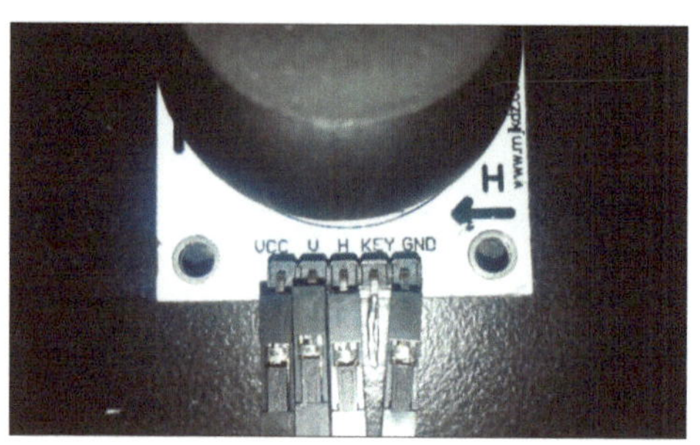

图29.21 摇杆模块

最后，先将液晶显示屏安在固定架上，然后将电源线引出并连接到液晶屏上（液晶屏工作电压为12V，锂电工作电压为11.1~12.9V），将图传接收器的图像线和声音线连接到液晶屏的图像与声音输入接口（见图29.23），再将降压模块与Arduino MEGA2560连接，检查一下连线，遥控器就做好了（见图29.24）。

图29.22 诺基亚5110液晶屏

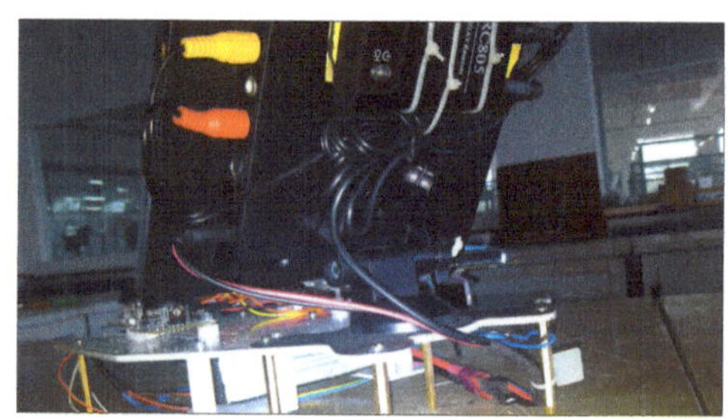

图29.23 图像线（红）与声音线（黄）

图29.24 制作完成的遥控器

29.3.2 上位机软件设计

除了用遥控器控制机器人外，还可以用电脑软件直接控制机器人，接下来就是程序设计。这里使用Visual Basic 6.0编写上位机的软件（见图29.25）。该软件的辅助插件比较多，方便编写一些简单的程序，其中的控制版面可以根据自己的喜好来进行排布，比较适合 DIY 爱好者学习和使用。

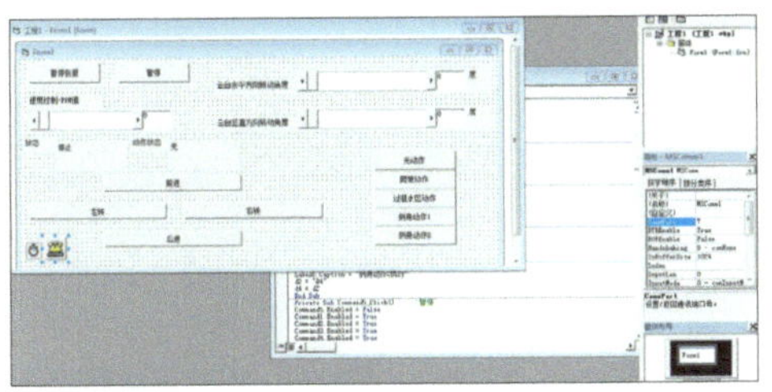

图 29.25 软件编辑界面

上位机软件的操作界面主要由方向控制、云台控制、姿态调整 3 个部分构成。方向控制部分包含停动控制按钮、方向控制按钮、速度调节条。其中停动按钮控制机器人暂停与否，当按下“暂停”按钮后，除云台和 PWM 调节按钮可用外，其余按钮均不可使用，只有按下“暂停恢复”按钮后，才可以操作机器人移动，防止发生误操作。速度调节条控制输出的 PWM 值，从而控制机器人的速度，调节的范围是 0~255，可以拖动滚动条进行调整，也可以直接在右边文本框输入所需的 PWM 值。

云台控制部分包含两个角度控制条，分别控制着云台在 *X*、*Y* 方向上的位置。两个控制条的数值范围为 0° ~180° ，可以通过拖动滚动条改变数值输出，也可以通过右边的文本框输入数值。

姿态调整部分由 5 个状态按钮组成，分别对应履带支架的 5 种姿态。通过改变姿态，能够让机器人通过不同的路面。上位机是通过串口连接 APC220 来控制机器人的，在这里设置串口号为 7，实际使用时需要通过设备管理器将 APC220 修改为串口 7。

29.4 整体调试

好了，现在遥控器、机器人和软件都已经完成了，需要对遥控机器人进行调试，将有问题的地方找出来并排除，让机器人彻底动起来。

首先，用万用表测一下锂电池电压（见图 29.26），如果电压低于 11.1V，说明这块锂电需要充电，如果继续使用，会对锂电造成损伤，电池可能会鼓起来。将电池分别与机器人和遥控器连接，此时 Arduino MEGA2560 的指示灯会闪几下，观察 LED 的亮度，如果 LED 较暗且闻到焦糊味，则说明电路连接短路，立即断开电源并检查线路连接是否正常。

图 29.26 测试锂电池电压

断开电源，通过 USB 线向机器人的 Arduino MEGA2560 内下载测试程序，程序可以是这样的：“前进、后退、左转、右转、云台左右摆动、云台上下摆动、固定在四肢的 4 个舵机完成 3 套动作”，之间的时间间隔是 10s。将电源连接好，使机器人开始按程序工作，如果某个命令不能完成或做出了错误的动作，则检查与该动作有关的电机、舵机以及线路的状况。然后将机器人架起来，将 Arduino MEGA2560 与计算机用 USB 线相连接，通过串口发送指令（此时使用的是串口0，注意在程序中将Serial1.xxxx改为Serial.xxxx），看机器人是否能按照命令正确做出动作。如果机器人没有做出反应，先检查USB连接是否正确，然后检查机器人程序是否正确。

以上检查完成后，先给遥控器上电，再将APC220插到转换器上并与电脑连接，通过串口助手读取和发送信号，看遥控器是否能正确读取、发送信号，同时以此检查5110液晶屏是否工作正常。如果出现5110液晶屏不显示字或乱码的情况，先检查线路是否正确，然后检查程序是否正确。

然后，开始测试图传设备，先检查线路，给图传的发射器与接收器上电，然后打开液晶屏和图传接收器，将图传接收器的频道调整为7（见图29.27），然后调整液晶屏显示界面。如果出现黑屏的情况，检查摄像头是否已损坏；如果出现NO SINGAL（无信号）的情况，则说明线路故障，也需要检查图传发射和接收器是否损坏，但也有可能是液晶屏的频道选择错误。再将图传接收器的线与视频采集卡（见图29.28）相连接，将视频采集卡插到电脑上，打开相应的软件，显示效果如图29.29所示。

图29.27 将图传接收器的频道设为7

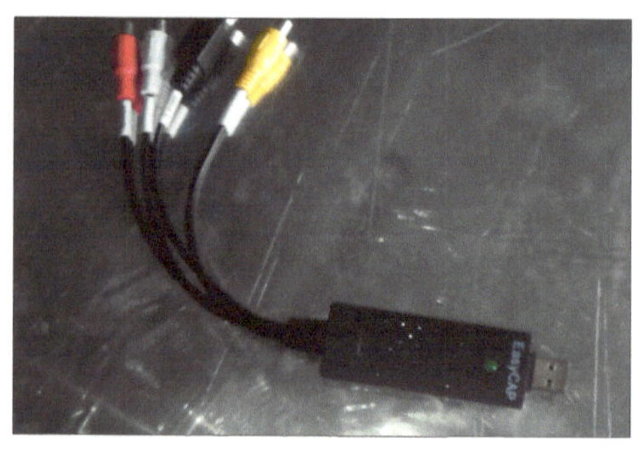

图29.28 视频采集卡

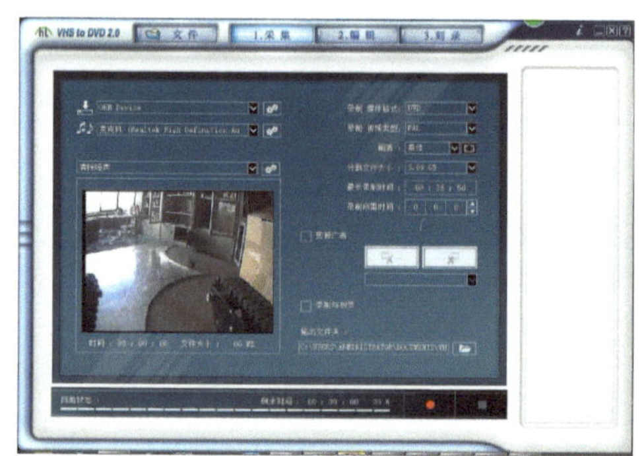

图29.29 在计算机上显示的图像与在遥控器上显示的图像

最后，同时给遥控器和机器人上电，用遥控器或计算机控制机器人完成前进、越障等命令，根据实际需要进行调整，最终达到所需要的效果。附上两张完成品的图片（见图29.30）。

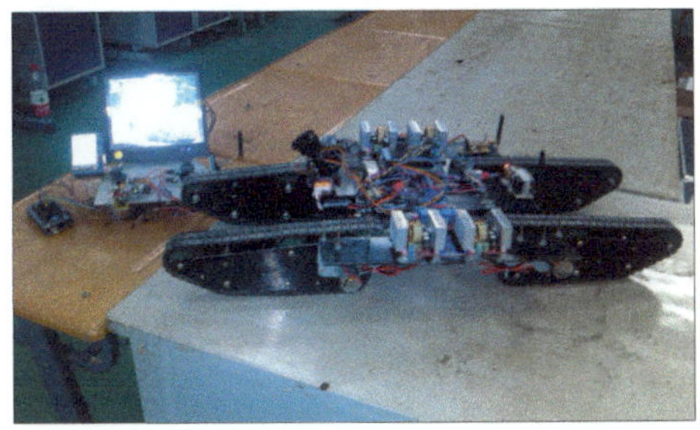

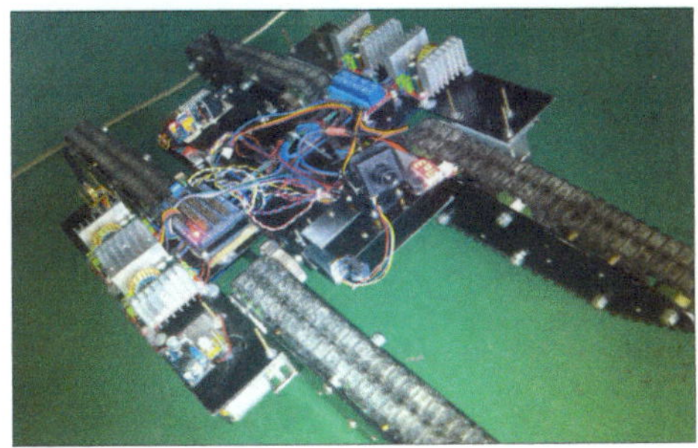

■ 图 29.30 机器人展示图

29.5 结束语

对于 DIY 爱好者，许多时候会遇见控制方面的令人头疼的问题。Arduino 这种开源硬件帮助许多人完成了自己的作品，它不需要太多的编程基础就可以帮助 DIY 爱好者轻松的实现许多有意思的电子制作。本文所介绍的基于 Arduino 的无线遥控机器人并没有涉及到过多的专业知识，通过 Arduino 就完成了遥控器与机器人控制核心的制作，实现了对机器人的控制。

30 开源群体机器人 X-Bot

◇Leo Yan

X-Bot 是一款群体机器人，它诞生于中国的第一个创客空间——“新车间”。该项目开源，在遵循开源协议的前提下，任何人都可以动手制作和改进。

什么是群体机器人？简单地说，就是模拟生物群体行为的一种智能机器。群体行为来自于由一定数量的具有独立行为能力的个体组成的群体。在自然界，不少昆虫、鸟类、鱼类等都体现出群体行为，随处可见的蚂蚁和蜜蜂就是代表，其特点是：

个体的行为是自发的，也就是没有谁命令谁的情况；

个体遵循相同的行为规则，但也会出现一定的随机性。

想知道 X-Bot 究竟有哪些本领，请访问如下视频：http://v.youku.com/v_show/id_XNTY1MjUwNDg4.html。

30.1 功能特性

X-Bot 支持如下基本功能：

- 障碍物识别；
- 相互之间的通信；
- 接近探测（判断是否靠近其他 X-Bot）；
- 相对方位识别；
- 运动（前进、后退、左转、右转）。

在基本功能基础之上，通过在软件中定义行为规则，即可以实现不同的行为特征，比如在上述视频中实现了：

- 目标寻找；
- 绕点圆形行走；
- 保持朝向一致；
- 排队行走；
- 分组聚合。

30.2 规格说明

- 主控芯片：ATmega328@16MHz，兼容 Arduino。
- 通信方式：采用 40kHz 载波进行红外通信，360° 全向发射和 6 分集接收。
- 驱动方式：直流减速电机，PWM 方式。
- 轮系系统：3 点式，前轮为 LED 构成的支点，后轮为两个独立驱动轮。
- 供电电源：3.7V 锂电池包，容量 180~250mAh。
- 工作时间：2h。
- 外形尺寸：约长 5cm、宽 5cm、高 4cm。

30.3 硬件结构

X-Bot 整体采用了 3 层金字塔结构，这也是由功能决定的（见图 30.1）。第一层塔尖为红外发射管，中间一层为环形布置的红外接收头，底层为承载电机的控制板。整个结构简洁稳定，也保证了红外通信在水平 360° 没有盲点。

其框架由主控板和传感器板两块 PCB 叠加而构成，两者可分离。

主控板基于 Arduino UNO，使用 ATmega328 及电机驱动芯片设计而成，通过排母引出接口，通过 FTDI 接口进行程序下载。在其头部有两个贴片 LED，用于指示状态。

传感器板上面焊接了一个红外发射管和 6 个一体化红外接收头，每个接收头前有一个贴片 LED，当相应的接收头收到信号时即会点亮，方便调试，并增加了可观赏性。

■ 图 30.1 X-Bot 的结构

30.4 电路原理

电路原理很简单，如图 30.2 所示。

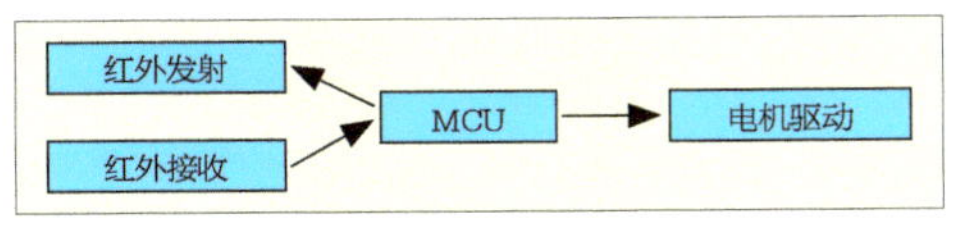

■ 图 30.2 电路原理示意图

30.5 软件架构

软件基于 Arduino 环境实现，将 X-Bot 抽象为如图 30.3 所示的 4 个类。

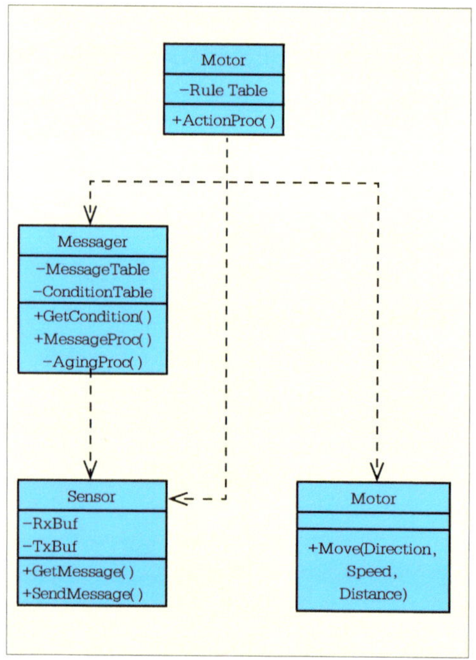

图 30.3　抽象出的 4 个类

- Action：根据接收到的信息，按预定规则控制 Swarmbot 的行为。
- Messager：将从 Sensor 收到的数据加工成可处理的信息。
- Sensor：负责红外信号的收发。
- Motor：负责控制电机的运转。

软件的运行可以看成在两个线程下交互进行（见图 30.4）：Main 是主线程，负责规则解析和整体行为的控制；Timer 是定时器，负责周期性地轮询红外接收的原始信息，并执行电机运动的控制。

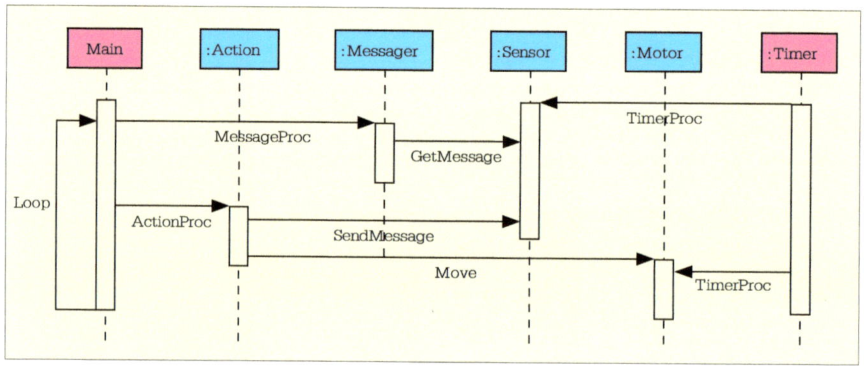

图 30.4　软件的运行过程

30.6　关键技术

30.6.1　红外收发硬件设计

群体机器人之间需要协作完成任务，因此拥有良好的通信交流方式尤为重要。群体机器人基于体积和成本考虑，一般都是基于红外线方式，世界上的各种群体机器人的设计也各有千秋。红外收发是整个 X-Bot 硬件设计上的难点，经历了很多尝试才定型为现在的方式，通过这套简易的红外收发系统在空间上实现了如下功能。

（1）360° 全向发射：从图 27.1 中可以看到位于塔尖的直插红外发射管头只有一个，而且其发射方向是垂直向上的，理论上只能对天通信，那如何实现水平 360° 全向发射呢？再仔细看一下，其头部不是圆球形而是平的，秘密就在这里，其头部是经过砂带机打磨的，垂直向上的红外线经过不规则的表面被散射开来，形成了近似球体的发射效果。经过实测，效果很好。这个方法是大家经过集思广益、多次实践而找到的。

（2）12 方位角识别：X-Bot 能够识别其附近的障碍物及其他X-Bot和自己的相对方位，这是因为采用 6 个环形布置的红外接收头（接收角 90° ），这样接水平方向上将空间划分为 6 个区域，同时每两个接收头之间有交集，这样形成了 12 个方位识别能力（见图 30.5）。这类似蜂窝通信中的扇区概念。

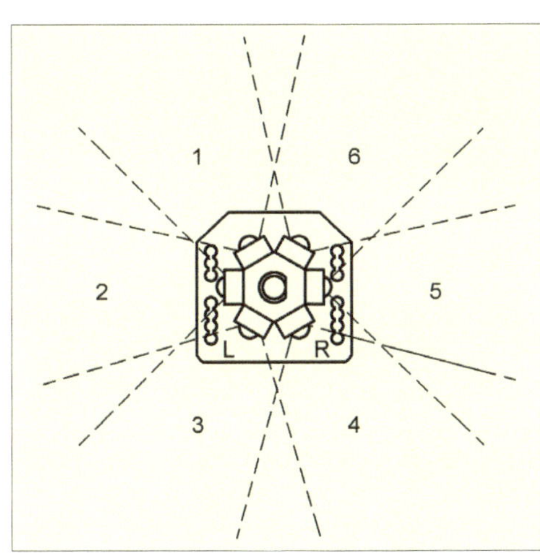

图 30.5　12 方位角识别的原理示意图

30.6.2　红外多功能复用设计

X-Bot需要实现障碍物识别、接近识别，同时还要保障相互之间通信的正常进行。如何利用一套红外收发系统同时实现这些功能？这里采用了时分复用的方式，很好地解决了这个问题。另一个需要解决的问题是这 3 个功能的探测范围是不同的，通信需要发射距离远一些，障碍物又需要发射距离很近（见图 30.6），于是使用 PWM 的脉宽控制方式来调整红外发射的功率，实现不同功能发射范围不同。下面简单介绍一下这 3 个功能的实现方式。

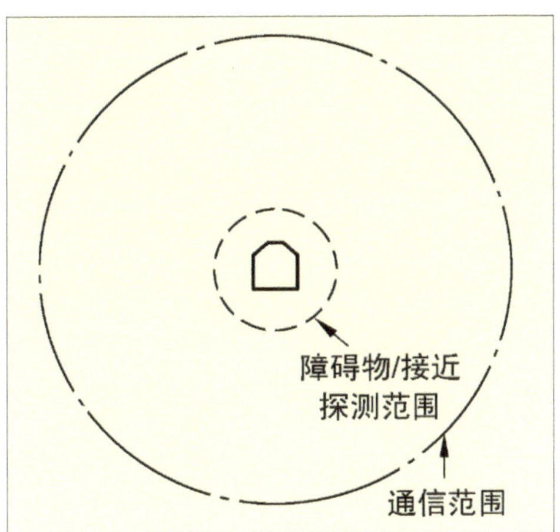

图 30.6　3 个功能的探测范围不同

（1）相互通信：通信的前提是每个X-Bot都有唯一标识。由于X-Bot使用相同的空间且载波频率是相同的，采用空间和频率的方式不能唯一标识；这里借鉴了以太网的通信方式，为每个 X-Bot 设置 ID，采用载波监听和冲突随机后退的方式进行通信。该功能红外发射范围控制在 X-Bot 尺寸的 0.5~1 倍。

（2）障碍物识别：利用障碍物对红外

线的反射特点，当X-Bot收到自己发送的信息时，就可判断为相应的接收方向存在障碍物；该功能红外发射范围控制在X-Bot尺寸的0.5~1倍。

（3）接近识别：X-Bot周期性发送接近检测消息，当其他X-Bot收到该类型的消息后，就可以判断已经接近谁了，在实现接近识别的情况下也避免了碰撞；该功能红外发射范围控制在X-Bot尺寸的0.5~1倍。

另外说明一下，通信距离并非越大越好，其原因是：

（1）群体行为的一个重要特点是分布式结构，每个个体的下一步行动决策只受环境和周边有限个体行为的影响；如果通信距离很远，则容易产生集中控制或不知所措的行为；

（2）通信距离大，则在相同载波的情况下，X-Bot通信冲突的概率大大增加，或者说在有限面积内容纳的X-Bot数量很少，则不会产生群体行为。

30.6.3 电机固定方式

X-Bot选用的是一款微型蜗杆减速电机，虽然不知道具体型号，但由于它具有小巧的体积和良好的性价比，在很多DIY制作中能看到它的身影。该电机的输出轴不在中心位置上，这样当左、右各使用两个电机时，会导致一边低、一边高，如何安装是一个难题，经过多次尝试，我们采用了在PCB上开槽和横式布置电机的方法，有效解决了电机安装的问题，同时也降低了X-Bot的重心，使它行走平稳。

30.7 后记

X-Bot项目托管在https://gitcafe.com/LeoYan/X-Bot，在这里你可以获取硬件设计文档、BOM、软件代码和完整的制作指导。喜欢就一起动手做，体会制作、交流和分享的快乐。

31 300 元打造属于自己的水下机器人

◇曲治国

水下机器人是工作于水下的极限作业机器人，包括无缆遥控水下机器人和有缆遥控水下机器人两种，其中有缆遥控水下机器人简称 ROV。水下机器人在安全搜救、水下娱乐等方面应用广泛。

笔者从事观测型 ROV 的相关工作，观测型 ROV 以小型化、便携性为主，一般配备高清摄像机和小型机械手，工作水深 300m 以内，主要工作在河流湖泊及近海，用于观测海洋结构物的运行情况、水下地形测绘、水下摄影等。2015 年的上海国际海洋技术与工程设备展览会展出了国内外最先进的一批观测型 ROV，作者通过这次展会了解到，目前国内水下机器人市场还不具规模，少数几家国产 ROV 价钱不菲，国产 ROV 市场还有待发展。

笔者最近花了一个月的时间 DIY 制作了一台水下机器人 ROV，在有基本制作工具的情况下，材料成本 320 元。整套电路系统基本采用现成模块拼接而成，降低了电路制作难度。使用 Arduino Pro mini 作为控制器，使得编程更加简洁，结构更加精巧；以 Processing 编写 PC 端的控制界面，实现水下机器人视频采集和运动姿态的实时监测以及水下机器人的运动路径控制。因此，从电路模块组成结构、Arduino Pro mini 控制器以及 Processing 界面来看，拥有视频监控及运动控制基本功能的水下机器人 ROV 的实现过程并不十分复杂，非常适合电子爱好者 DIY。下面，我详细介绍一下制作过程和程序编写思路。

首先介绍一下需要的材料和工具。材料及规格数量等信息见表 31.1。

31.1 硬件构成

水下机器人 ROV 将机器人在水下的的运动姿态信息和监测图像上传到计算机显示，并通过键盘按键控制机器人的上浮、下潜等运动。水下机器人 ROV 的硬件主要分为以下几个部分。

31.1.1 Arduino Pro mini 及 CP2102 下载线

水下机器人 ROV 上使用的 Arduino Pro mini 的单片机是 8 位的 ATmega328P，运行频率为 16MHz，尺寸为 33.3mm × 18.0mm，有 14 路数字 I/O 口、1 路 I^2C 通信、一路硬件串口通信等资源。为保证水下机器人在水下工作的可靠性，使用 2 块 Arduino Pro mini。一块通过 I^2C 总线与姿态传感器 MPU60650 通信，通过单片机解算得到三轴转动角度，然后将 3 个角度值通过串口发送至计算机端，显示在屏幕上；另一块时刻监听 PC 端的指令，PC 端通过串口发送给

表 31.1 制作水下机器人 ROV 所需要的材料

名称	规格	数量
主密封筒及两个盖子	长 230mm、内径 75mm、外径 77mm	1
LED 射灯密封管	长 50mm、内径 20mm	2
直流电机密封管	长 30mm、内径 30mm	3
雪弗板	厚 10mm、长 400mm、宽 300mm	1
亚克力板	厚 1mm、长 300mm、宽 200mm	1
直流小电机 + 螺旋桨	轴径 2mm、桨外径 40mm	3
直流电机驱动板	L298N	2
LED 射灯	2W 高亮红光	2
摄像头	1200 万像素	1
MPU6050 模块		1
Arduino Pro mini 及下载线		2
降压模块	输入 24V、输出降压可调	1
10 芯屏蔽线	长 1.7m	1
USB 母口		3
USB 公口		4
配重不锈钢光轴	直径 20mm、长 100mm&80mm	各 2 根
三极管 8050		2
10kΩ 电阻		2
杜邦线 导线		若干

单片机指令，单片机根据指令通过两块电机调速模块驱动 3 个直流电机来实现水下机器人 ROV 的上浮、下潜、前进、后退、左转、右转及悬停运动，同时利用这片单片机的两个数字引脚控制两个 8050 三极管的基极开关，以此来实现位于集电极的 LED 的开关。

购买的 CP2102 下载线带有 DTR 功能，可直接给 Arduino Pro mini 等最小系统板烧录程序，无需再按复位按键，使用舒心，操作简便，带有 500mA 自恢复保险丝，可以有效避免负载模块短路对计算机或者模块的损害。

31.1.2 MPU6050 模块

机器人使用一片 MPU6050 模块采集水中运动姿态，6050 模块能够输出三轴加速度和三轴角速度的数据，使用这些信息在单片机中解算得到三轴转动角度，将三轴角度信息以字符串的形式通过串口上传到 PC 端的 Processing 程序中。在 Processing 中，我画了一个简笔小飞机，以接收的三轴角度作为小飞机的横摇、纵摇和艏摇角度，虚拟反应水下机器人的运动姿态。

31.1.3 L298N 电机驱动板模块

机器人使用双路 H 桥驱动电机，驱动电压为 5 ~ 35V，驱动电流为 2A，最大功率为 25W，尺寸为 43mm × 43mm × 27mm。模块中 ENA 引脚接单片机可以输出 PWM 信号的引脚，用来通过 PWM 对电机实现调速，IN1 和 IN2 引脚接单片机的数字 I/O 口，用来控制电机的转向。两片 L298N 电机驱动模块，一片控制两个水平电机，实现水下机器人前进、后退、左转、右转的功能；一片控制一个垂直电机，实现水下机器人上浮、下潜及悬停功能。

31.1.4 LED 照明模块

机器人使用两个 2W 高亮红光 LED 模块照明，供电电压为 2.4 ~ 2.8V，供电电流为 700mA，由于单片机的数字 I/O 口不能提供如此大的电流，因此使用了单片机的两个 I/O 口分别控制两个三极管的基极开关，以此来实现位于集电极的 LED 的开关控制。图 31.1 所示为三极控制 LED 的电路图，图 31.2 所示为这一开关模块在密封筒中的实物。

31.1.5 摄像模块

机器人装有一个 1200 万像素、USB 接口的高清摄像头，由于 Arduino 的计算能力有限，处理视频信息捉襟见肘，所以这里直接采用 USB 接口将摄像头采集的视频信息传输至 PC 端，利用 Processing 编写的程序捕捉并显示视频信息。

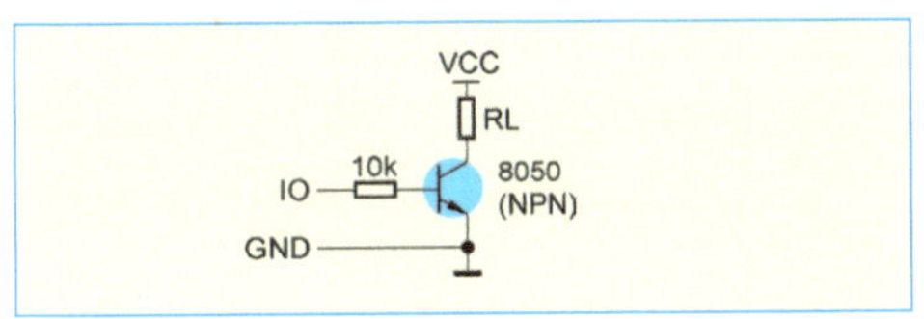

■ 图 31.1 8050 三极管控制 LED 灯的电路图

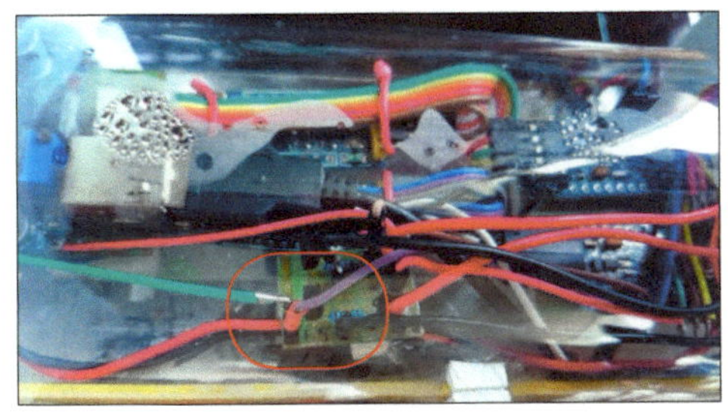

■ 图 31.2 在密封筒中的 LED 模块

31.1.6 电源模块

电源使用一块 LM2596 降压模块，输入电压为 3.2 ~ 46V，输出电压为 1.25 ~ 35V，要求输入电压最少比输出高 1.5V，输出电流最大为 3A，尺寸为 43mm × 21mm × 14mm。模块中，电压输入和输出的标识为 IN 和 OUT，调试过程中要十分注意电压的输入和输出位置，我在调试中误将输入和输出接反，模块立刻坏掉。现在来看一下需要供电的部分，包括 LED 的 2.6V 和 L298N 电机驱动模块的 12V，使用交流转直流 12V/5A 电源作为 L298N 电机驱动模块的输入，为 3 个直流电机供电，同时作为 LM2596 降压模块的输入，旋转降压模块上的可调电位计，得到 2.6V 输出电压，为两个 LED 供电。至于两块 Arduino 控制器和一个摄像头的 5V 供电，交给 PC 端完成。

31.2 系统构架与设计

31.2.1 硬件设计

这台水下机器人的设计初衷是将水下机器人的基本功能做一些炫酷的展示，因此硬件设计上以简单、快捷为准，将现成的 Arduino 模块、MPU6050 模块、L2978N 模块等组装进一只长 230mm、内径 75mm 的 PVC 圆筒里，这里需要解决模块结构、安装和防水的问题。我使用了一块厚 1mm 的亚克力板，将摄像头、MPU6050 模块、一块 L298N 电机调速模块安装在亚克力板的一面，将两个 Arduino 控制器、两条 CP2102 下载线、一个 L298N 电机调速模块及三极管开关模块紧凑地安装在亚克力板

图 31.3 亚克力板一侧的电子设备

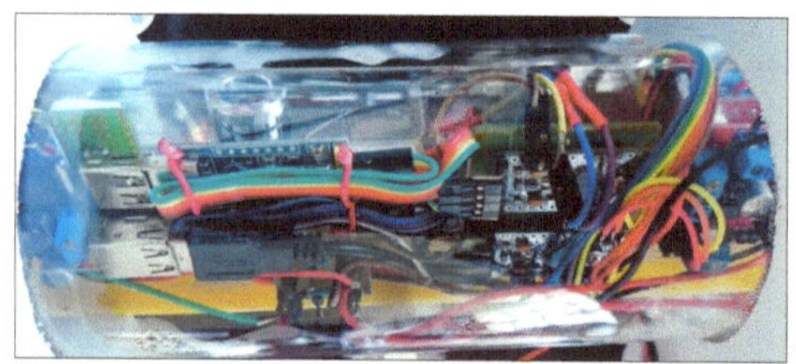
图 31.4 亚克力板另一侧的电子设备

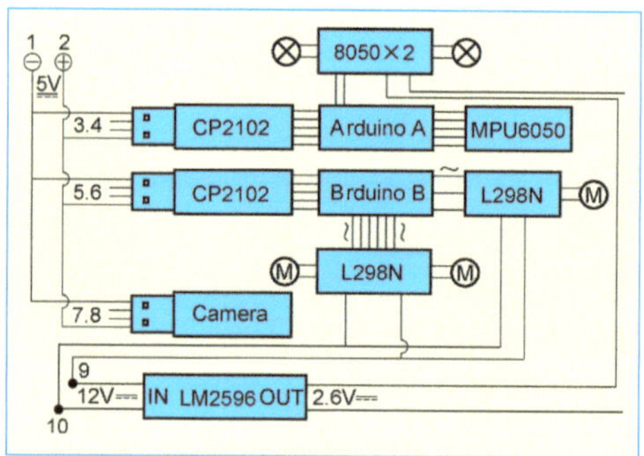

图 31.5 各部分电子模块接线图

图 31.6 10 芯线一端的接口形式

的另一面，如图 31.3 和图 31.4 所示。各模块均用小块雪弗板及 502 胶水粘接在亚克力板上，为增强 1mm 厚亚克力板对所有元器件的可靠支撑，在亚克力板的长边一侧粘接一块厚 2mm 的黄色亚克力板来加强结构支撑。图 31.3 中上端黄色长条为用于加强结构支撑的亚克力板。

接线图如图 31.5 所示，所有电子设备的输入端汇聚成 10 芯线，图 31.5 中的 3、4 芯和 5、6 芯是两片 Arduino 的信号线，7、8 芯是摄像头的信号线，1、2 芯的 5V 为其供电，9、10 芯为 L298N 供电，并降压得到 2.6V，为 LED 模块供电。由于直接采用 USB 传输信号，所以只截取了长 1.5m 的信号线，如果想增加传输距离，可以选择使用 RS-485 进行信号传输。10 芯信号线和计算机连接的一端制作成 3 个 USB 接口和 1 个 12V 输入接口，如图 31.6 所示。具体接线难度不大，在这里就不每一个都说了。

制作完成的实物图如图 31.7 所示。

31.2.2 软件系统

程序可从《无线电》杂志网站 www.radio.com.cn 下载，包括两个 Arduino 程序 test_code_7、motor_speed_control 和两个 Processing 程序 little_ROV_2、little_ROV_3。

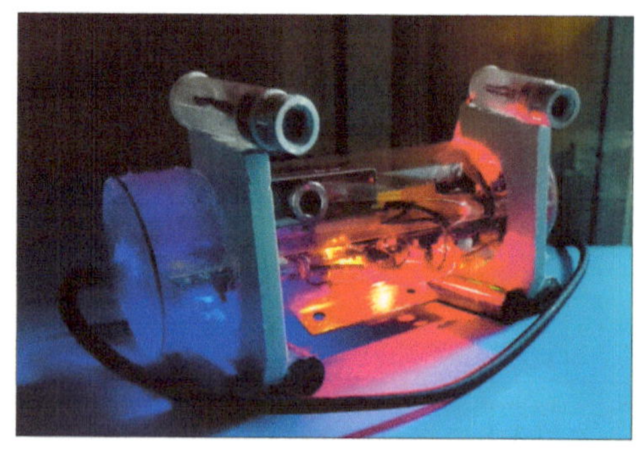
图 31.7 制作完成后的实物

```
String str0 = (String)(ypr[0]*180/3.14);  //ypr[0]: Yaw; ypr[1]:Pitch; ypr[2]: Roll
String str1 = (String)(ypr[1]*180/3.14);
String str2 = (String)(ypr[2]*180/3.14);
str = str0+"n"+str1+"n"+str2;
Serial.println(str);
```

■ 图 31.8 三轴角度值转换为字符串

```
String[] values = split(input, "n");       rotateX(PITCH);
yaw = Float.parseFloat(values[0]);          rotateY(YAW);
pitch = Float.parseFloat(values[1]);        rotateZ(ROLL);
roll = Float.parseFloat(values[2]);
```

■ 图 31.9 三轴转动角度值的转换

水下机器人视频采集回传以及运动姿态监测的程序由 test_code_7 和 little_ROV_2 组成。Arduino 程序 test_code_7 的功能是通过 I^2C 总线接收 MPU6050 姿态传感器的三轴加速度和三轴角速度信息解算出三轴角度信息，程序中需要加载库 “Wire.h” “I2Cdev.h” 和 “MPU6050_6Axis_MotionApps20.h”，程序中使用了官方提供的 MPU6050_DMP6 程序，解算出三轴角度值 ypr[0]、ypr[1] 和 ypr[2]，将三轴角度值由浮点型数据转换成字符串 str1、str2 和 str3，以字母 n 作为间隔串联成字符串 str，再通过串口发送字符串 str 至 PC 端，由 PC 端的 Processing 程序接收，图 31.8 所示为三轴角度值转换为字符串程序。

PC 端的 Processing 程序 little_ROV_2 在接收到三轴角度字符串后，以字母 n 为标志使用 spit() 函数分割字符串，得到三轴转动角度值的字符串，使用 Float.parseFloat() 函数将字符串转换为浮点型数据。Processing 语言是 Java 语言的延伸，所以很多 Java 函数可以直接拿过来用，比如这里的 Float.parseFloat() 函数。得到了三轴浮点型数据后显示在 Processing 界面上，同时我画了一个反应水下机器人转动姿态的小飞机，使用 rotateX、rotateY 和 rotateZ 函数改变小飞机的坐标轴即可实现转动姿态的模拟。图 31.9 所示为三轴转动角度值由字符串到浮点型数据的转换，注意右图中 rotateX 等 3 个函数的输入是弧度值。图 31.10 为 Processing 界面中显示的运动姿态信息，界面的左边是 Processing 捕捉到的摄像头传回的实时信息，图中的小熊是我在同学婚礼上当伴郎赚的，右边是水下机器人的实时三轴转角值并通过小飞机动态的显示出来。

水下机器人的运动控制包括前进、后退、左转、右转、上浮、下潜及悬停、开关灯的动作，由程序 motor_speed_control 和 little_ROV_3 组成。Arduino 程序 motor_speed_control 负责接收 PC 端的键盘指令，使用 PWM 信号实现对电机的运动控制。使用 Processing 程序 little_ROV_3 在 PC 端通过键盘按键发送 “w、s、a、d” 给单片机，单片机控制水平电机实现前进、后退、左转、右转功能；键盘按键发送 “b、n” 给单片机，单片机控制垂直电机实现上浮和下潜功能。

■ 图 31.10 Processing 视频回传和运动姿态界面

以上的运动中，PWM 信号的占空比均为定值，没有设置变速的功能，悬停也是靠垂直电机完成的。不同的是，悬停功能我设置了变速调节，使用键盘的“上、下”方向键可以增加、减小单片机产生 PWM 信号的占空比，使垂直电机调整速度，达到水下机器人的合力为零来实现悬停。PC 端通过按键发送“o、c”至单片机，实现开灯、关灯的功能。

Processing 程序 little_ROV_3 设计了按键显示界面，如图 31.11 左图所示，界面中首先说明了操作按键的功能，当按下键盘“w、n、o”时，界面下边的功能图框“Forward”“Dive down”“open light”就会相应地变为绿色，表示前进、下潜、开灯在工作；其他的功能图框保持白色，表示不工作。图 31.11 右图实现的功能是开灯、调整悬停两项功能。同时，当按住键盘的某一功能键时，界面中按键功能说明部分会在对应的功能说明行闪动红色框，如图 31.11 右图中出现的红色框表示悬停功能正在不断使用。

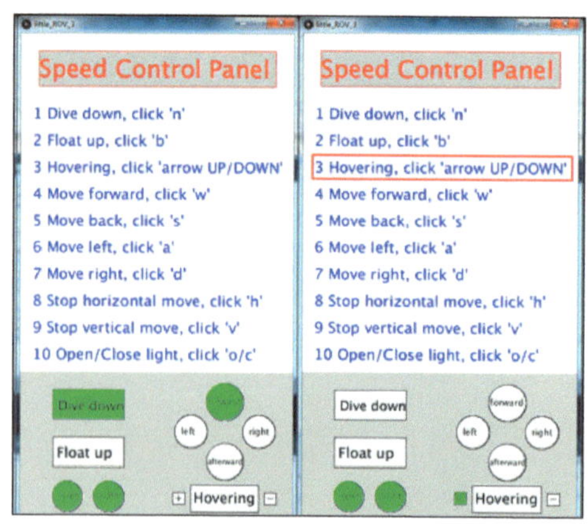

图 31.11 Processing 电机速度控制界面

31.3 密封及浮态调整

密封的位置包括：圆筒与圆筒盖子连接处、10 芯线穿过圆筒盖子的位置、电机线和 LED 灯线穿过圆筒盖子的位置、LED 模块与灯密封筒的位置、电机与电机密封筒的位置。

从图 31.12 中可以看出，所有的电子设备都安装在了 PVC 圆筒中，圆筒的两端使用盖子扣紧，盖子和圆筒之间应该采用 O 形圈密封。这里为了降低制作难度和成本，直接使用玻璃胶将缝隙密封，下水试验证明，这种方式密封性很好，而且粘接后玻璃胶保持了一定弹性。为了美观，可以使用壁纸刀将边边角角多余的胶割掉。10 芯线穿过圆筒盖子的位置以及电机线、LED 线穿过圆筒盖子的位置也需要玻璃胶密封住，电机线和 LED 线一共 10 根，密封的时候 10 根线之间也要密封好。LED 模块的外径为 20mm，将 LED 模块套进内径为 20mm 的 PVC 管之后用玻璃胶密封。电机的外径为 24.4mm，将电机用厚胶带把外径缠粗，套进内径为 30mm 的 PVC 管，之后用玻璃胶密封。

还需要说明的是，密封圆筒的支撑框架，如图 31.12 所示，蓝色部分为使用 10mm 厚雪弗板雕刻的密封圆筒支架，发电机密封筒、LED 密封筒全部使用玻璃胶粘接在支架上。

到目前为止，水下机器人的全部制作过程基本介绍完了，最后一步是浮态调整。用电子秤称一下水下机器人 ROV 的重量，再计算一下各部分的体积，得到 ROV 完全浸没在水中的浮力，浮力减去重力就是我们需

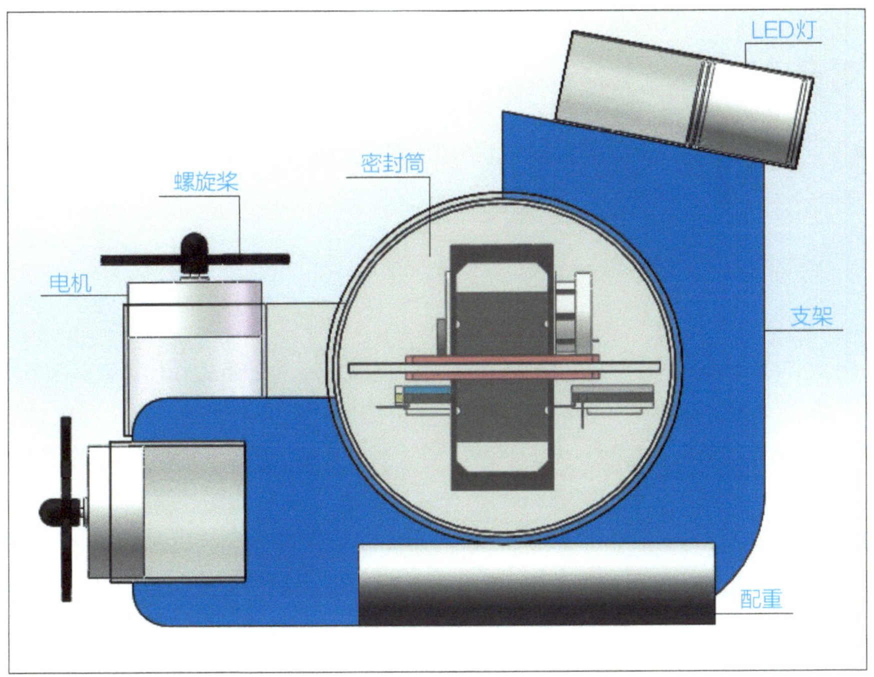

■ 图 31.12　水下机器人 Solidworks 示意图

要加装的配重，这里我使用了 4 根直径为 20mm 的光轴做配重。首先把配重用导线之类的固定在支架下端，将 ROV 放在水中看一下浮态，通过调整配重的重量和位置，保证 ROV 在没有动力的情况下稍微漂浮在水面上，并且没有明显的横摇、纵倾。如果合适，就可以拿出水擦干后，用玻璃胶把配重粘接在支架上。到此为止，恭喜你，整个水下机器人的软硬件制作全部完成。

现在可以下水体验一下水下机器人完美的下潜、上浮、前进、后退、左转、右转以及悬停功能了。Enjoy yourself!

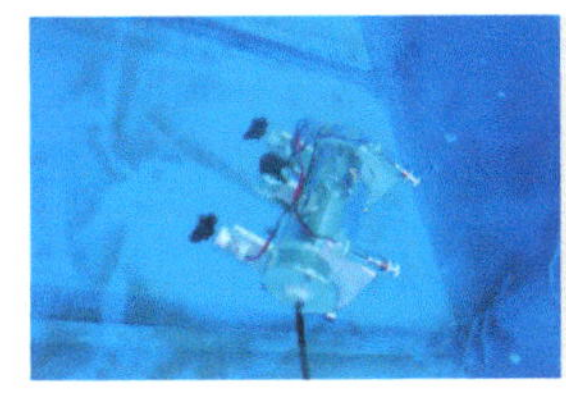

感谢曹星慧博士提供的试验场地和制作加工设备，试验水池中的生物布景活灵活现，电子制作区工具精良，得心应手，在这样的环境中工作非常舒心。

低成本打造 Booby 家庭服务机器人

◇轩辕文成 ◇插画：刘少冉

我是大二的学生，偶然间接触了Arduino，从此一发不可收拾，做过激光雕刻机、智能小车等有意思的东西。大一下半学期的暑假是一个很好的机会，能够深入学习 Arduino，于是我决定设计制作一种家庭服务机器人。这款机器人的灵感来源于《机器人总动员》中的瓦力，作为家庭服务机器人，初步决定加入履带底盘、可夹持机械手、视频传输、语音识别与交流、短信报警、LED 点阵眼睛等功能。系统框图如图 32.1 所示，Wi-Fi 控制程序框图如图 32.2 所示，制作所需的元器件见表 32.1。

表 32.1　需要的元器件

名称	数量
MG995 舵机	7
蜗轮蜗杆减速电机	2
Arduino 最小系统板	4
12V 电源	2
亚克力板（300mm × 200mm）	4
TP-LINK703N 路由器	1
短信模块	1
语音模块	1
烟雾传感器	1
机械手	1
同步带及同步带轮	2 套
l9110 模块（用于驱动气泵）	1
微型气泵（用于控制气动吸盘）	1

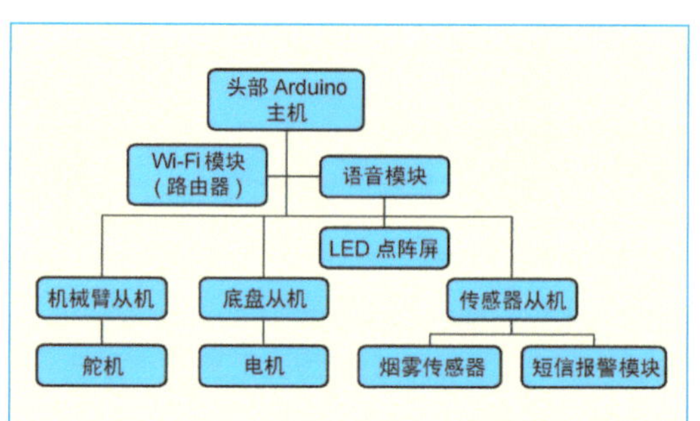

图 32.1　系统框图

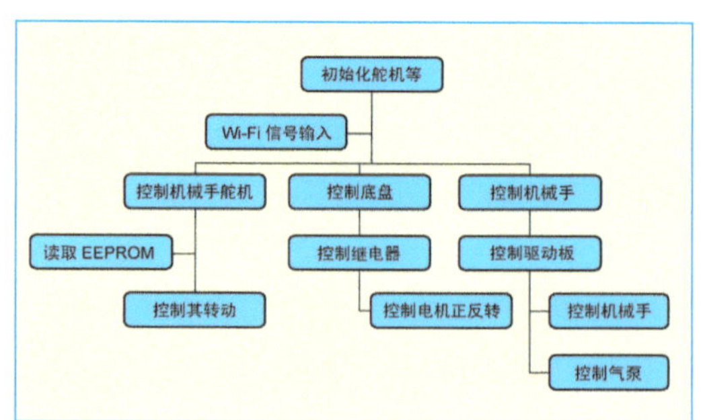

图 32.2　Wi-Fi 控制程序框图

■ 图 32.3 履带底盘

■ 图 32.4 电机驱动电路（左上为光耦隔离电路，右上为单片机控制电路，下方为继电器控制电路）

32.1 履带底盘的设计

为了适应家庭环境中可能出现的门槛、地毯和花园草地等环境，我决定采用全金属结构的底盘（见图32.3），这样底盘稳定一些，其他部件也都容易装配。金属结构的底盘在重量上也占有很大的优势，为了减少通过障碍时对车体本身的振动，我设计了一套悬挂系统来缓冲，悬挂系统由 4 个摇臂和弹簧构成，每个摇臂可以单独运动，类似于独立悬挂。

驱动采用履带传动，我比较了网上的各种玩具履带配件，发现普遍价格偏高且材质较脆，不适合大动力的驱动，于是采用了二手的汽车正时皮带作为履带，后来测试发现同步带作为履带行走起来十分稳定。

主动力为两个蜗轮蜗杆减速电机，动力十足，而且由于蜗轮、蜗杆自锁的特性，即使是 45° 斜坡也不会滑下，可以适应多种特殊路况，甚至是石子路等复杂路况。电机驱动板（见图 32.4）采用继电器控制，因为普通的 MOS 管组成的 H 桥驱动电路输出电流太小且发热较严重，无法满足底盘的驱动要求，故采用继电器控制电路控制电机，每一路信号都做光耦隔离，同时成本低、易维护。

32.2 机械臂的设计

为了实现抓取物品和动作交互娱乐等功能，我们制作了一种类似于桌面码垛机器人的机械手，采用舵机作为动力来源，使用 Arduino 进行控制。画好三维图纸（见图 32.5），导出二维图纸（见图 32.6），

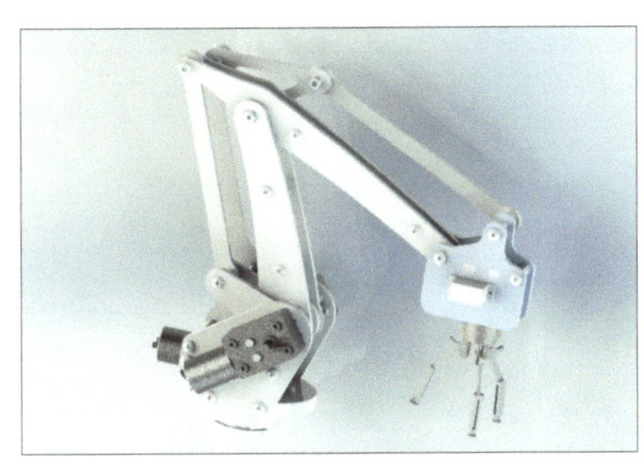

■ 图 32.5 机械臂三维图纸

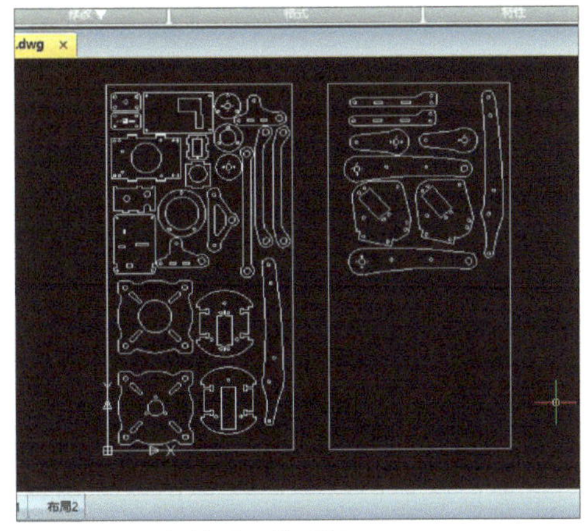

■ 图 32.6 机械臂二维图纸

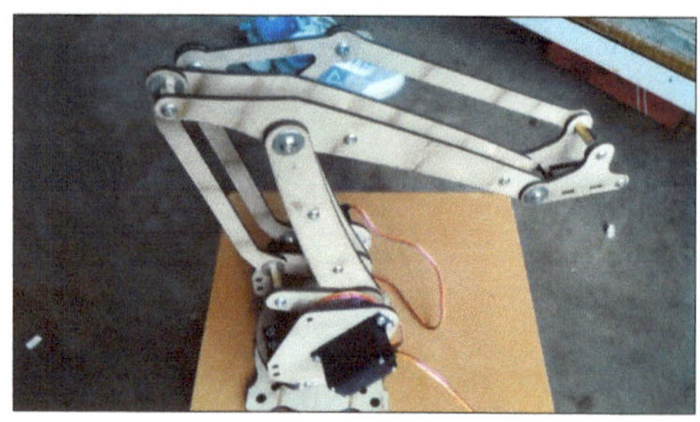
图 32.7 木制的机械臂

图 32.10 同步摇杆遥控器

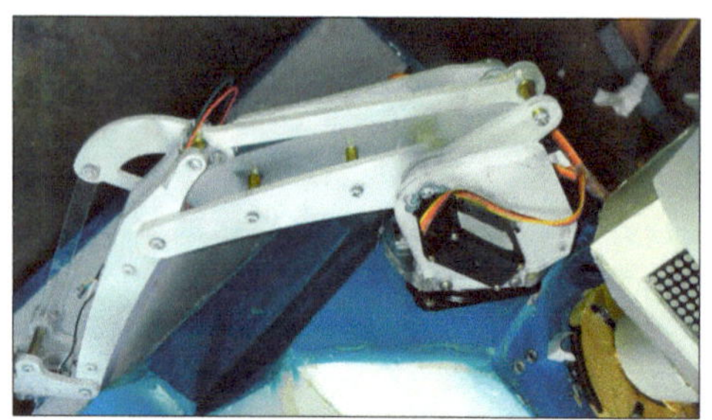
图 32.8 亚克力机械臂

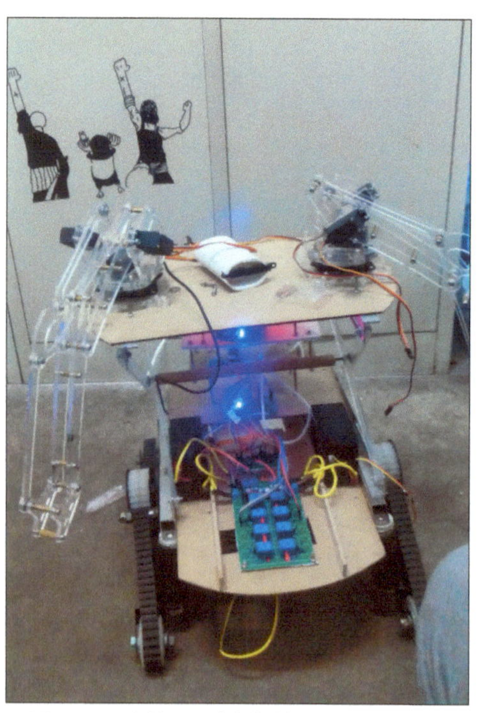
图 32.9 安装了亚克力机械臂的机器人

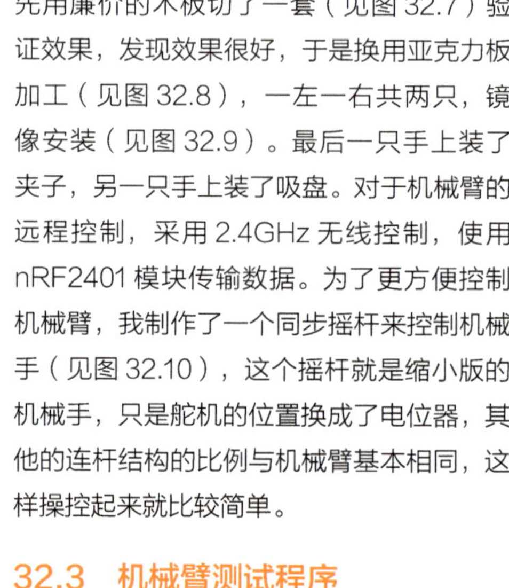
先用廉价的木板切了一套（见图 32.7）验证效果，发现效果很好，于是换用亚克力板加工（见图 32.8），一左一右共两只，镜像安装（见图 32.9）。最后一只手上装了夹子，另一只手上装了吸盘。对于机械臂的远程控制，采用 2.4GHz 无线控制，使用 nRF2401 模块传输数据。为了更方便控制机械臂，我制作了一个同步摇杆来控制机械手（见图 32.10），这个摇杆就是缩小版的机械手，只是舵机的位置换成了电位器，其他的连杆结构的比例与机械臂基本相同，这样操控起来就比较简单。

32.3 机械臂测试程序

```
#include <Servo.h>
#include <EEPROM.h>
Servo servo1;
Servo servo2;
Servo servo3;
byte angle1;
byte angle2;
byte angle3;
int buffer1[3];
int rec_flag;
int serial_data;
```

```
int Uartcount;
unsignedlong Pretime;
unsignedlong Nowtime;
unsignedlong Costtime;
void setup() {
  Serial.begin(9600);
  servo1.attach(9);
  servo2.attach(10);
  servo3.attach(11);
  angle1=EEPROM.read(0x01);
  angle2=EEPROM.read(0x02);
  angle3=EEPROM.read(0x03);
  servo1.write(angle1);
  servo2.write(angle2);
  servo3.write(angle3);
}
void loop()
{
  while(1)
  {
   Get_uartdata();  //读取串口数据
   //UartTimeoutCheck();
  }
}
void Communication_Decode()
{
  if(buffer1[0]==0x01)//舵机命令
  {
    if(buffer1[2]>180)return;
    switch(buffer1[1])
    {
      case 0x07:angle1=buffer1[2];
      servo1.write(angle1);return;
      case 0x08:angle2=buffer1[2];
      servo2.write(angle2);return;
      case 0x09:angle3=buffer1[2];
      servo2.write(angle2);
      return;
      default:return;
    }
  }
  else if(buffer1[0]==0x32)//保存命令
  {
    EEPROM.write(0x01,angle1);
    EEPROM.write(0x02,angle2);
    EEPROM.write(0x03,angle3);
    return;
  }
}
void Get_uartdata()
{
  staticint i;
  if(Serial.available()>0)
  {
    serial_data=Serial.read();
    if(rec_flag==0)
    {
      if(serial_data==0xff)//ff000100ff
      {
        rec_flag=1;
        i=0;
      }
    }
    else
    {
      if(serial_data==0xff)
      {
        rec_flag=0;
```

```
        if(i==3)
        {
          Communication_Decode();
        }
        i=0;
      }
      else
      {
        buffer1=serial_data;
        i++;
      }
    }
  }
}
```

32.4 视频传输功能的设计

为了节省成本，我使用了自带 MP4 格式转码的网络摄像头（二手苹果笔记本电脑拆机摄像头）作为图像采集来源，分辨率为 720p，采集的高清图像通过 Wi-Fi 模块发送到手机、平板电脑等可以处理 Wi-Fi 信号的移动终端。Wi-Fi 模块由常见的二手 TP-link 703n 改装而成，该路由器使用强大的 ARM 内核，具有 32MB 的 RAM 和 16MB 的 ROM，可以轻松胜任视频解码和传输的要求。在作为 Wi-Fi 模块之前，要重刷路由器的 Bootloader，刷入开源的 OpenWrt 固件，该固件基于 Linux 系统，可以实现对路由器的控制。OpenWrt 的包管理提供了一个完全可写的文件系统，允许自定义设备，以适应任何应用程序。我还将路由器的串口外接（见图 32.11），以便在传输图像（见图 32.12）的同时能够传输数据、控制机电设备。

■ 图 32.11 接好串口线的路由器

■ 图 32.12 视频传输测试

■ 图 32.13 语音模块及 Arduino 最小系统板

■ 图 32.14 Arduino 最小系统板

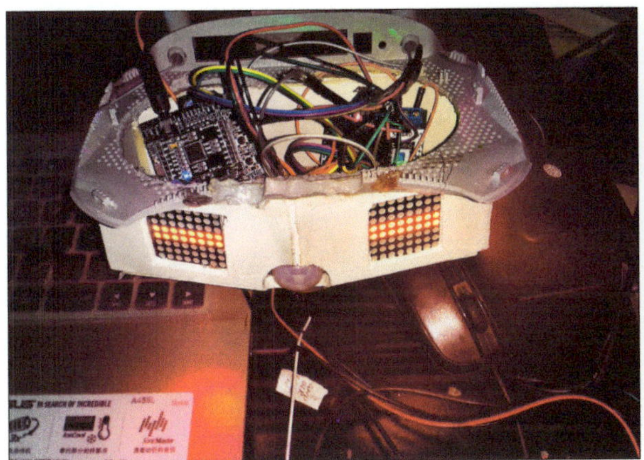
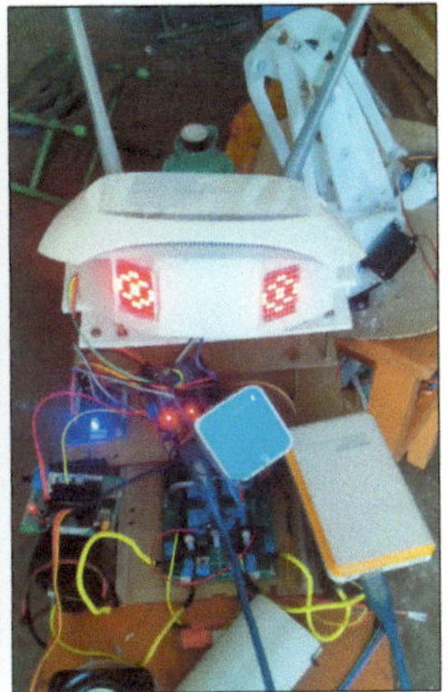

图 32.15 眼睛显示效果

32.5 语音交流及眼睛动作的设计

语音识别及发声使用的是现成的语音模块（见图 32.13），识别后有返回值，Arduino 最小系统（见图 32.14）根据返回值给予不同的回应即可，在此不再赘述。同时，根据返回值控制 8×8 点阵模块显示不同的图案就行（见图 32.15）。

32.6 眼睛控制程序

```
#include "LedControl.h"
//pin 12 is connected to the DataIn
//pin 11 is connected to the CLK
//pin 10 is connected to LOAD
LedControl lc=LedControl(3,4,5,1);
LedControl bc=LedControl(6,7,8,2);
unsignedlong delaytime=100;
voidsetup() {
  lc.shutdown(0,false);
  lc.setIntensity(0,5);
  lc.clearDisplay(0);
  bc.shutdown(0,false);
  bc.setIntensity(0,5);
  bc.clearDisplay(0);
}
void writeArduinoOnMatrix() {
  byte a[8]={B00111100,B01000010,B10011001,B10111101,B10111101,B10011001,B01000010,B00111100};
  byte b[8]={B00000000,B00011000,B01100110,B10011001,B10011001,B01100110,B00011000,B00000000,};
  byte c[8]={B00000000,B00000000,B00000000,B11111111,B11111111,B00000000,B00000000,B00000000,};
  byte d[8]={B11101010,B10001010,B11101010,B10001110,B01110101,B01000110,B01000110,B01110101,};
  delay(300);
  lc.setRow(0,0,b[0]);
  lc.setRow(0,1,b[1]);
  lc.setRow(0,2,b[2]);
  lc.setRow(0,3,b[3]);
  lc.setRow(0,4,b[4]);
```

```
lc.setRow(0,5,b[5]);
lc.setRow(0,6,b[6]);
lc.setRow(0,7,b[7]);
bc.setRow(0,0,b[0]);
bc.setRow(0,1,b[1]);
bc.setRow(0,2,b[2]);
bc.setRow(0,3,b[3]);
bc.setRow(0,4,b[4]);
bc.setRow(0,5,b[5]);
bc.setRow(0,6,b[6]);
bc.setRow(0,7,b[7]);
delay(delaytime);
lc.setRow(0,0,c[0]);
lc.setRow(0,1,c[1]);
lc.setRow(0,2,c[2]);
lc.setRow(0,3,c[3]);
lc.setRow(0,4,c[4]);
lc.setRow(0,5,c[5]);
lc.setRow(0,6,c[6]);
lc.setRow(0,7,c[7]);
bc.setRow(0,0,c[0]);
bc.setRow(0,1,c[1]);
bc.setRow(0,2,c[2]);
bc.setRow(0,3,c[3]);
bc.setRow(0,4,c[4]);
bc.setRow(0,5,c[5]);
bc.setRow(0,6,c[6]);
bc.setRow(0,7,c[7]);
delay(300);
//  lc.setRow(0,0,0);
//  lc.setRow(0,1,0);
//  lc.setRow(0,2,0);
//  lc.setRow(0,3,0);
//  lc.setRow(0,4,0);
//  lc.setRow(0,5,0);
//  lc.setRow(0,6,0);
//  lc.setRow(0,7,0);
//  delay(200);
lc.setRow(0,0,c[0]);
lc.setRow(0,1,c[1]);
lc.setRow(0,2,c[2]);
lc.setRow(0,3,c[3]);
lc.setRow(0,4,c[4]);
lc.setRow(0,5,c[5]);
lc.setRow(0,6,c[6]);
lc.setRow(0,7,c[7]);
bc.setRow(0,0,c[0]);
bc.setRow(0,1,c[1]);
bc.setRow(0,2,c[2]);
bc.setRow(0,3,c[3]);
bc.setRow(0,4,c[4]);
bc.setRow(0,5,c[5]);
bc.setRow(0,6,c[6]);
bc.setRow(0,7,c[7]);
delay(300);
lc.setRow(0,0,b[0]);
lc.setRow(0,1,b[1]);
lc.setRow(0,2,b[2]);
lc.setRow(0,3,b[3]);
lc.setRow(0,4,b[4]);
lc.setRow(0,5,b[5]);
lc.setRow(0,6,b[6]);
lc.setRow(0,7,b[7]);
bc.setRow(0,0,b[0]);
bc.setRow(0,1,b[1]);
bc.setRow(0,2,b[2]);
bc.setRow(0,3,b[3]);
bc.setRow(0,4,b[4]);
bc.setRow(0,5,b[5]);
bc.setRow(0,6,b[6]);
bc.setRow(0,7,b[7]);
delay(delaytime);
lc.setRow(0,0,a[0]);
lc.setRow(0,1,a[1]);
lc.setRow(0,2,a[2]);
lc.setRow(0,3,a[3]);
lc.setRow(0,4,a[4]);
lc.setRow(0,5,a[5]);
lc.setRow(0,6,a[6]);
lc.setRow(0,7,a[7]);
bc.setRow(0,0,a[0]);
bc.setRow(0,1,a[1]);
bc.setRow(0,2,a[2]);
bc.setRow(0,3,a[3]);
bc.setRow(0,4,a[4]);
bc.setRow(0,5,a[5]);
bc.setRow(0,6,a[6]);
bc.setRow(0,7,a[7]);
delay(300);
lc.setRow(0,0,a[0]);
lc.setRow(0,1,a[1]);
lc.setRow(0,2,a[2]);
lc.setRow(0,3,a[3]);
lc.setRow(0,4,a[4]);
lc.setRow(0,5,a[5]);
lc.setRow(0,6,a[6]);
lc.setRow(0,7,a[7]);
bc.setRow(0,0,a[0]);
bc.setRow(0,1,a[1]);
bc.setRow(0,2,a[2]);
bc.setRow(0,3,a[3]);
bc.setRow(0,4,a[4]);
```

```
  bc.setRow(0,5,a[5]);
  bc.setRow(0,6,a[6]);
  bc.setRow(0,7,a[7]);
  delay(300);
}
voidloop() {
  writeArduinoOnMatrix();
}
```

■ 图 32.16 短信模块

32.7 短信报警功能的设计

短信报警功能只需要读取烟雾传感器的模拟值，并与安全范围进行比较，在超过范围时触发报警机制即可。短信模块使用的是从网上购买的廉价短信模块套件（见图 32.16），需要自己焊接，驱动程序如下。

```
Void setup()
{
  Serial.begin(9600);
  Serial1.begin(9600);
}
void loop()
{
  Serial1.println("AT");
  delay(100);
  while(Serial1.available())
  {
    char c=Serial1.read();
    Serial.write(c);
    if(c=='K')
    {
      Serial1.println("AT+CMGF=1");
      delay(100);
      while(Serial1.available())
      {
        char c=Serial1.read();
        Serial.write(c);
        if(c=='K')
        {
          Serial1.println("AT+CMGS=\"
替换成需要发送短信的手机号码\"");
          delay(100);
          while(Serial1.available())
          {
            char c=Serial1.read();
            Serial.write(c);
            if(c=='>')
            {
              Serial1.println("CNM");
              delay(100);
              Serial1.println("32");
              while(Serial1.available())
              {
```

```
                    char c=Serial1.read();
                    Serial.write(c);
                  }
                }
              }
            }
          }
        }
      }
      delay(2000);
    }
```

32.8 总结

通过制作该机器人（见图 32.17），我学到了电路设计、硬件制作、三维制图、软件编程等很多知识，这一代作品只是摸索经验，下一代会做得更好，我会在学习中进步，做出更棒、更有价值的东西。

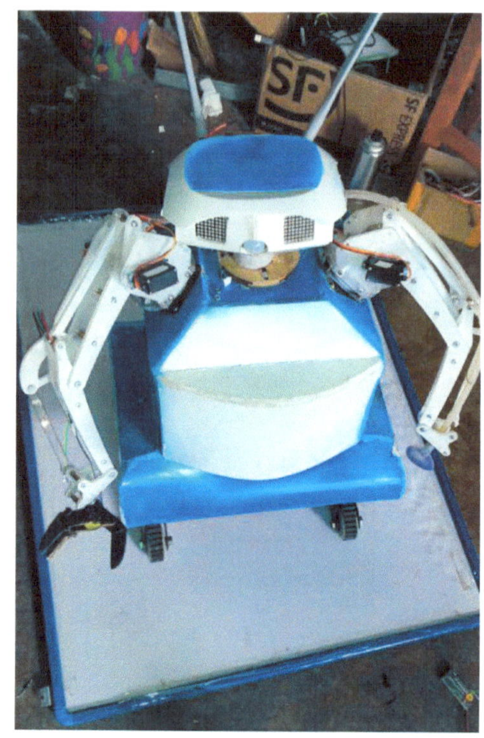

图 32.17　制作完成的机器人

www.ingramcontent.com/pod-product-compliance
Ingram Content Group UK Ltd.
Pitfield, Milton Keynes, MK11 3LW, UK
UKHW060406300726
14090UKWH00006B/469

* 9 7 8 7 1 1 5 4 6 0 7 2 1 *